D1746409

Inhalt

6 Vorwort
Wolfgang Bachmann

8 Einleitung
Nils Holger Moormann

12 Die Jury

1. Preis
16 Neue deutsche Welle
werk A architektur

Auszeichnung
24 Landluft
TKA Thomas Kröger Architekt

32 Über den Wiesen
Markus Schietsch Architekten

Anerkennung
40 Ein Artefakt
archinauten l dworschak + mühlbachler architekten zt gmbh

48 Bergbau
savioz fabrizzi architectes

56 Die Liebe zur Geometrie
peter haimerl . architektur

64 Verwandlungskunst
DAVIDE MACULLO ARCHITECTS

72 Charakterrolle
bächlemeid, architekten stadtplaner bda

Ausgewählte Projekte
82 Heimatkunde
mühlböck küche.raum

86 Gebrauchsmuster
wirges-klein architekten

90 Effizienter Dreiklang
GRAFT Gesellschaft von Architekten mbH

94 Licht und Loft
Dipl.-Ing. Architektin Kerstin Philipp

98 Blickführung
E2A Piet Eckert und Wim Eckert/Architekten ETH BSA SIA AG

104 Eingeflochten
Roswag Architekten mit Guntram Jankowski

108 Wandlungsfähig
schleicher.ragaller freie architekten bda

112 Über altem Gewölbe
Atelier Ulrike Tinnacher

118 Am Nord-See
AICHER ZT GmbH

122 Überirdisch
Feyferlik/Fritzer

126 Ein Treppenhaus
LP architektur ZT GmbH

130 Identitätsnachweis
Michael Aurel Pichler

134 Nachbau
Muck Petzet Architekten

138 Fundstück
RAINER ROTH ARCHITEKT

144 Naturschauspiel
Falkenberg

150 Kunst der Fugen
Architekturbüro di Simone

154 Im schwarzen Bereich
SoHo Architektur

158 Abgehoben
Hammerschmid, Pachl, Seebacher-Architekten

162 Sichere Balance
lohrmannarchitekt

168	**Stammbeton** Freiluft	246	**Gehen Sie nicht über Los!** Madritsch Pfurtscheller
174	**Beflügelnd** SoHo Architektur	250	**Gebauter Weitblick** Hurst Song Architekten
178	**Ortsbestimmung** Wellmann-Ladinger	254	**Seewarte** Dietrich	Untertrifaller Architekten
182	**Camera Obscura** Dietrich	Untertrifaller Architekten	260	**Nagelneues Altenteil** Bogenfeld Architektur
186	**Überbau** pier7 architekten BDA	264	**Aus einem Guss** KPT Architekten
190	**Familienbande** LOVE architecture and urbanism ZT GmbH	270	**Architekten und Bildnachweis**
194	**Diskreter Rückzug** NIEBERG ARCHITECT atelieraxelnieberg	272	**Impressum**
198	**Brandzeichen** Backraum Architektur		
204	**Winkelfunktion** Katrin und Marc Spirig-Friedrich Architekten		
208	**Schichtwechsel** MICHELE ARNABOLDI ARCHITETTI		
212	**Linientreu** +studio moeve architekten bda		
216	**Regelrecht** FORMAT ELF ARCHITEKTEN		
220	**Arbeitsteilung** bünck ARCHITEKTUR		
224	**Domus Alpina** SAM Architekten und Partner AG		
228	**Guckkasten** architektur. terminal hackl und klammer		
232	**Kulturaustausch** Picciotto Architekt BDA		
236	**Spitzenarchitektur** Falke Architekten BDA		
240	**Wie ein Findling** KREN Architektur AG		

Vorwort

von Wolfgang Bachmann

Regelmäßig, wenn die aktuelle Ausgabe „Häuser des Jahres" erschienen ist, fragen uns die Zeitungsredakteure aus den Immobilien-Ressorts, was die eingereichten Projekte diesmal auszeichne, was der Jury aufgefallen sei, kurz: welche Trends sich ausmachen ließen. Aber darauf gibt es nie eine befriedigende Antwort, denn Architektur hüpft gottlob nicht in Siebenmeilenstiefeln voran. Rainer Roth, der in diesem Buch mit einem akkurat detaillierten Bungalow vertreten ist, bemerkt dazu: „Ein Haus muss etwas anderes können als ein Auto. Ein Auto kauft man alle zehn Jahre neu, ein Haus muss ein bisschen länger halten." Deshalb gibt es auch 2016 keine Auffälligkeiten mitzuteilen.

Wenn man allerdings die letzten fünf, sechs Jahre zusammen betrachtet, prägt sich ein, dass die Bauherrschaften, die einen Architekten aufsuchen, sich mit Materialien und Details anfreunden konnten, die ehemals nur von Liebhabern einer puristischen Moderne akzeptiert wurden, wir denken an Sichtbeton, Zementestrich, unbehandeltes Holz, rostigen Stahl, gläserne Brüstungen. Andererseits haben die Architekten – unabhängig, welche landeseigenen Verordnungen sie befolgen mussten – für die Einhaltung von Energieparametern inzwischen eine Fülle nachhaltiger, komfortabler Lösungen gefunden. Wenn man die Gebäudedaten studiert, staunt man, was alles möglich und selbstverständlich ist. Auf Fußbodenheizung, Wärmepumpen und Dreifachverglasung muss man nicht mehr eigens hinweisen, PVC-Fenster, Hartschaumdämmung und Ölheizung zählen dagegen zu den exotischen Attributen.

Ebenfalls zu unserer Erfahrung gehört es nach dieser Zeit, dass die Beschäftigung mit Einfamilienhäusern überhaupt nicht langweilig wird. Zwar gibt es Standards wie den rechteckigen Wohngroßraum, der Essplatz und Küche leidenschaftslos einbezieht, daneben versammelt dieses Buch jedoch Häuser, die unabhängig von ihrer Größe eine ungeahnte räumliche Qualität bieten. Die lässt sich kaum abbilden, man möchte deshalb einmal probewohnen. Denn Einfamilienhäuser sind nicht bloß ein „Return on Investment", sondern auch ein „Return on Emotion", so schwadronieren die scheiternden Siegertypen in Lilian Lokes großartigem Roman „Gold in den Straßen". Aber einen wahren Satz aus dem Milieu der Frankfurter Makler möchten wir auf jeden Fall mitnehmen. Er umschreibt, dass ein Haus eine Affäre sein kann, eine ganz private, unverwechselbare Beziehung: „Wann kommst du heim?, ist die Frage, die eine Immobilie ihrem Bewohner stellen muss wie ein treuer Lebenspartner."

Drum soll man prüfen, bevor man sich ewig bindet. In diesem Buch beflügeln 50 Häuser Ihre Wohnvorstellungen. Wie immer präsentieren wir Ihnen die ausgewählten Beispiele möglichst nachvollziehbar. Professionelle Innen- und Außenaufnahmen zeigen jedes Objekt von seiner besten Seite, daneben stehen die Pläne der Architekten sowie Gebäudedaten und Projektbeschreibungen als wissenswerte Hintergrundinformation. Die Grundrisse und Schnitte sind bis auf wenige Ausnahmen im Maßstab 1:200 wiedergegeben. Das heißt: 1 Zentimeter im Plan entspricht 2 Metern in der Wirklichkeit. Um die Einbindung des Gebäudes in das städtebauliche Umfeld sowie seine Orientierung und Situation auf dem Grundstück zu verstehen, ist jeweils ein genordeter Lageplan, einheitlich gezeichnet und in der Regel im Maßstab 1:1000, abgebildet. Das beschriebene Haus ist dort farblich hervorgehoben.

Die Gebäudedaten, soweit zu ermitteln, fassen die wichtigsten Merkmale übersichtlich zusammen: Sie geben Auskunft über Grundstücksgröße, Wohn- und Nutzfläche, Anzahl der Bewohner, Bauweise, Baukosten, Energiekennwerte sowie das Baujahr. Alle Kostenangaben verstehen sich, soweit nicht anders angegeben, im Sinne der DIN 276 als so genannte reine Baukosten inklusive der jeweiligen Mehrwertsteuer. Nicht enthalten sind die Grundstücks-, Erschließungs-, Bauneben- und Finanzierungskosten sowie das Architektenhonorar. Bei einigen Projekten werden die Baukosten auf Wunsch der Bauherrschaft nicht veröffentlicht.

Einleitung

von
Nils Holger Moormann

Sich auskennen, erzeugt ein Gefühl der Sicherheit, man kann die Dinge einigermaßen gelassen auf sich zukommen lassen. Wenn man ein Themengebiet jedoch nur bewundert und liebt, ist es allerdings ein großer Schritt, einer Jury zuzusagen. Die Anfrage, bei der Jurierung des Wettbewerbs „Häuser des Jahres 2016" mitzumachen, hat mich daher außerordentlich gefreut und ich habe mich geehrt gefühlt. Einerseits. Andererseits: Als Mitglied einer Jury gilt es, sich einem Thema so umfangreich, tiefgreifend und behutsam wie möglich zu nähern, sich im Diskurs mit den anderen Experten und der eigenen Meinung zunächst einen Überblick zu verschaffen, dann vorsichtig die Essenz einzukochen und zum Schluss kraftvoll, entschieden und bisweilen durchaus streitbar gemeinsam zu Ergebnissen zu kommen. Die Aufgabe ist also eine wahrhaft ernste. Und so hat mich das Ansinnen des Callwey Verlags nach anfänglichem Überschwang doch gehörig beschäftigt. Nachdem der Weihrauch der Ehre sich verzogen hatte, kam die harte Realität. Soll, kann und darf ein „Outsider" teilnehmen? Die Praxis der Wettbewerbsverantwortlichen, jedes Jahr wieder einen Außenseiter zuzuladen, scheint jedenfalls bisher keine verheerenden Auswirkungen gehabt zu haben. Vielleicht ist es ja gerade interessant, aus dem eigenen professionellen Umfeld aufzutauchen und frische, ungewohnte Luft zu atmen? Man sollte sich dies allerdings nur dann zutrauen, wenn man bei aller geschilderten Ernsthaftigkeit auf die Erfahrung und die tiefe Sachkenntnis einer profunden Co-Jury bauen kann. Und die gibt es hier. Also mutig und furchtlos voran. „Wir sind erst am Anfang", wie Ettore Sottsass einmal ähnlich formulierte.

Jurys habe ich übrigens schon einige mitmachen dürfen. Und ganz klar gehört es für mich zum Schönsten überhaupt, ambitionierte Arbeiten – in welcher Form auch immer – einzuordnen, zu werten und mit den Mitjuroren im Zweifelsfall kontrovers zu diskutieren. Mehr kann man nicht lernen als in Plädoyer und Gegenplädoyer. Erstaunlicherweise funktioniert das auch, wenn man nicht 100-prozentig im Thema ist oder sein kann. Ich erinnere mich mit Grausen und anschließendem wohlwollenden, inneren Lächeln an ein lange zurückliegendes Jurieren unendlich vieler Digitalkameras. Für einen großen Designpreis galt es, Tische voller Kameras zu sichten und eine Entscheidung zu fällen. Die Jury war kompetent besetzt, nichtsdestotrotz waren Digitalkameras damals für alle Beteiligten vollkommenes Neuland und – was immer schwierig ist – noch referenzlos. So hatten wir trotz eines beigesellten technischen Experten, der uns Wenigwissenden erst erklären musste, was hier Sucher und was dort Linse ist, die Freiheit, uns wahrhaftig zu verirren. Wir haben einen Tag intensiv geprüft, verworfen, diskutiert, gezweifelt und gehadert, so dass die Jury am ersten Abend der zweitägigen Sichtung diese schon beenden wollte. Wir sahen uns schlichtweg nicht in der Lage, diese Verantwortung zu tragen! Der Veranstalter beruhigte, hätschelte und tätschelte und empfahl uns, doch erst einmal eine Nacht darüber zu schlafen. Auch am nächsten Morgen waren wir noch fest entschlossen, eine Entscheidung nicht verantworten zu können, sind jedoch noch einmal – quasi spielerisch – durch Aberdutzende zu jurierende Projekte geschritten und haben schließlich eine Auswahl getroffen, in der wir uns sehr einig waren und zu der wir stehen konnten. Zu unserer absoluten Verwunderung hatte dieses Ergebnis Bestand und passierte anstandslos in der Folgezeit alle Diskussionen. Das hat mir damals doch zu denken gegeben und mich in der Hoffnung bestärkt, dass mit der nötigen Demut und Distanz auch komplexe Sachzusammenhänge bewertet werden können.

Und so habe ich mich schlussendlich doch getraut, für die Jury „Häuser des Jahres 2016" zuzusagen, zumal ja auch mein eigenes berufliches Leben voller Widersprüche und Fragezeichen ist. Dass Kreativität, Proportionen, Materialien und Gesamtkompositionen für mich lebensbeherrschende, immer wieder herausfordernde Themen sind, habe ich ja schon in meiner Jugend ganz unbewusst erfahren: Wie viele Häuser und Fassaden habe ich mir angesehen und fern jeglichen beruflichen Interesses einfach auf mich wirken lassen. Was berührt und was lässt verstummen? Das Fenster hat mich als Erstes gefangen genommen – für mich noch heute eines der ganz wichtigen Details, vor allem wenn man aus dem ländlichen Raum stammt und sieht, wie wenig gefühlvoll hier immer noch Altbewährtes durch Neues ersetzt wird. Manchmal ist sogar der Hilfeschrei der Bewohner zu erkennen, wenn sie Fensterkreuze nachträglich wieder in Fenster einbringen, die vorher in der verständlichen Suche nach Tageslicht und Wärmedämmung, aber ohne Respekt für den Baukörper, förmlich in die Fassade gestanzt wurden. Und wie wichtig sind doch gerade die Fenster! Zum einen natürlich für den Blick nach außen, um Landschaft beziehungsweise Umgebung und Tageslicht einzufangen. Zum anderen aber auch, um als kraftvolles Element Häuser zu gestalten. So, wie man Menschen in die Augen sehen kann, um in ihre Seele zu blicken, so kann man in Fenstern die Seele des Hauses erkennen. Das mag der Blick des Designers sein, der in die Tiefe geht, Proportionen überprüft, Material und Umsetzung in jedem Detail: ein Blick durch die Lupe. Umso überraschender waren meine ersten Erfahrungen mit Innenarchitekten, die problemlos dreidimensional in Räumen denken können und auch komplexe Raumsituationen quasi direkt vor ihrem inneren Auge haben. Erst später kam für mich dann der vermehrte Kontakt zu Architekten hinzu, die diesen Dimensionen noch die ganzheitliche Komposition hinzufügen, durchaus drei ziemlich unterschiedliche Sichtarten, durch drei Brillen mit entsprechender Schärfe. Für mich gelingt Architektur gerade dann, wenn sie sich von den vorhandenen Zwängen befreien kann und nicht nur das Haus errichtet, sondern eine wahrlich „durchgeknetete", immer wieder überlegte Gesamtkomposition erzeugt. Auch hier ist es neben einem intelligenten Raumplan, einer wohl gesetzten Außenhülle und dem Bezug zur Umgebung, die sicherlich den Schwerpunkt einer architektonischen Arbeit ausmachen, oft auch das Ineinandergreifen verschiedener Disziplinen wie Architektur, Innenarchitektur, Lichtplanung, Gartengestaltung usw., die überzeugen. Oft werden diese Themen jedoch erst so spät besprochen und miteinander verwoben, dass eine gelassen professionelle Herangehensweise sich leider auch im Endresultat nicht wiederfindet. Für mich als Möbelhersteller ist diese Schnittstelle ohnehin eine der spannendsten. In Italien ist der „Architetto" oftmals auch virtuoser Gestalter von Möbeln oder Leuchten. In Deutschland passiert das merklich seltener. Woran mag das liegen?

Immer wieder frage ich mich ja selbst, wie ausgerechnet ich als abgebrochener Jurist meine ganz große Leidenschaft in der Gestaltung habe finden können. Aufgewachsen in einem großbürgerlichen Haushalt hatte ich zwar zumindest gewisse Vorstellungen von Louis XVI. bis Chippendale. Als ich allerdings das erste Mal von Bauhaus-Möbeln hörte, war ich sehr verwundert, was denn Möbel mit einer Baumarktkette zu tun haben. Ich konnte mir einfach nicht vorstellen, dass Entwürfe aus den 20er- und 30er-Jahren noch heute Bestand haben. Umso faszinierender fand ich das Thema. Meine eigene Familie war im Textildesign tätig und erst jetzt realisierte ich, was mich an diesem schönen Beruf doch immer so verstört hat: Alles war schnell vergänglich wie Obst auf dem Wochenmarkt und musste saisonalen Strömungen entsprechend unter die Leute gebracht werden. Wie anders dann nun dieses Erleben, dass Gestaltung über Jahrzehnte Bestand haben kann. Für mich damals als vollkommen unwissenden Novizen war das das Elixier, das mich kindlich staunend in die Designwelt hineingesogen hat. Schon verwunderlich, dass dies erst so spät, mit Mitte/Ende 20 passiert ist. Aber gerade diese tiefe Auseinandersetzung mit der Wirkung langfristiger Gestaltung, die über viele Jahre Bestand haben kann, prägt mich bis heute. So folgten erste Schritte in die Welt des Möbeldesigns. Aus heutiger Sicht äußerst naiv und fern jeder strategischen Businessplanung, aber vielleicht war es gerade mein staunendes Nichtwissen, das fernab jeglicher kommerzieller Realität die beginnende Leidenschaft zum Lodern gebracht hat. Kraft kommt schließlich, wenn man etwas entdeckt, das einen wirklich interessiert. Man taucht immer tiefer und immer faszinierter in diese Welt ein und beginnt Courvoisier von Corbusier zu unterscheiden. Und mag das auch nur eine fast frevelhaft zu nennende Halbahnung sein, so schätze ich noch heute den leichtfüßigen Zugang zur Gestaltung, wenn er denn leidenschaftlich und ernst gemeint ist. Die Schwaben sagen ja manchmal: „zuviel Wissen ist auch nicht gescheit." Die Ernsthaftigkeit kommt schließlich von selbst, wenn sie gefordert und nötig ist...

Gerade beim Beruf des Architekten staune ich immer wieder, wie lang der Weg ist und wie kraftvoll er beschritten werden muss, um zunächst durch ein Studium zu kommen, das nicht nur die lustvollen, kreativen Bereiche auslebt. Und nach dem Studium fängt es gemeinhin erst an! Wie gesund und lebenszäh muss ein Architekt sein, um zum ersten Mal seine Träume und Visionen gebaut zu sehen... Als Außenseiter bin ich immer wieder überrascht, wie viele Wettbewerbe Architekten in nächtelanger, kreativer, penibler Arbeit erledigen müssen, um sich irgendwann vielleicht einmal bemerkbar zu machen. Überhaupt erscheint mir das Durchsetzen von eigenen Ideen ein großes Thema zu sein. Wie groß ist oftmals die Diskrepanz zwischen einer Bauherrschaft, die sich allzu verliebt und durch zuviel Medienmog vernebelt eine Mischung aus Denver-, Dallas- und Toskanavilla für ihr Einfamilienhaus erträumt. Ich stelle es mir äußerst schwierig und komplex vor, Bauherren immer wieder von der fachlich sachlich vermeintlich richtigen Ausrichtung zu überzeugen und im Entwurf klar und eindeutig zu bleiben. Und selbst wenn dieser Schritt gelingt, ist ja noch kein Ende in Sicht, denn es gilt, behördliche und sonstige Auflagen zu hinterfragen, zu interpretieren und gegebenenfalls neu zu justieren. Immer wieder muss also die Kraft gefunden werden, den eigenen Entwurf ernsthaft zu prüfen und zu realisieren, dem Zerren der verschiedenen Beteiligten zum Trotz. Lernt man Baupsychologie eigentlich auf der Hochschule?

Ich selbst war übrigens leider ein wenig erfolgreicher und nach sechsjähriger Tätigkeit nasskalt ernüchterter Baugemeinderat in einer kleinen Gemeinde, die es immerhin einige Jahre geschafft hatte, dank Anregung eines befreundeten Architekten und mir, einen Gestaltungsbeirat mit wirklichen Fachleuten ins Leben zu rufen. Ach, wie schön war der Anfang und wie krachend die Landung! So scheint es immer wieder eine der großen Herausforderungen zu sein, bauliche Veränderungen, die ja erst einmal auch Wunden reißen, zu erklären, zu begleiten bzw. vorher zu hinterfragen. Bei aller Reformfreude ist selbst ein Baugemeinderat, der mit äußerst ambitionierten und gutwilligen Bürgern besetzt ist, kaum in der Lage, bauliche Situationen ernsthaft zu durchdringen. Oftmals scheint die Strichstärke des Eingabeplans wichtiger zu sein als das tatsächliche Ergebnis. Architekten, wo seid ihr, wenn es um eure Leidenschaft geht? Fordert, nachdem ihr eure Bauherrschaft im Boot habt, auch die Gemeinderäte, diskutiert, habt Leidenschaft, Begeisterung und ein Modell dabei, damit eure Ideen auch wirklich verstanden werden und nicht nur Kritik und Abwertung erfahren, wenn sie ein klein wenig vom Gewohnten abweichen! Vermutlich gibt es doch einen Leitfaden „Psychologie für Architekten im Umgang mit Bauherren und kommunalen Institutionen"? Wenn nicht, sofort schreiben! Liebe Architekten, ich wünsche euch so sehr den Mut und die Kraft, all diese Widrigkeiten immer wieder freudvoll zu umschiffen und aus der Rolle des ewig für alles und alle Verantwortlichen souverän erklärend herauszuschlüpfen. Es gilt, Fesseln zu sprengen, wenn man ungewöhnliche Baustoffe – das sind merkwürdigerweise häufig die tradierten – einsetzen will, die hervorragend geeignet sein können, aber eben auch eine Patina entwickeln oder gar in der Herstellung etwas unkonventionelle Wege erfordern, ohne dass das Damoklesschwert der VOB kreative Häupter allzu sehr einkürzt!

Überhaupt sind das ja doch immer wieder meine drei Lieblingsthemen, die auch mein berufliches Leben bisweilen an den Rand des Scheiterns bringen, aber, wenn man sie einmal durchgestanden hat, auch so unendlich ausgefüllt machen: Konsequenz in allem Handeln, Transparenz und Haltung. Mir ist bewusst, dass diese Forderungen immer passen und ein wenig wie Waschmittelwerbung klingen. Aber ernstgenommen sind sie zumindest für mich jederzeit eine Orientierung. Zudem sind sie auch gut auf Begrifflichkeiten anzuwenden: Gelingt es, ein Projekt mit wenigen Worten so zu beschreiben, dass nicht nur man selbst weiß, wo es langgehen kann, sondern auch der ambitionierte Beteiligte, dann heißt das auch, dass das Entwurfsbild scharf ist.

Ich selbst habe mich ja nur begrenzt architektonischen Herausforderungen gestellt. Neben einem etwas eigenartig proportionierten, mir aber immer noch sehr wichtigen und inspirierenden Entwurf eines Gartenhauses namens Walden erlitt ich den Umbau einer vollkommen desaströsen alten Bausubstanz zu einem neuen Gästehaus. Das wäre eine längere Geschichte, aber die Idee nahm ihren Anfang mit dem durchaus humoristischen Titel „Grandhotel Aussichtslos". Er gefiel mit gut, war aber doch auch sehr belanglos und vor allem fehlte es an einer Klammer. Und ich glaube, Klammern, Brüche, Einschränkungen und sonstige Herausforderungen braucht es. Sie schaden der charaktervollen Architektur ganz und gar nicht! Und so wurde aus „Grandhotel Aussichtslos" „berge", was sperrig klingt, aber immerhin meine persönliche Leidenschaft zur Umgebung des Hauses widerspiegelt und außerdem – und das ist noch viel wichtiger – im Begriff Herberge steckt. Erst ab dieser Begriffsfindung war mir wirklich klar, welche stilistische Haltung dieses Haus erhalten soll. Vorher war ich hin- und hergerissen zwischen Design-, Art-Hotel und sonstwie gelagerten Ansätzen, das war wenig hilfreich. Daher noch einmal: Vielleicht schaffen Sie es ja auch bei dem ein oder anderen Projekt, eine Begrifflichkeit befriedigend zu definieren. Ich glaube fest daran, dass dann die Bauaufgabe stringenter gelöst wird!

Kreative träumen und das ja glücklicherweise oft. Und meistens wird daraus sogar etwas, wenn man nur fest genug daran glaubt. Klar, für mich als Gestalter ist Architektur dabei essenziell. Umso eigenwilliger finde ich es selbst, wo ich doch zeitgenössische Architektur so bewundere, dass es in all meinen Bautätigkeiten immer wieder um den ehrenvollen Umgang mit alter Bausubstanz geht. Eine wundervolle Aufgabe, wie man ja auch an einigen der Wettbewerbsbeiträge bei den diesjährigen „Häusern des Jahres" feststellen kann. Sicherlich liegt ein besonderer Reiz darin, Altes mit der Moderne so zu verbinden, dass etwas Neues entsteht. Aber dennoch: Wie schön wäre es gewesen, auch für mich mal etwas ganz Neues zu schaffen! Ideen und Pläne dazu gab es genug. Der sicherlich größte und spannendste Schritt war die Planung eines kompletten Firmenneubaus gemeinsam mit Peter Zumthor im Jahr 1998. Diese Zeit war unglaublich intensiv und lehrreich, auch wenn es trotz aller Ernsthaftigkeit in der Vorplanung nie zur Realisierung kam. Vor allem habe ich damals gelernt, wie wichtig es ist, seine Idee nicht nur darzustellen, sondern auch charismatisch zu vertreten. Noch heute sieht man dem großartigen Birnbaum-Architekturmodell, das in unserer Firma auf einem Podest thront, die Abdrücke meiner vor Aufregung schweißnassen Hände an, als ich es zu einer Gemeinderatssitzung in Aschau transportierte. Peter Zumthor hielt sich erst gar nicht lange mit einführenden Floskeln auf, sondern eröffnete die Parade mit dem mir noch immer ein Schmunzeln entlockenden Satz: „Es ist mir gelungen, dem verdammten bayerischen Satteldach die Lederhosen auszuziehen!"

So oder so ähnlich hat das damals tatsächlich stattgefunden und das Beeindruckendste für mich war, dass die kraftvolle Welle, die der Architekt auslösen konnte, das gesamte Gremium erfasste und es dadurch bei einem unkonventionellen Bauansinnen zu einer einstimmigen Befürwortung kam. Auch hier gilt: Wir müssen unsere Begeisterung und unser Tun immer wieder in zumindest teilweise verständliche, auf jeden Fall mitreißende Worte fassen und Bauherren und Entscheidergremien die Möglichkeit bieten, nachzuempfinden, mit welcher Leidenschaft, Konsequenz und Kraft wir selbst an den jeweiligen Entwurf glauben. Übrigens: Sollte selbst das bei einem allzu vernagelten Gremium einmal nicht genügen, hilft manchmal die so genannte „Sollbruchstelle", wie mir ein befreundeter Architekt einst auf Nachfrage, wie er denn seine ambitionierten Projekte durch allzu bewahrend konservative Ausschüsse zu bringen verstehe, verriet. Wissen Sie, was er macht? Er ist clever und baut einfach einen kleinen Fehler in seiner Argumentationskette ein. Der ist vorher wohl überlegt, taktisch gut gesetzt und gibt dem Gremium die wundervolle Möglichkeit, dem Architekten in diesem Punkt helfend unter die Arme zu greifen und erklärend tätig zu werden. Das klingt vielleicht banal, funktioniert aber und macht aus Zweiflern zumindest Mitwissende, die nicht nur abwehren, sondern sich selbst auf die Suche nach Lösungen machen. Mir hat das imponiert. Und wenn es um ein gutes Ganzes geht, mag ja vielleicht auch einmal so eine kleine Scheherazade erlaubt sein...

Nun, auch in dieser Jury habe ich wieder extrem viel gelernt und es war eine schöne Aufgabe, 100 Entwürfe zu sichten. Es ist vermutlich einer der klassischen Träume, ein eigenes Haus zu bauen. So besehen war diese Jury eine der wichtigsten überhaupt. Verblüfft war ich, dass es bei den „Häusern des Jahres 2016" häufig um große Häuser, um Villen ging, in denen – man gestatte mir diesen kleinen Nebenhieb – in der Innenarchitektur beziehungsweise Möblierung erstaunlich häufig mutlos auf tradierte Designikonen gesetzt wird. Wer lebt in diesen Häusern? Lassen sie wirklich Leben zu? Denn das ist doch entscheidend: zu leben und nicht nur zu repräsentieren oder unreflektiert anerkannten Stilen zu folgen. Spannender erschienen mir da die Häuser auf kleinen, wirklich problematischen Grundstücken und diese so zu gestalten, dass sie in der Umsetzung zumindest irgendwie bezahlbar bleiben. Kleine Flächen, kleinerer Wohnraum, das finde ich interessant und auch zeitgemäß. Architektur steht hier vor einer Herausforderung: Aus weniger mehr zu machen und mit Gefühl, Erfahrung und Intuition Wohnsituationen zu schaffen, die wie eine zweite Haut nahezu selbstverständlich zur Person des Bauherrn passen.

Liebe Architekten, mir ist während der Jurysitzung noch klarer geworden, welche ungeheure Verantwortung euer Tun hat. Also sprengt weiter Fesseln, wagt stetig Neues, vergesst nicht die einfachen, kleinen Details, die in Summe oftmals erst die selbstverständliche Gelassenheit ausmachen, und freut euch bei aller Mühsal und ständiger Herausforderung, dass eure Aufgabe nicht nur für euch eine sehr wichtige ist!

Die Jury

1
Nils Holger Moormann
Designer und Möbelhersteller

2
Prof. Meinhard von Gerkan
Architekt und Gründungs-
partner gmp

3
Peter Cachola Schmal
Direktor des Deutschen
Architekturmuseums

4
Bernardo Bader
Architekt und Preisträger
2015

5
Dr.-Ing. Wolfgang Bachmann
Freier Autor und Publizist

6
Ulrich Nolting
InformationsZentrum Beton

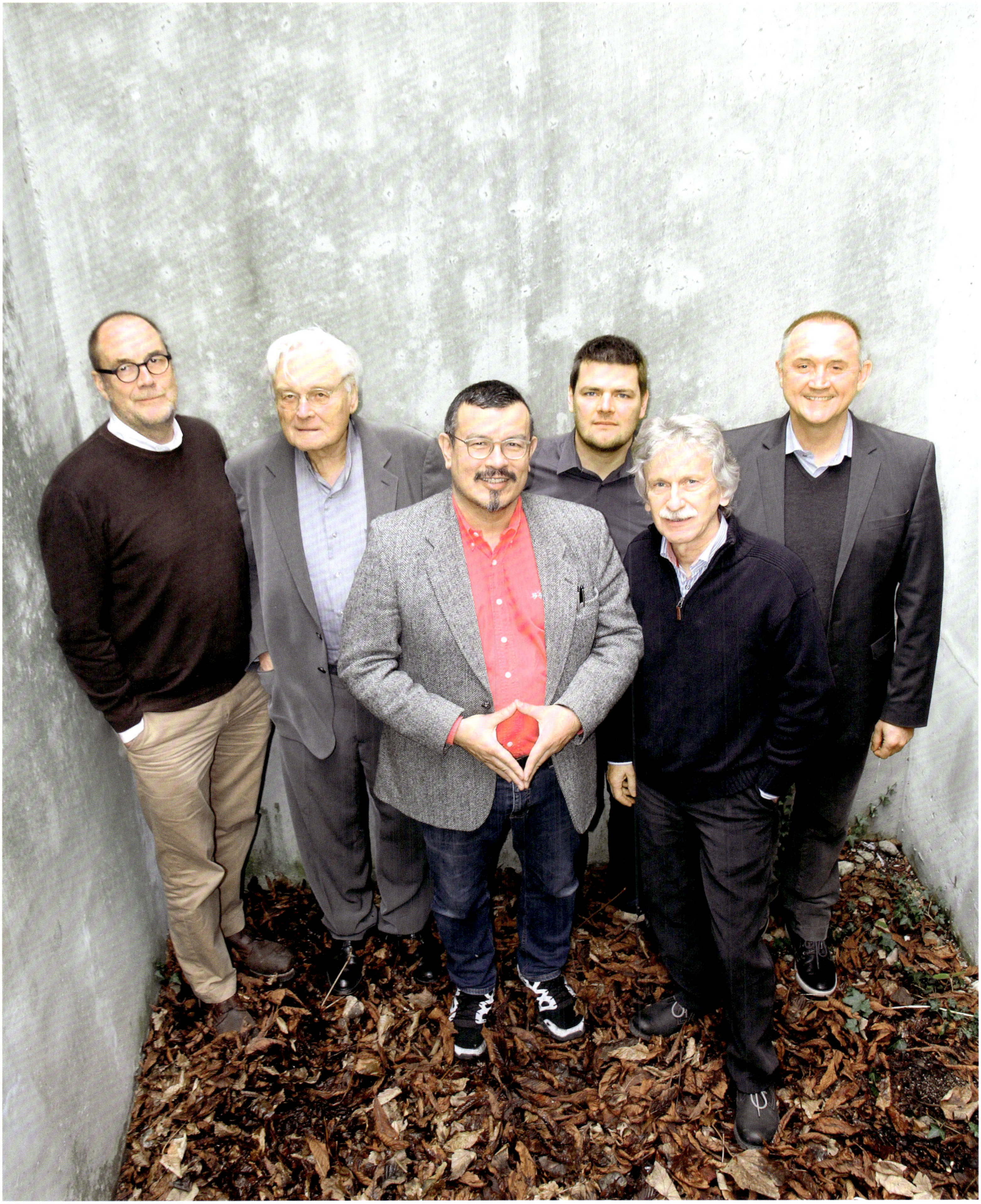

1. PREIS
AUSZEICHNU
ANERKENNU

1. PREIS

NEUE DEUTSCHE WELLE

VON   werk A
architektur

in
Olching

1

1. PREIS

18

1 Schlicht und schlank steht das Haus an der Straße. Es wirkt wie ein Gegengift zu dem üblichen Gehäusel der Umgebung. Die Fenster sind schmal, aber hoch, jeweils zwei belichten über Eck ein Zimmer.

2 Fast ohne Verkehrswege kommt das funktional und ökonomisch organisierte Haus zurecht. Unter der Dachschräge steht die Badewanne mit Blick in den Himmel.

Nicht 08/15, sondern 27/111 gilt für das kleine Haus in einem Münchner Vorort. Das Zahlenkürzel bezeichnet das Profil der Fassaden- und Dachbleche: 27 Millimeter für die Scheitelhöhe der Wellen, 111 Millimeter für ihren Mittenabstand. Mit ihnen ist das aus vorgefertigten Holztafel-Elementen errichtete Haus allseitig verkleidet. Nachdem die ursprünglich vorgesehene Brettverschalung zu teuer geworden wäre, machte der Dachdecker, der den Auftrag für die Welleindeckung übernommen hatte, ein günstiges Angebot für die Fassade. Der Architekt fand, das Blech biete auch ästhetisch einen „Nährwert" – und der Bauherr konnte sich damit anfreunden.

Pragmatismus und ökonomische Planung führten jedoch zu keiner Spararchitektur. Der schlanke Baukörper hatte sich durch eine Grundstücksteilung ergeben, er zeigt giebelständig zur Straße. Das obere Geschoss ragt zugunsten besserer Verkehrsflächen wenige Zentimeter über das untere. So ergab sich die hübsche Gürtellinie, die das Fassadenfeld mit den schmalen Fenstern der privaten Räume von den über Eck geführten Verglasungen im Erdgeschoss absetzt.

Dort trifft man gleich hinter der Haustür in einen Familienraum, in dem ein Funktionsblock mit Garderobe, Treppe, WC und Heizraum Essküche und Wohnzimmer trennt. Darüber sind die vier Kinder zuhause. Sie teilen sich ein eigenes Bad und kuscheln sich in die Schranknischen und Bettemporen, die sich aus den verspringenden Zimmerwänden ergeben. Eine Hausecke ist noch als Spielfläche ausgewiesen, hier winkelt sich die Treppe, damit sie unterm Dachfirst mit ausreichender Kopffreiheit ankommt. So ergibt sich eine offene Arbeitsgalerie. Von hier geht es zum Elternschlafzimmer durch ein unter der Dachschräge raffiniert eingeschnittenes Bad. Bei dem begleitenden Stauraum denkt man an die platzsparende Ausstattung einer Yacht. Dahinter verbirgt sich das Lager für die Holzpellets, die über einen Schacht in den Heizraum nach unten befördert werden.

Die Brettstapeldecken sind weiß lasiert, die Böden schließen mit einem Estrich ab. Natur- und Recyclingbaustoffe wie Holz und Zellulosefasern aus Altpapier schonen bereits bei der Errichtung Ressourcen, Pelletsheizung und gut gedämmte Außenflächen reduzieren den Primärenergiebedarf bei der Nutzung.

1. PREIS

Urteil der Jury

Der disziplinierte Umgang mit den preiswertesten Materialien (Wellblech, Estrich, Holztafeln) adelt das Ziel der Sparsamen: Ein Musterbeispiel der Einfachheit für das kleine Budget. Das Preis-Leistungs-Verhältnis ist perfekt. Die Flächen werden optimal genutzt und intelligent differenziert, so dass die 145 Quadratmeter für bis zu sechs Personen genügend Platz bieten.

Natur- und Recyclingbaustoffe, wie Holz und Zellulosedämmungen, sorgen schon während des Baus für einen sehr effizienten Energieverbrauch. Als „KfW Effizienzhaus 55" leistet es einen verantwortungsvollen Umgang mit den uns zur Verfügung stehenden Ressourcen.

Der Bautypus ist tradiert, jedoch schafft die Verwendung eines einheitlichen Materials für die gesamte Gebäudehülle (Dach und Wand) sowie die raffinierte Gliederung der Fassade durch Vertikalfenster eine erfreulich gute Integration des Wohnhauses in die Umgebung.

Gerade in den stetig wachsenden, urbanen Ballungsgebieten bedarf es Wohnlösungen, die sowohl wirtschaftlich als auch platzsparend umgesetzt werden können. Die „Kleine Welle" erfüllt die Erwartungen an ein modernes Stadthaus und zeigte in beispielhafter Weise der Jury ein Modell für zukünftiges Bauen.

Meinhard von Gerkan

3 Mit der „Kleinen Welle", wie die Architekten das Haus charmant in ihrem Portfolio führen, wurde eine sinnvolle Alternative zum umstrittenen Wärmedämmverbundsystem geschaffen. Die ruhige Wellenstruktur 27/111 ergibt weiche Licht-Schatten-Effekte.

4

5

1. PREIS

Querschnitt

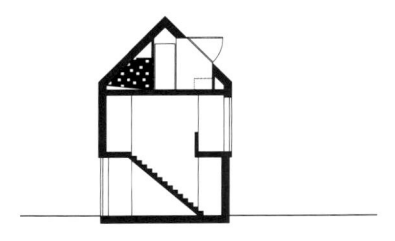

Grundriss
Dachgeschoss

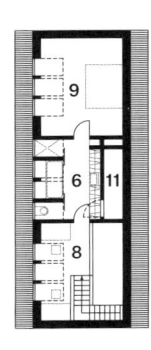

Grundriss
Obergeschoss

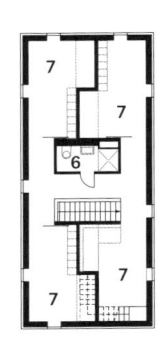

Grundriss
Erdgeschoss

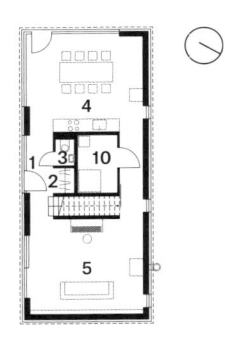

Maßstab
M 1:400

1 Eingang
2 Garderobe
3 WC
4 Kochen/Essen
5 Wohnen
6 Bad
7 Kind
8 Arbeiten
9 Eltern
10 Heizraum
11 Pelletlager

Standort:
Olching

Anzahl der Bewohner:

6

Wohnfläche (m²):

145

Grundstücksgröße (m²):

356

Bauweise:
vorelementierte
Holztafelbauweise
Baukosten:
230.000 Euro
Heizwärmebedarf:
34 kWh/m²a
Primärenergiebedarf:
21 kWh/m²a
Energiestandard:
KfW 55
Fertigstellung:
2014

werk A
architektur

„Spielräume ergeben sich auch unter engen Rahmenbedingungen."

4 Die deckenhohe Verglasung und ungestörte glatte Oberflächen lassen die Räume größer wirken.

5 Die Kinderzimmer sind über Schlafkojen miteinander verschränkt. So erhalten sie Höhle und Klettergerüst als eingebaute Zugabe. Schiebetüren sparen Platz.

Lageplan

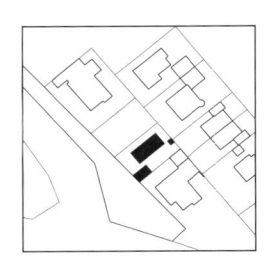

LANDLUFT

VON   TKA Thomas Kröger
      Architekt

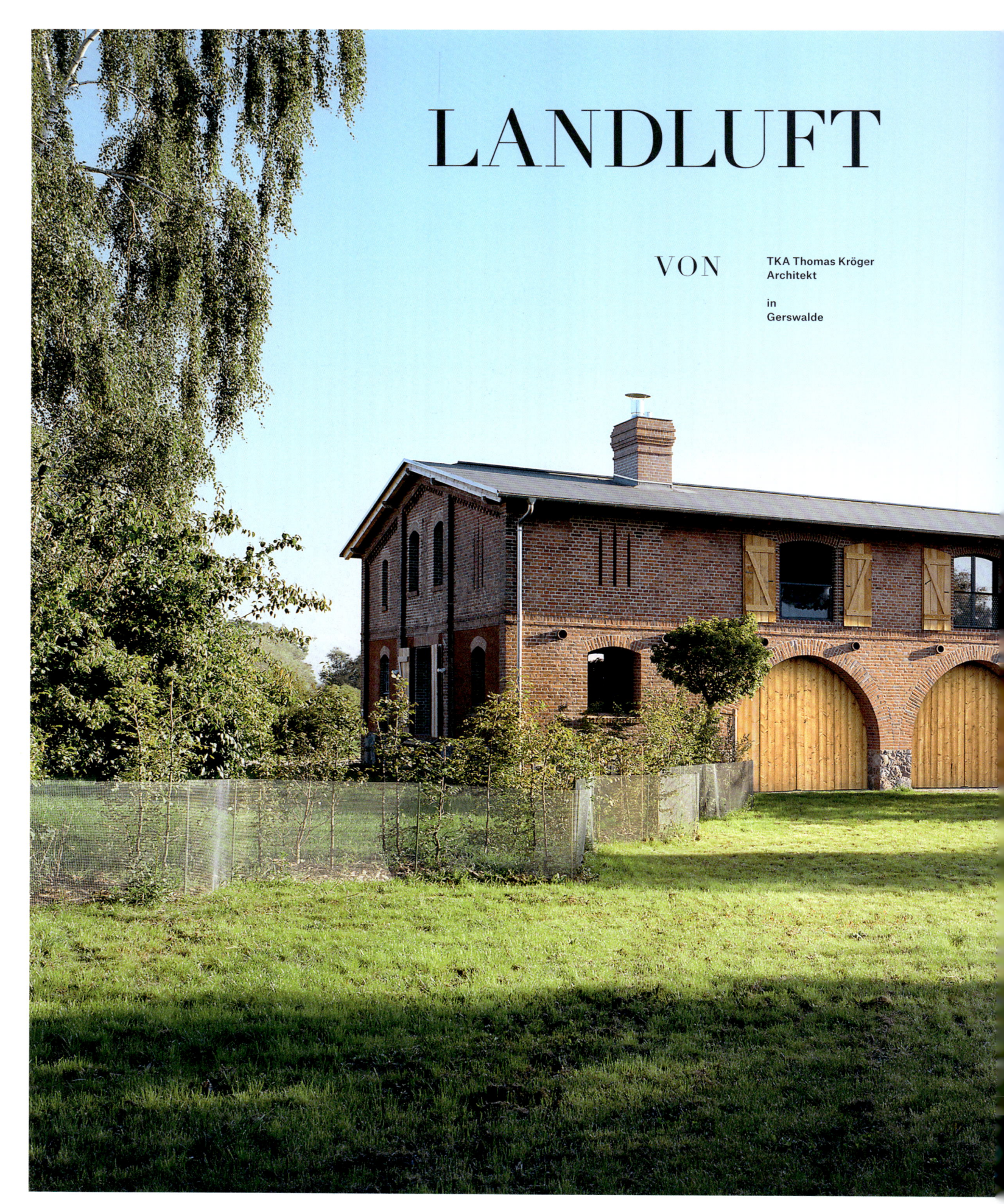

      in
      Gerswalde

AUSZEICHNUNG

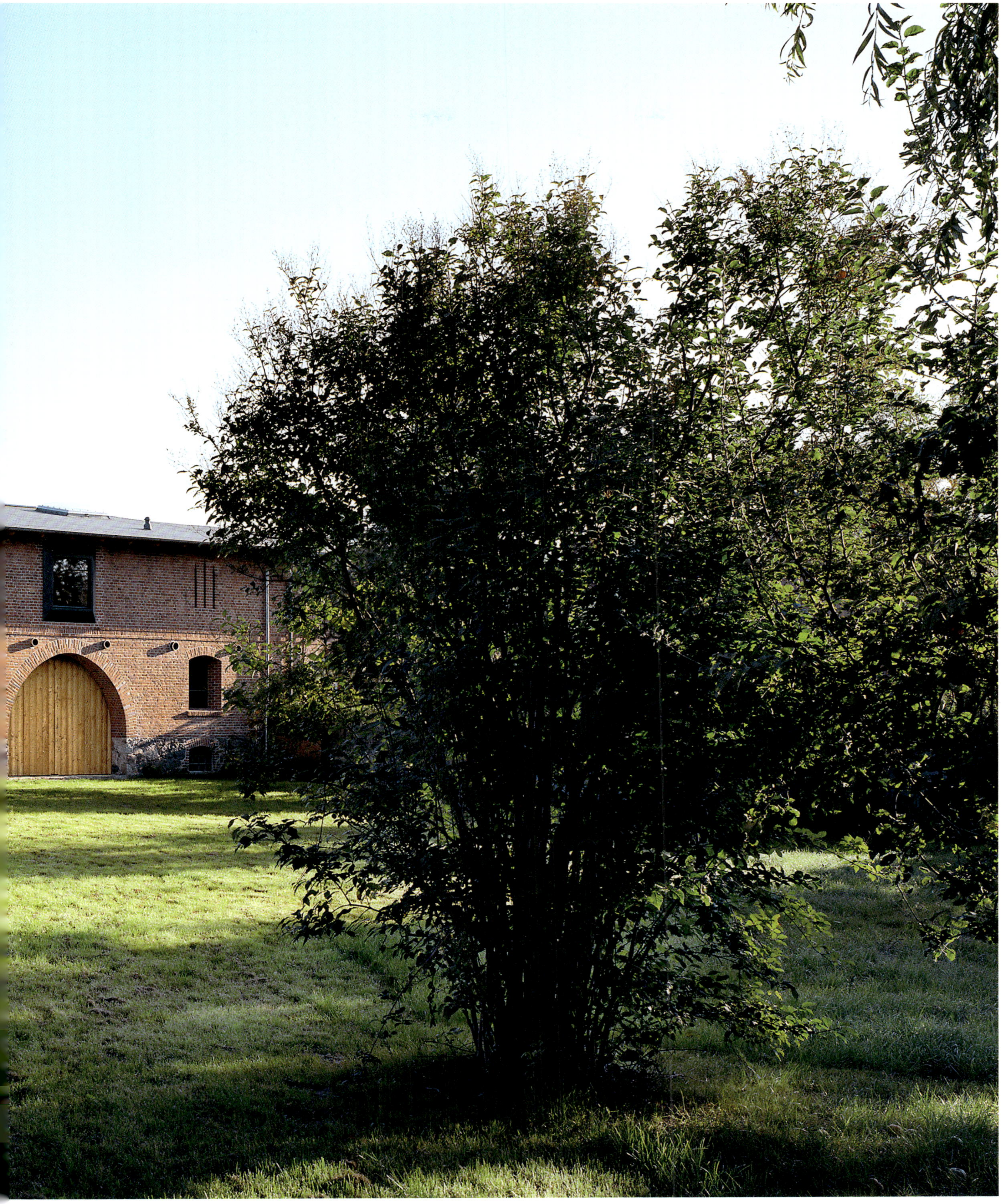

1

Thomas Kröger kommt mit ganz unterschiedlichen Anforderungen zurecht. Er hat in der Uckermark zwei herausragende, puristische Bauten errichtet (Häuser des Jahres 2014, Auszeichnung und Preis), sein jüngstes Werk bewegt sich jedoch schon wegen der stattlichen Größe jenseits üblicher Wohnvorstellungen. Bei dem Gebäude handelt es sich um einen soliden Kuhstall, dessen eine Hälfte der Architekt für eine junge Familie als temporären Landsitz ausgebaut hat, zusätzlich ist eine kleine Gästewohnung entstanden, die je nach Belegung auch separat genutzt werden kann.

Das Bauwerk war vor 140 Jahren bereits ein hochmoderner Funktionsbau, errichtet als Mischkonstruktion aus roten Backsteinen und einem Holzgespärre. Nachdem es zwischenzeitlich verändert und als Doppelhaushälfte genutzt worden war, kam die ursprüngliche Kraft und rohe Schönheit erst nach dem Entkernen zum Vorschein.

Die Mitte des Anwesens bildet eine bis unter das Dach reichende Halle mit einer beeindruckenden Feuerstelle. Wenn die massiven Holztore aufgesperrt sind, geben drei neue Bogenöffnungen den Blick frei in den Obstbaumgarten. Die Halle kommt ohne weitere Heizung aus, sie wird im Erdgeschoss an den Stirnseiten und darüber ringsum an den Außenwänden von warmen Räumen umschlossen, so dass die Nutzung sich nach den Jahreszeiten richtet. Mit der behutsamen Sanierung wurden die Wände innen gedämmt und unter dem Lehmputz mit einer Heizung versehen.

Beide Wohnungen liegen um einige Stufen über dem Bodenniveau. Das separate Feriendomizil bietet auf der unteren Ebene einen Küchen-Wohnraum mit Kamin, von hier kann man sich über eine kurze Treppe dem Leben in der Halle anschließen. Die Stiege nach oben führt zu einem Bad und zwei Schlafräumen, von dem einen kann man durch ein Fenster nach unten in den hohen Wohnraum sehen. Die größere Hauptwohnung an der Ostseite bleibt auf beiden Ebenen durch eine geschosshohe Verglasung mit der Halle verbunden. Ein Großraum über die gesamte Haustiefe wird über dem Essplatz von einer ungewöhnlichen Holzpyramide bekrönt, sie erhält Tageslicht über das Dach. Über den Küchenschränken führen Stufen auf die obere Ebene. Hier säumen drei Schlafräume, zwei Arbeitszimmer, Nasszellen, ein Schrankraum und schließlich eine zur Halle offene Gartenloggia das Geviert.

1 Die zentrale Halle hinter den neuen Bogenöffnungen lässt die Baugeschichte spüren und beschert bei unsicherer Witterung einen (guts)herrlichen Aufenthalt. Sonst ist der Eingriff außen kaum ablesbar.

2 Die Hauptwohnung wurde über dem Essplatz mit einem Raumkunstwerk ausgestattet. Es persifliert das Wohnen im Landhaus ohne nostalgische Devotionalien.

AUSZEICHNUNG

2

AUSZEICHNUNG

Urteil der Jury

Scheunen und immer wieder Scheunen – bei der Vielzahl solcher Einreichungen zum Wettbewerb derzeit offensichtlich ein relevantes Thema. Tatsächlich ist es ja auch reizvoll, aus einfachen Zweckbauten spannungsvolle, quasi bäuerliche Lofts zu schaffen. Allerdings gelingt es nur sehr selten, ursprünglichen Charakter mit den Anforderungen heutigen Wohnens zu vereinen und etwas „Neues-Altes" zu schaffen, das weder die historische Vorlage allzu sehr romantisiert noch das Heute vergisst.

Das vorliegende Beispiel hat diesen Spagat lässig gemeistert. Fast ist es ein Suchspiel nach den neuen Bauelementen, so leise und selbstverständlich kommt das historische Bauwerk von außen daher. Und hat dabei doch seine alte, gelassene Würde und Kraft wiedergefunden. Sehr wohl sind sie da, die feinen Eingriffe, die den Umbau einer Scheune zum Wohnhaus und damit zeitgemäßes Wohnen erst ermöglichen. Große, verschließbare Torfenster verbinden Außen und Innen. Ja, und dann überhaupt Innen: Die Wohnräume umfassen einen fast kathedralhaften, unbeheizten Innenbereich und spielen mit der Kraft des Raumes. Material, Detail, Proportion, alles fügt sich wie selbstverständlich.

Nils Holger Moormann

3   Die Arbeitszimmer im Obergeschoss lassen durch die Verglasung am Hausleben teilhaben. Alle Räume haben die gleichen Materialqualitäten.

4 In der unbeheizten Mitte des ehemaligen Kuhstalls treffen grobe Zimmererkonstruktion und scharfkantige neue Holzeinbauten aufeinander. Das alte Ziegelpflaster blieb erhalten.

5 Selbst die kleinere Ferienwohnung bietet Räumlichkeit über zwei Ebenen. Auf dem Boden liegen geseifte Kieferndielen.

AUSZEICHNUNG

Schnitt

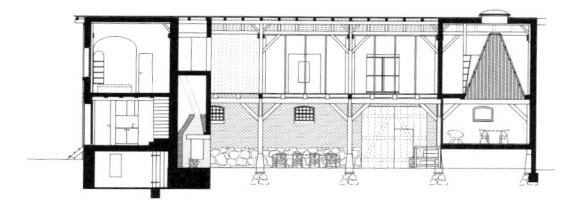

Grundriss
Obergeschoss

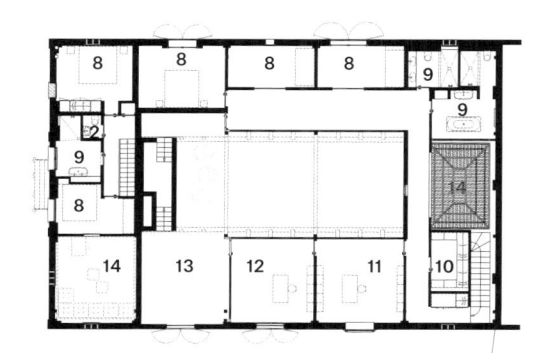

Grundriss
Erdgeschoss

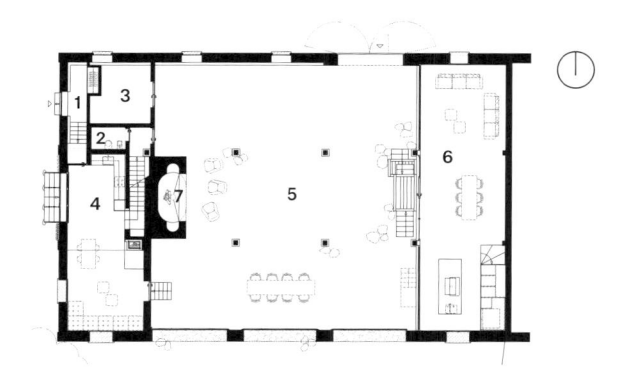

Maßstab
M 1:200

1 Eingang
2 WC
3 Lager
4 Kochen/Essen
  Wohnen Ferienhaus
5 Halle
6 Kochen/Essen/
  Wohnen
7 Feuerstelle
8 Schlafen
9 Bad
10 Lager
11 Arbeiten
12 Atelier
13 Loggia
14 Bibliothek

Standort:
Gerswalde

Anzahl der Bewohner:

4+4

Wohnfläche
Wohnhaus (m²):

321

Wohnfläche
Ferienwohnung (m²):

97

Grundstücksgröße (m²):

5.470

Zusätzliche Nutzfläche:
439 m² (unbeheizt)
Bauweise:
massives Vollziegel-
mauerwerk
und Holzkonstruktion
Heizwärmebedarf:
146 kWh/m²a
Primärenergiebedarf:
62,7 kWh/m²a
Fertigstellung:
2014

TKA
Thomas Kröger
Architekt

„Aufgabe und Ziel: Die Entwicklung eines ehemaligen Kuhstalls in ein Landhaus unter Berücksichtigung der ihm eigenen tektonischen Elemente und räumlichen Atmosphäre."

Lageplan

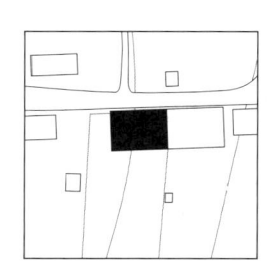

ÜBER DEN WIESEN

VON Markus
Schietsch
Architekten

in
Ipsach (CH)

AUSZEICHNUNG

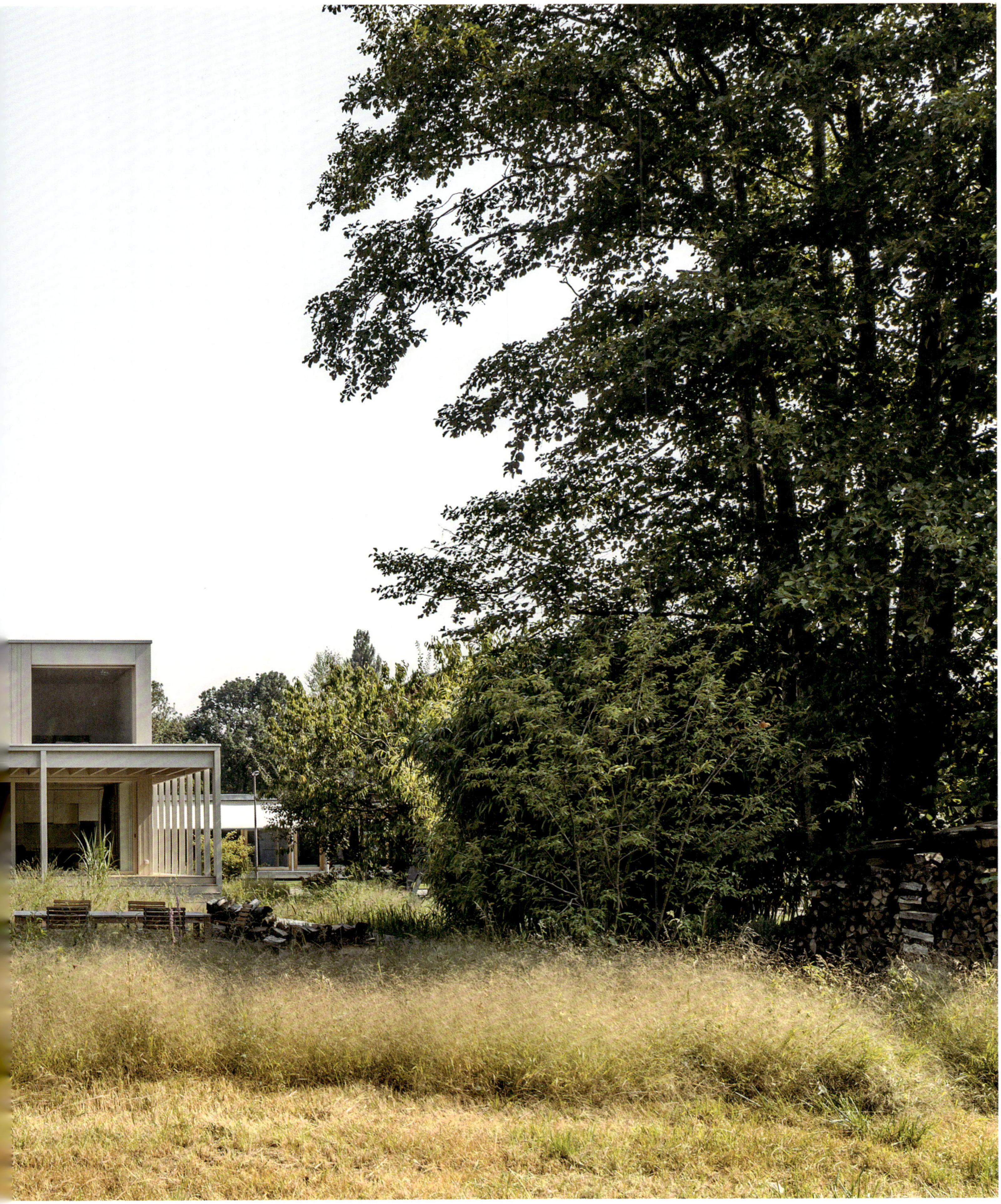

1

AUSZEICHNUNG

34

1   Stufen heben das Haus
    über den Hochwasser-
    bereich. Auch formal
    behauptet es sich mit
    seiner schwebenden
    Ordnung im Gräser-
    meer.

2   Der fließende Innen-
    raum lässt spannende
    Blickbeziehungen nach
    draußen zu, die Feuer-
    stelle wirkt als Raum-
    teiler.

Das Haus steht in der Uferzone des Bielersees, fünf Stufen über dem Wiesengrund, um es vor den wiederkehrenden Überschwemmungen zu schützen. Die Natur ringsum, die Hecken und Bäume regten dazu an, das Bauwerk in enger Verbindung mit seiner Umgebung zu entwickeln, man dachte an das Deck eines Pontons, der in einem grünen Pflanzenmeer dümpelt. So erhielt das Gebäude einen gedeckten Umgang, der sich zum Garten als Veranda verbreitert, die in unterschiedlichen Abständen gestaffelten Holzstützen umschließen auch den Carport. Sie setzen sich am Eingang und im Obergeschoss in der Lamellenschraffur vor den privaten Räumen fort, beim Näherkommen gehören auch die eng liegenden Balken der Vordächer zu dieser rhythmischen Ordnung, mit der sich das Gebaute freundlich vom natürlichen Wildwuchs distanziert. Die weiße Lasur ergibt ein Spiel aus Licht und Schatten auf den Fichtenbrettern und Kanthölzern, sie halten eine Konstruktion zusammen, die über dem Baugrund zu schweben scheint, als wollte sie den Ort lediglich für eine gewisse Zeit besetzen.

So leicht sich das Haus von außen zeigt, so logisch setzt es sich innenräumlich fort. Das Erdgeschoss folgt der Idee einer großzügigen Plattform. Nach dem Entree betritt man ein Geviert, von dem Nebenräume und Treppe abgehen, offen ist es zum Wohnbereich, in dem ein Kamin und der Küchentresen Orte für Kochen, Essen und Wohnen bestimmen, und gleichzeitig spannende diagonale Raumbeziehungen schaffen. Glasschiebetüren holen die Veranda optisch dazu und vergrößern bei gutem Wetter die Wohnfläche. Die zweiläufige Holztreppe führt im Obergeschoss zu zwei Schlafräumen, die beide über eine eigene Terrasse verfügen. Durch große Verglasungen und Fenstertüren sieht man in die umliegenden Baumkronen. An das Bad schließt eine Sauna an. Von hier kann man sich direkt im Freien abkühlen, Lamellenflügel gewähren die nötige Diskretion.

Innen zeigt sich die Holzkonstruktion entsprechend an der weiß lasierten Decke und den dunklen Eichendielen. Die weiß verputzten Wände regulieren das Raumklima – und bewahren vor zu viel Brettanmutung.

AUSZEICHNUNG

36

Urteil der Jury

Welch ein wunderbar einfaches, poetisches Haus – das sich der Natur öffnet und doch etwas Abstand behält und sie nur von leicht erhobener Warte und hinter Spalieren beobachtet. Das von den Südstaaten der USA erzählt mit seiner großartigen Porch-Veranda, aber doch auch von europäischen Konzepten der Moderne, wie den fließenden Übergängen von innen nach außen, halböffentlichen Räumen, der Haus-im-Haus-Zonierung. Sogar eine Sauna mit geschütztem Austritt im Obergeschoss bietet es, mit Blick auf den nahen Bielersee. Das Haus ist komplett aus Holz gefertigt, tragendes 18-Zentimeter-Holzständerwerk mit 26 Zentimeter dicken Holzbalkendecken und Eichenholzparkett. Wie schön auch die Umgebung belassen wurde, eine natürliche und seeufertypische Vegetation ohne gärtnerische Eingriffe (scheint es), keine Zäune, kein Parkplatz, das Auto wurde in die umlaufende Spalierschicht integriert. Wie einfach Schönheit doch manchmal sein kann, wenn man es richtig macht.

Peter Cachola Schmal

3 In den Innenräumen setzt sich die Holzkonstruktion als weiß lasierte Deckenverkleidung und robustes Eichenparkett fort.

AUSZEICHNUNG
38

Grundriss
Obergeschoss

Grundriss
Erdgeschoss

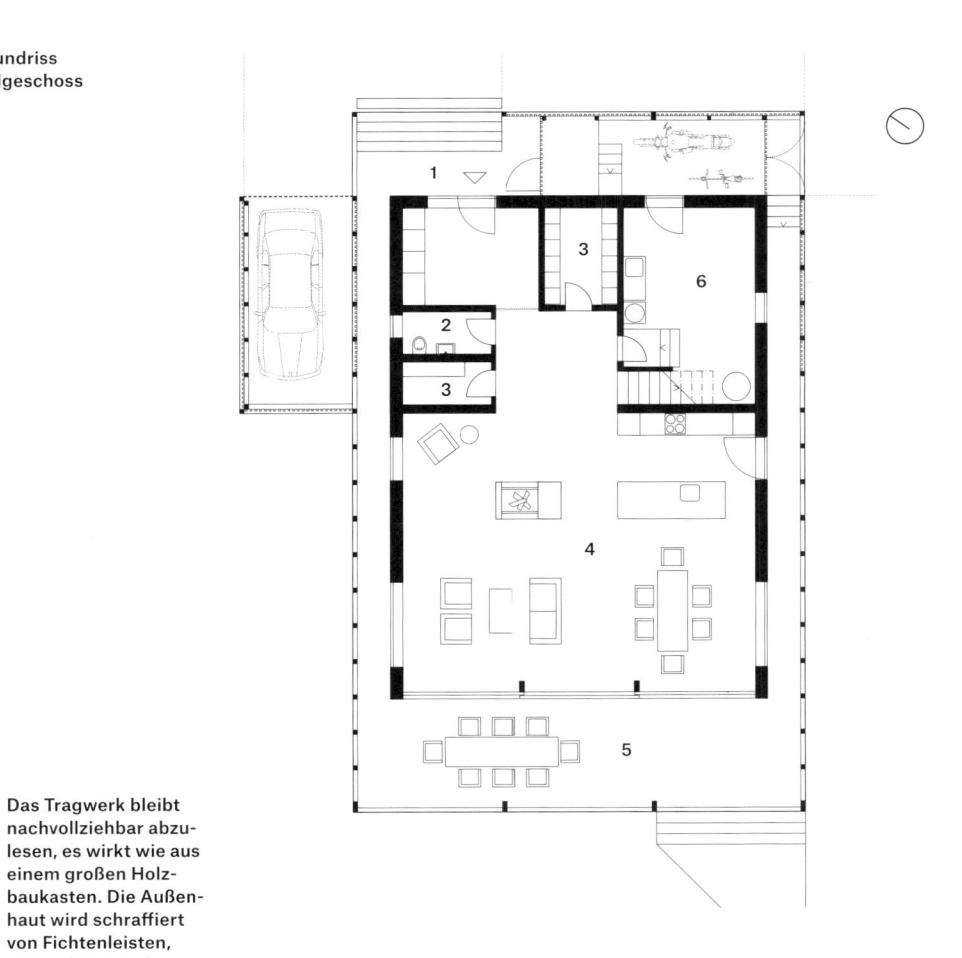

4 Das Tragwerk bleibt nachvollziehbar abzulesen, es wirkt wie aus einem großen Holzbaukasten. Die Außenhaut wird schraffiert von Fichtenleisten, Kanthölzern und Lamellen.

Maßstab
M 1:200

1 Eingang
2 WC
3 Lager
4 Kochen/Essen/Wohnen
5 Veranda
6 Abstell
7 Schlafen
8 Bad
9 Terrasse

Standort:
Ipsach (CH)

Anzahl der Bewohner:
2

Wohnfläche (m²):
240

Grundstücksgröße (m²):
870

Bauweise:
Holzbauweise
Fertigstellung:
2014

Markus Schietsch
Architekten

„Das Haus am Bielersee ist ein schwimmendes Holzdeck in der Natur, eine sich verändernde Leinwand im Lauf der Jahreszeiten, ein Gefühl der Freiheit oder aber einfach ein Haus am See."

Lageplan

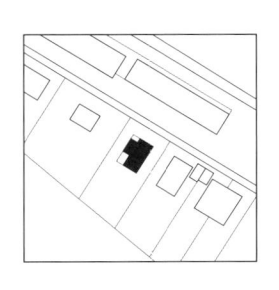

EIN ARTEFAKT

VON archinauten | dworschak +
mühlbachler architekten zt gmbh

in
Linz-St. Magdalena (A)

ANERKENNUNG
40

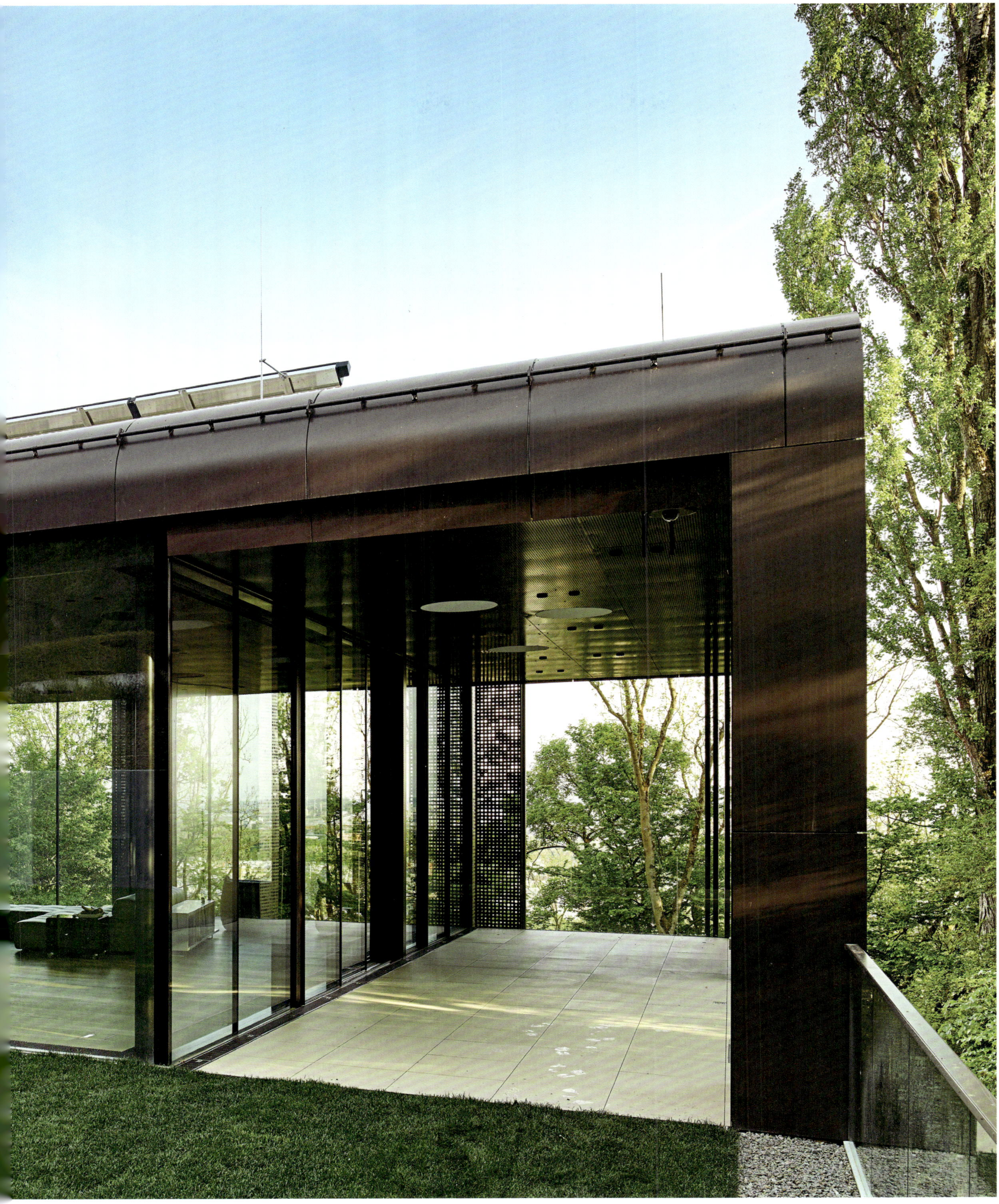

1 Eingekleidet: Sind die Faltschiebeläden geschlossen, wirkt das Haus hermetisch und introvertiert, die Bewohner sind ganz für sich.

2 Ist die Filterschicht der Blechläden aufgeschoben, sorgen noch die Baumkronen für freundliche Distanz.

Es gibt die vorhandene Natur mit Bäumen und Sträuchern und die vom Menschen hinzugefügte Baukultur. Diesen Unterschied reflektiert das Gebäude. Der Grundgedanke war, meinen die Architekten, „durch klare Abgrenzung zur umgebenden Natur auf dem Steilhang Raum zum Leben zu schaffen – das grüne Dickicht soll auf Distanz gehalten werden". Außerdem gibt es oberhalb des Hauses noch ein separates Badehaus und auf dem Weg dorthin kann man die ebene Gartenfläche als „kultivierten Freiraum" erleben. Die talwärtigen Südfassaden des über einem Zwischengeschoss auskragenden Gebäudekubus sind vollständig verglast. Mit perforierten Faltschiebeläden lässt sich die Privatheit individuell regulieren, je nachdem, wie geborgen man sich fühlen oder wie interessiert man auf die Stadt schauen möchte. Die pulverlackbeschichteten Blechelemente schützen auch vor sommerlicher Überhitzung, ihr Lochmuster, das sie nach innen werfen, ergibt ein Ornament, das an die Schatten der Baumkronen erinnern soll. Damit überlagern sich die Bilder der flirrenden und festen Reflexe.

Am besten lässt sich das Haus von oben nach unten erläutern. Das Obergeschoss beherrscht ein einziger Wohnraum, in dem außer dem Block mit Erschließung, Speisekammer und WC nur die Möblierung die Bereiche Kochen, Essen, Wohnen zoniert. Eine breite, umschlossene Terrasse nach Westen erreicht das Gartenniveau und gibt dem über die Stadt ragenden Glaspavillon Bodenhaftung. Die private Ebene darunter ist sachlich organisiert: Zur Stadt, gefiltert durch den Baumbestand, richten sich drei Schlafräume, die man durch eine Schrankschleuse betritt, zur anderen Seite des Flurs in der Längsachse liegen mehrere Nassräume. Von einer verglasten Diele geht die Haupttreppe nach unten, als Appendix schließt ein Wirtschaftsraum an. Die Stiege kommt auf dem schmalen Zwischengeschoss an, das wie ein Distanzstück mit zwei Arbeitsräumen den privaten Haushalt vom Eingangsfoyer trennt. Es besteht aus einer über Kopf verglasten hohen Halle, die als trichterförmiger Garderobenkorridor bis zum Windfang reicht. Zur Seite liegen die Garagen und ein Hobbyraum.

ANERKENNUNG

2

ANERKENNUNG

44

Urteil der Jury

Die übersichtliche Klarheit, Konsequenz und Einfachheit in der Materialverwendung ist auf den ersten Blick überzeugend. Das Gleiche gilt für den Eindruck einer großräumigen, offenen Beziehung des Hauses zur Umgebung mit weit angeordneten Fensteröffnungen. Der unkomplizierte Baukörper fügt sich geschickt in die Hanglage ein und bietet durch die gläserne Öffnung zum Garten einen hellen Wohnbereich. Dank der perforierten Faltfassade an der Südseite können die Bewohner den Grad an Offen- bzw. Geschlossenheit des Hauses selbst regulieren und ihren Bedürfnissen anpassen. Sie schützt vor neugierigen Blicken, aber auch vor starker Sonneneinstrahlung. Auch das Badehaus im Garten ist nur vom Wohnbereich aus zu sehen und wahrt somit ebenfalls die Intimität der Bewohner.

Insgesamt ein konsequenter und materialgerechter Beitrag: Besonders die Wechselwirkung zwischen Tag- und Nachtsituation, Beschattung und Offenheit, Sonnen- und Lichtschutz konnte uns als Jury überzeugen.

Meinhard von Gerkan

3   Es gibt eine Hierarchie des Privaten. Die Eingangstreppe aus Bitu-Terrazzo setzt sich einläufig mit Holzstufen, passend zum Eichenparkett, zwischen Schlaf- und Wohnbereich fort.

4 Der Wohnbereich schließt wie ein gläserner Pavillon den Gebäudekubus ab. Eine Außentreppe verbindet den rückwärtigen Garten mit dem Straßenniveau.

5 Lichtspiel. Die Perforation der Läden erzeugt wandernde Ornamente im Innenraum.

ANERKENNUNG

Querschnitt

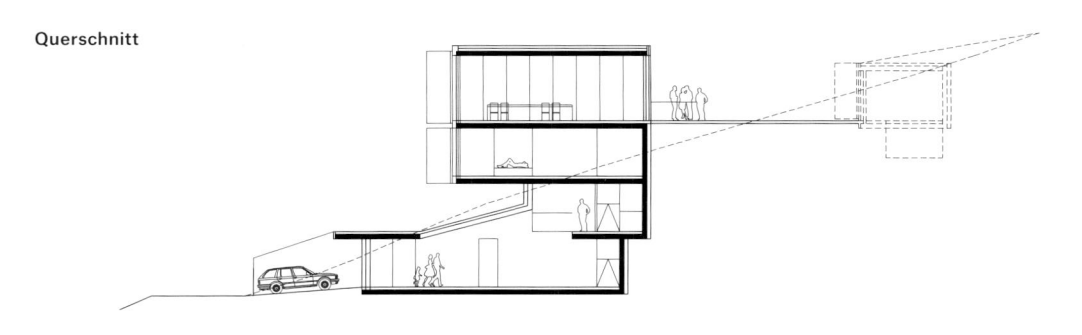

Grundriss Wohnebene

Grundriss Schlafebene

Grundriss Eingangsgeschoss

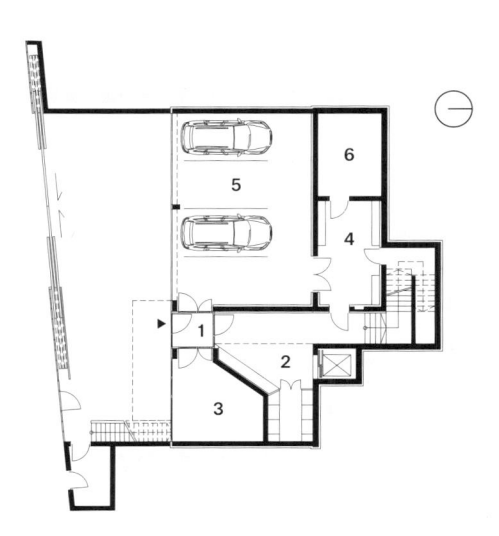

Maßstab
M 1:400

1 Eingang
2 Garderobe
3 Hobby
4 Abstell
5 Garage
6 Haustechnik
7 Kochen/Essen/Wohnen
8 WC
9 Badehaus (Phase 2)
10 Schlafen
11 Ankleide
12 Patio
13 Bad
14 Sauna
15 Wäsche

Standort:
Linz-St. Magdalena (A)

Anzahl der Bewohner:

4

Wohnfläche (m²):

377

Grundstücksgröße (m²):

1.054

Zusätzliche Nutzfläche:
122 m²
Bauweise:
massiv
Baukosten:
ca. 2.180.000 Euro
Heizwärmebedarf:
36,2 kWh/m²a
Energiestandard:
Niedrigstenergiehaus
nach ÖNORM H 5055
Fertigstellung:
2014

archinauten | dworschak + mühlbachler architekten zt gmbh

„Wir verstehen unsere Arbeit als soziale und kulturelle Dienstleistung, deren architektonische Qualität und Nachhaltigkeit sich daran messen lassen muss, wie offen und vielseitig interpretierbar sie für die vielfältigen Formen des Lebens ist."

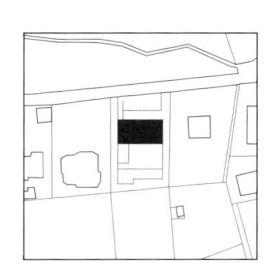

Lageplan

BERGBAU

VON savioz fabrizzi architectes
in
Val d'Hérens (CH)

ANERKENNUNG

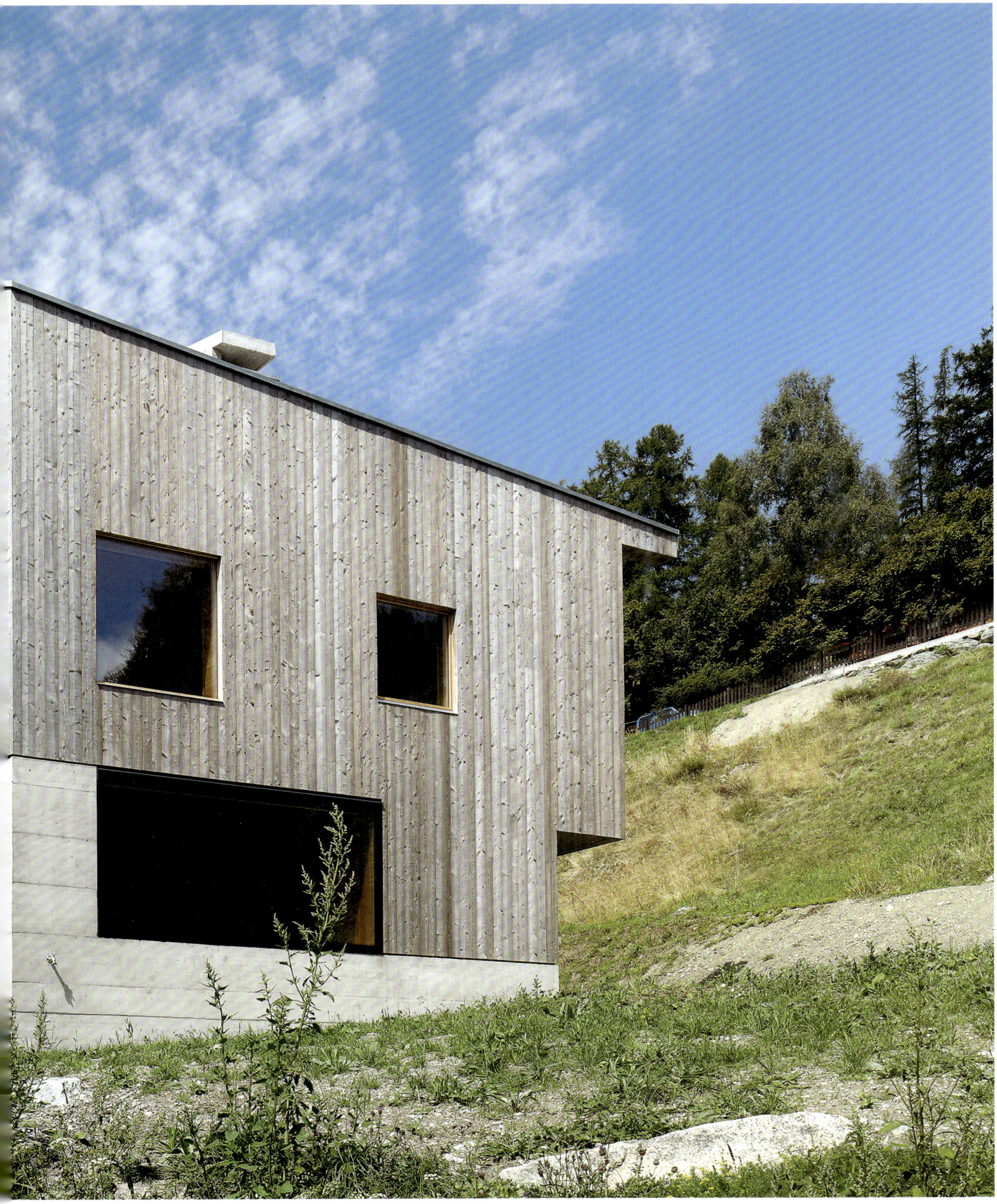

ANERKENNUNG

50

1 Die überwiegend fest verglasten, sprossenlosen Fenster geben den Blick frei auf die Berglandschaft.

2 Hochsitz. Die Dacheindeckung setzt das graue Holz der Fassaden fort. Die verdeckten Rinnen entwässern zur Bergseite.

Die beiden Schweizer Architekten haben bereits einige viel publizierte Häuser im französischsprachigen Wallis gebaut (2015 wurde das Haus Fabrizzi bei „Häuser des Jahres" ausgezeichnet). Ihnen gemeinsam ist die Lage in einer Region, in der man nur mit großer Sensibilität Spuren hinterlassen darf, in der aber auch das Wetter im Gebirge eine handwerklich robuste Ausführung fordert. Beides lässt dieses Haus im Val d'Hérens erkennen. Schon die Platzierung auf dem steilen Hanggrundstück zeigt, dass man sich mit dem Eingriff nicht die Natur untertan machen wollte. Es steht genau dort, wo die Topografie sich ein wenig freundlicher ebnet, so dass man keine Erde abtragen oder auffüllen musste. Das Haus greift mit einem Kellergeschoss in den Hang, seine massive Basis setzt sich sichtbar als Erdgeschoss-Sockel fort, doch die allseitige Verbretterung mit Tannenholzleisten reicht von der Nordseite noch um die Seitenwände herum – eine Anspielung auf die regional typischen Scheunen.

Der Beton verankert das Volumen sichtbar im Baugrund, gleichzeitig verdreht es sich mit seinen fünf Außenflächen über dem Eingangsgeschoss und bietet damit über Eingang und Terrasse eine schützende Auskragung. Die Facetten des Baukörpers wenden sich zu den bevorzugten Blickrichtungen: zum Ort nach Nordwesten, zum Tal und in die Berge nach Süden und Osten. Diese Position lässt sich in der inneren Organisation nachvollziehen. Der Eingang auf der Nordseite führt in einen Tagesraum, in dem ein freistehender Kern die Essküche vom Wohnbereich scheidet. Die betonierte Mitte birgt die Treppe, die sich um das WC winkelt, aus ihrem Rücken ragt eine Ofenbank, die sich zum offenen Kamin hin verbreitert. Die überdeckte Terrassenecke davor lugt wie ein kurzer Wehrgang über die steile Wiese.

Die tragende Struktur des Kerns setzt sich im Obergeschoss in den Trennwänden zweier Schlafzimmer fort, zwei Nasszellen und eine Ankleide lassen es auch in einem Ferienhaus nicht an Komfort fehlen. Unterm Dach folgt ein galerieartiger Raum für die Kinder oder zum Arbeiten. Die direkt auf dem Beton ohne Futter angeschlagenen Türen, Schiebetüren und eingelassenen Rollos lassen die Präzision der detaillierten Ausführung erkennen.

ANERKENNUNG

52

Urteil der Jury

Ein starkes Haus an einem ebensolchen Ort. Das Sockelgeschoss aus glatt ausgeführtem Beton wirkt von außen wie ein massiver Steinfindling, der auf der geneigten, wilden Ruderalfläche zur Ruhe gekommen ist. Seine verjüngten Außenmaße minimieren die Berührungsfläche mit dem Boden und schaffen raffiniert gedeckte Außenbereiche beim Eingang und der gegenüberliegenden Terrasse.

Im und auf dem Sockelgeschoss aufbauend steht, in teils bündigen, teils vergrößerten äußeren Dimensionen, das mit Lärchenholz verschalte „Haus". Die Obergeschosse bilden einen kompakten Körper mit verschobenen Proportionen, die den Nutzungsanforderungen der Innenräume folgen. Präzise gesetzte Öffnungen machen dabei die Raumfunktionen an der Fassade ablesbar und geben rundum fantastische Ausblicke frei.

Der massive, aus der Mitte geschobene Betonkern nimmt die Erschließung und die Funktionsräume auf. Um den Kern finden sich locker angeordnet die Aufenthaltsbereiche. Im Erdgeschoss werden differenzierte Beziehungen zwischen den Räumen und ihren Nutzungen aufgebaut. Die Zimmer der Obergeschosse hingegen sind strikt nach außen orientiert.

Insgesamt ein sehr konsequent gedachtes und gebautes Projekt, insbesondere überzeugend auch in der Konsequenz der Materialisierung und der Detaillierung.

Bernardo Bader

3   Rauer Sichtbeton und glatte Lärchenvertäfelung bestimmen den Innenraum, der sich mit Durchblicken über die Geschossebenen entwickelt.

4 Dank der festen Einbauten aus Beton und Holz sind nur wenige bewegliche Möbel nötig.

5 Die Türen sind ohne hölzerne Zargen direkt an die Betonleibung angeschlagen, Rollos wurden in die Holzvertäfelung integriert.

ANERKENNUNG

Querschnitt

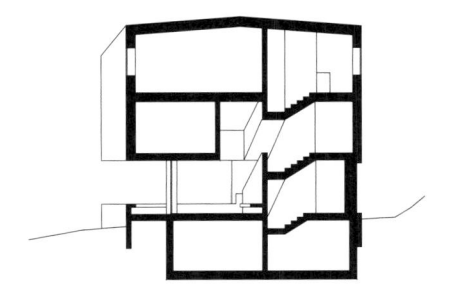

Grundriss
Dachgeschoss

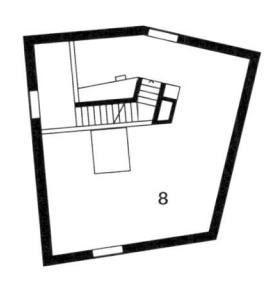

Grundriss
Obergeschoss

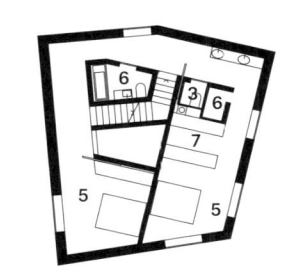

Grundriss
Erdgeschoss

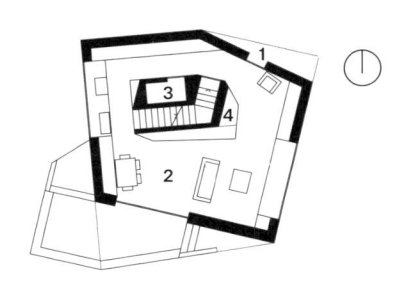

Grundriss
Untergeschoss

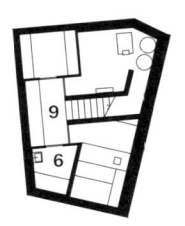

Maßstab
M 1:400

1 Eingang
2 Kochen/Essen/
  Wohnen
3 WC
4 Ofenbank
5 Schlafen
6 Bad
7 Ankleide
8 Kinder/Arbeiten
9 Lager/Technik

Standort:
Val d'Hérens (CH)

Anzahl der Bewohner:

1–6

Wohnfläche (m²):

226

Grundstücksgröße (m²):

3.600

Zusätzliche Nutzfläche:
3.505 m²
Energiestandard:
SIA 380/1 : 2009
Fertigstellung:
2015

savioz
fabrizzi
architectes

„Wir wollten den Bautypus Chalet neu interpretieren, ohne seine Charakteristika zu verlieren: das Giebeldach, die kompakte Form aus Holz und den gemauerten Sockel, der sich dem Hang ganz natürlich anpasst."

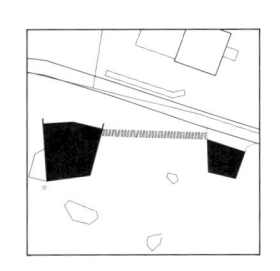

Lageplan

DIE LIEBE ZUR GEOMETRIE

VON peter haimerl . architektur

in München-Alt-Riem

ANERKENNUNG
56

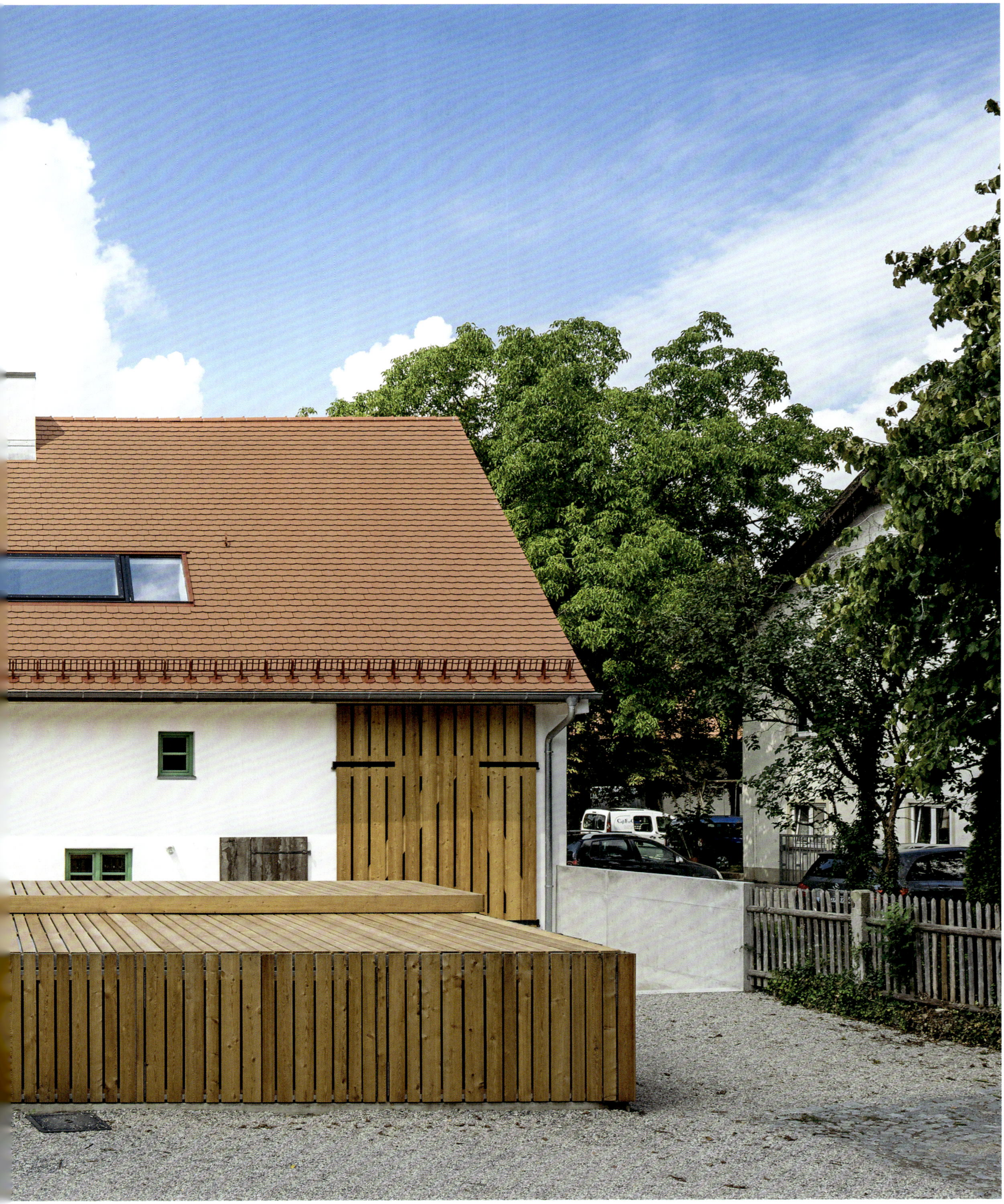

1

ANERKENNUNG

58

Urteil der Jury

Mit seinem Umbau des Schusterbauernhauses in Alt-Riem ist es dem Architekten Peter Haimerl gelungen, die ursprüngliche Außenansicht des Gebäudes wiederherzustellen und im Inneren eine moderne Neuinterpretation der bestehenden Räume zu realisieren. Das Haus, das fast gänzlich verfallen war, behielt durch den Um- und Ausbau die traditionelle Anmutung eines historischen Bauernhauses. Im Inneren verändert sich dieser Eindruck komplett: Durch einen um 45 Grad gedrehten und in den Dachstuhl eingefügten Kubus aus Beton entstand nicht nur ein Zweifamilienhaus, sondern eine faszinierende Raumskulptur, die dem Betrachter und den Bewohnern ungewohnte Winkel-, Wand- und Raumachsen eröffnet. Dadurch, dass sich der Betonkubus staffelt, verschränken sich verschiedene Bereiche des ursprünglichen Gebäudes mit dem Kubus. Das Ergebnis ist gleichermaßen modern wie historisch. Dieser Charakter wird auch durch die Wahl des Materials verstärkt: Wände und Böden sind aus hellem Beton hergestellt. Wo es baulich möglich war, wurde die bestehende Substanz erhalten und als solche auch kenntlich gemacht. Möbel und Treppen sind aus Holz und das Bad, mit schrägem Lichteinfall von oben, aus Beton. Der Jury gefiel besonders der Umgang mit der wertvollen denkmalgeschützten Substanz und der im Gegensatz dazu stehenden neuen und modernen Gestaltung der Innenräume. Insgesamt ist das Gebäude ein richtungsweisendes Beispiel für den Umgang mit Baudenkmälern insbesondere im Kontext der Diskussion über zeitgemäße Dorfentwicklung.

Ulrich Nolting

1 Erhaltene oder erneuerte Sprossenfenster verraten nichts von dem konstruktiven Exorzismus hinter der Fassade. Was früher der Misthaufen war, wird heute als Müllhäuschen, Abstellraum, Fahrradstellplatz und Laube interpretiert.

2 Die Küche im Obergeschoss findet sich innerhalb des eingeschobenen, aussteifenden Prismas, das auf der neuen Betondecke aufliegt.

3 Die andere Wohnung hat ihre Küche unterhalb des Betonkeils, der mit seiner tiefen Kante eine Raumteilung andeutet. Die kleinen Fenster erinnern an die ehemalige Stallnutzung.

Mit „Verweile doch!" hat der Architekt sein Projekt überschrieben. Es liest sich wie ein Bann, um die vernachlässigte, beschädigte, geplünderte Bausubstanz des aus dem 18. Jahrhundert stammenden so genannten Schusterbauernhauses zu retten. Sie ist Zeugnis einer bäuerlichen (Handwerks-)Kultur, die in dem denkmalgeschützten Fragment noch ablesbar ist. Die historischen Spuren blieben unangetastet, die noch vorhandene Ursprünglichkeit samt ihrem verletzten Innenleben beim Ausbau mit zwei Mietwohnungen bewahrt. Gleichzeitig hat der Bauherr Stefan F. Höglmaier, der sein Unternehmen Euroboden als „Architekturmarke" führt, Peter Haimerl eine konstruktiv-künstlerische Intrusion vollführen lassen.

Sie besteht aus einem liegend über die gesamte Gebäudelänge eingeschobenen Betonprisma, dessen obere Begrenzung die um 45 Grad geneigten Dachflächen trägt. Sie setzen sich außen als konventionelles Ziegeldach fort, wie überhaupt die Fassaden mit erhaltenen oder erneuerten Sprossenfenstern und Klappläden nichts von dem die Dimensionen sprengenden „Raumplan" mitteilen. Die linke, über zwei Etagen reichende Wohnung lässt im Grundriss noch die alten Stuben erkennen. Nur der große Wohnraum mit der Küchenzeile partizipiert an der Untersicht des betonierten Fremdkörpers, der wie bei einer Kapelle zu den Außenwänden ansteigt und mit seiner tiefen Deckenkante eine Funktionstrennung andeutet. Die unverputzte, mit kleinen neuen Luken perforierte Außenwand erinnert an die ehemalige Stallnutzung. Auch im Bad darüber erlebt man die schräge Fläche, über die Tageslicht in die Wanne fällt.

Die zweite Wohnung, deren Substanz stärker getroffen war, zeigt den Eingriff drastisch. Hinter dem bis zur Traufe reichenden neuen Brettertor folgt ein gläsernes Portal. Abgesehen von einem tiefer liegenden Gästezimmer lebt man auf den beiden oberen Ebenen, die über die erste Wohnung bis zur südwestlichen Giebelwand reichen. Hier entfaltet sich ein geometrisches Feuerwerk. Die geneigten Flächen sind mal Wand, mal Treppe, mal Bank, mal Küchentresen oder lassen über dem Essplatz den Blick frei bis unters Dach. Eine Galerie mit Kamin setzt dort oben den Wohnbereich fort, zwei Schlafzimmer und Nassräume stecken unter den Giebelschrägen. Aber eigentlich ist das Gehäuse unbeschreiblich.

ANERKENNUNG

3

4

5

ANERKENNUNG
62

Querschnitt

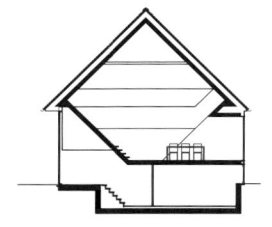

Grundriss
Dachgeschoss

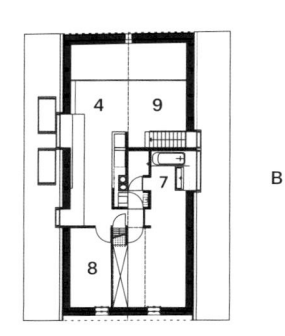

Grundriss
Obergeschoss

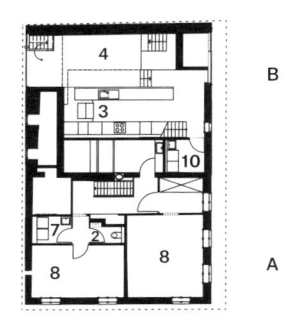

Grundriss
Erdgeschoss

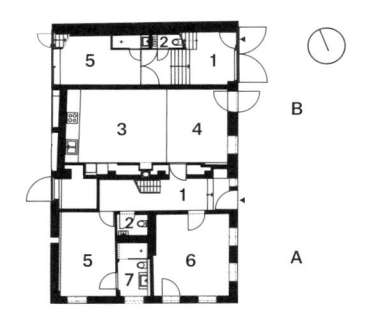

Maßstab
M 1:400

1 Eingang
2 WC
3 Kochen/Essen
4 Wohnen
5 Gast
6 Stube
7 Bad
8 Schlafen
9 Galerie
10 Hauswirtschaft

Standort:
München, Alt-Riem

Anzahl der Wohneinheiten:

2

Wohnfläche (m²):

295

Grundstücksgröße (m²):

212

Zusätzliche Nutzfläche:
35 m²
Baukosten:
820.000 Euro
Fertigstellung:
2015

peter haimerl .
architektur

„Meine architektonische Konzeption geht von zwei Prämissen aus: dem Erhalt historischer Bausubstanz bei gleichzeitiger Einführung einer räumlichen Innovation."

4 Unter der Dachgalerie führt ein Spielflur mit einer Bank zu den Schlafzimmern. Die Filzbekleidung verbessert die Akustik.

5 Die Badewanne verkeilt sich zwischen Hauswirtschaftsraum und Küche der Nachbarwohnung.

Lageplan

VERWANDLUNGS-KUNST

VON DAVIDE MACULLO
ARCHITECTS

in
Preonzo (CH)

ANERKENNUNG
64

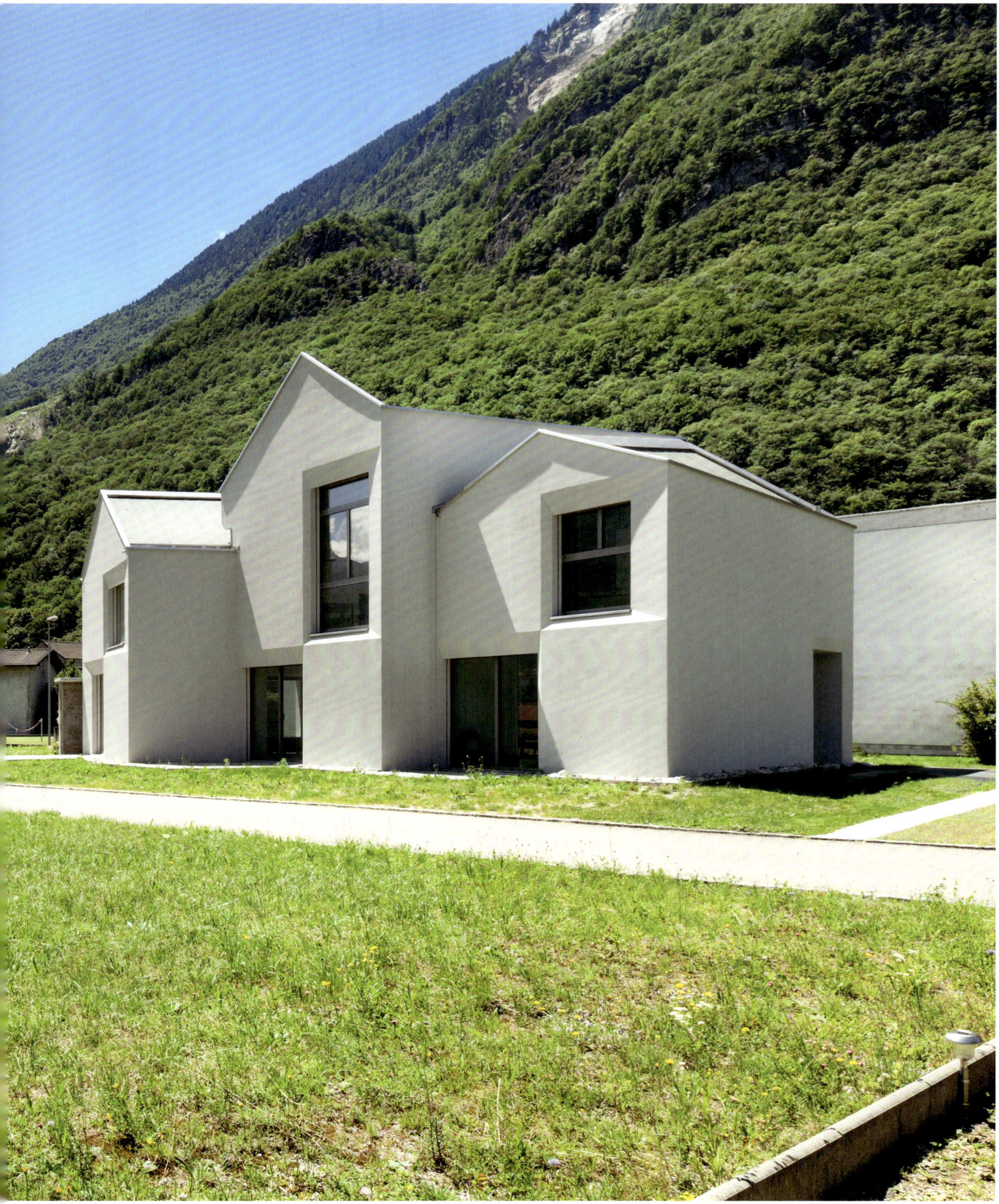

1

ANERKENNUNG
66

1 Der Eingang in den Dreizack liegt in dem angebauten neuen Hausteil mit einer Innentreppe. Die beiden alten Außenstiegen blieben erhalten.

2 Schräg. Die abgefasten Putzfaschen und verschobenen Firstlinien geben dem Gebäude eine kubistische Anmutung.

P reonzo ist eine sehr kleine Gemeinde im Kanton Tessin. Das Grundstück liegt am Rand des Dorfkerns, wo bereits die landwirtschaftlich genutzten Flächen beginnen. Die umgebenden Häuser sind von der typischen alpinen Bauweise geprägt, es sind monolithische Steinbauten. Traditionell gibt es im Erdgeschoss Ställe für die Tiere, darüber Scheunen, unter der Erde liegen (feuchte) Weinkeller. Die Stockwerke werden durch außen angebaute Treppen erschlossen. So ein einfaches Gebäude hatten die Architekten vorgefunden. Der Bauherr wünschte sich eine Erweiterung der Flächen zum komfortablen Wohnen.

Die Architekten reagierten, indem sie das vorhandene würfelförmige, mit einem Satteldach abgeschlossene Gebäude um zwei weitere Kuben ähnlicher Größe erweiterten. Sie vervielfältigen das Volumen aber nicht durch eine genaue Wiederholung, sondern durch eine kalkulierte Verschiebung und schiefwinklige Fortführung des Gebauten. Insbesondere die neuen schiefergedeckten Dachfaltungen übertragen das Satteldach des ursprünglichen Hauses in eine freie Stereometrie. Es entsteht je nach Blickrichtung ein surreales Bild, das den kleinen Innenräumen zugute kommt. Sie überraschen als helle Wohnbereiche mit unerwarteter plastischer Ausprägung. Man kann sie auch als einen einzigen Raum lesen.

Im vorhandenen Bauteil wurde die Geschossdecke entfernt, was einen großzügigen bis unter den First reichenden Wohnraum ergab. Die ehemaligen Balkenauflager sind noch erhalten. Ein breiter Durchbruch verbindet mit der Essküche, hinter der noch ein Gästezimmer anschließt. An diesem äußeren Ende des Dreizacks liegt der Haupteingang, neben dem auch eine Treppe nach oben führt. Ihre Schräge birgt platzsparend eine Toilette. Eine neue zweite Stiege führt von außen ins Obergeschoss.

Dort erreicht man ein Studio, das sich mit einer satinierten Glasbrüstung galerieartig zum unteren Wohnraum öffnet. Abgeschlossen ist der Schlafraum. Daran stößt das Badezimmer, das aus dem Gebäudevolumen ragt und den darunter liegenden Eingang überdacht. Die alte (unnötige) Außentreppe blieb original erhalten, ebenso der Keller „als Gedächtnis und Zeuge", sagen die Architekten, da bei den üblichen Umbauten alles gern bis zur Unkenntlichkeit verändert wird. Weiße Wandflächen und ein geschliffener Zementestrich lassen den begrenzenden Flächen ihre räumliche Wirkung.

3

ANERKENNUNG

68

Urteil der Jury

Ein Rustico sollte komfortabel erweitert werden. Man hätte sich vorstellen können, das kleine Gebäude unauffällig weiterzubauen, damit es sich sozusagen zeitlos vervielfältigt. Eine andere bekannte Haltung wäre, sich nach einer deutlichen (gläsernen) Zäsur mit unbestechlicher Gegenwart scharf dagegen abzusetzen. Hier ist ein Drittes passiert: Das alte Haus und die zweifache Erweiterung verschmelzen zu einem neuen Ganzen. Die Kleinteiligkeit des Dorfes wird durch die in drei Volumen gestaffelte Kubatur zwar schiefwinklig aufgenommen, aber die Dachformen spielen mit den Dimensionen, sie persiflieren mit ihren Brechungen das traditionelle Satteldach. Die Fensteröffnungen sind groß bemessen, liegen dort, wo die Aussicht lohnt, und man kann überlegen, ob ihre unregelmäßige Anordnung den alten Bauten oder einer abstrakten Ästhetik folgt. So ergab sich unter den gemeinsamen hellen Putzoberflächen ein Ensemble, ein neues Kapitel Baugeschichte, das nichts verleugnet, nichts behauptet, sondern die Epochen wohlmeinend zusammenführt.

Wolfgang Bachmann

3 Der Wohnraum im alten Gebäude reicht bis unter das Dach, die Balkenauflager der ehemaligen Geschossdecke sind noch erkennbar.

ANERKENNUNG
70

Längsschnitt

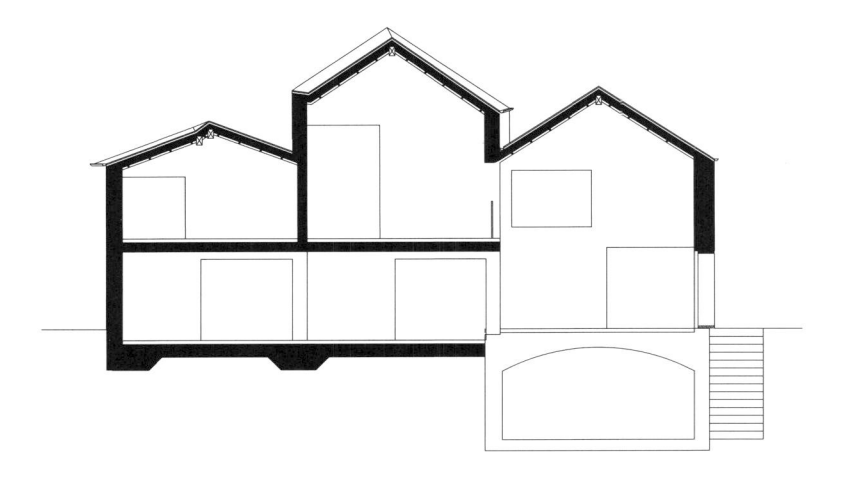

Grundriss
Obergeschoss

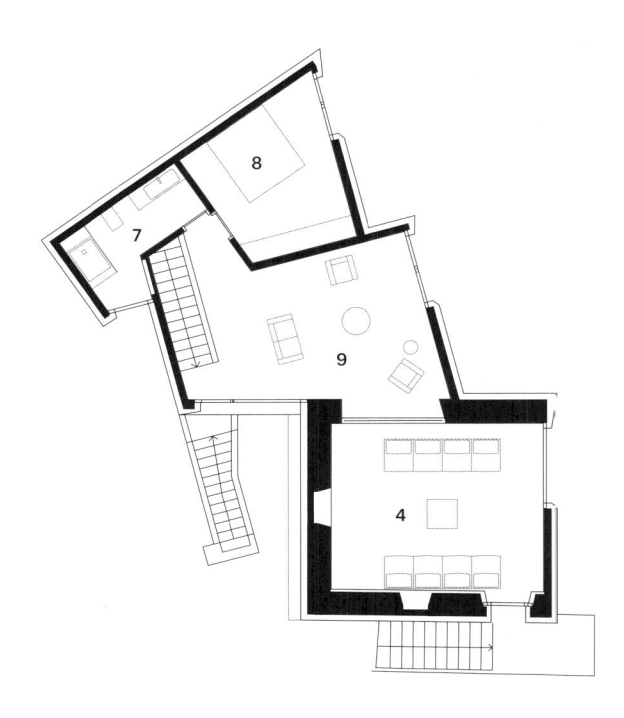

Grundriss
Erdgeschoss

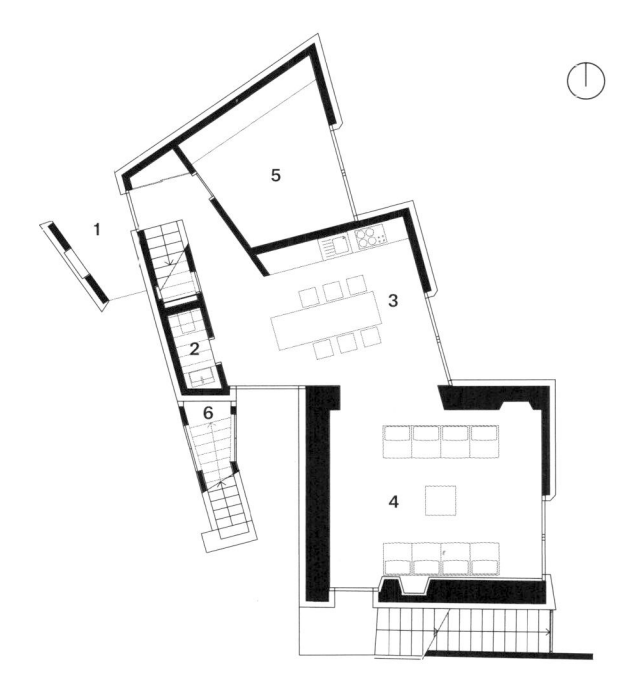

4 Die ungeplante, zufäl-
lig wirkende Ordnung
der alten Dorfstruktur
wird mit den drei ver-
schobenen Kubaturen
als ästhetische Be-
hauptung wiederholt.

Maßstab
M 1:200

1 Eingang
2 WC
3 Kochen/Essen
4 Wohnen
5 Gast
6 Technik
7 Bad
8 Schlafen
9 Studio

Standort:
Preonzo (CH)

Anzahl der Bewohner:

1

Wohnfläche (m²):

120

Grundstücksgröße (m²):

500

Bauweise:
Beton und Backstein
Baukosten:
660.000 CHF
Energiestandard:
SIA
Fertigstellung:
2013

DAVIDE
MACULLO
ARCHITECTS

„Architektur: der Link zwischen der DNA einer Ortschaft und seiner Zukunft, aus der Ferne eine Form, aus der Nähe ein Wunder, im Inneren eine Welt."

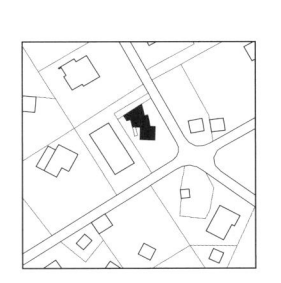

Lageplan

CHARAKTER-ROLLE

VON bächlemeid, architekten stadtplaner bda

in Konstanz

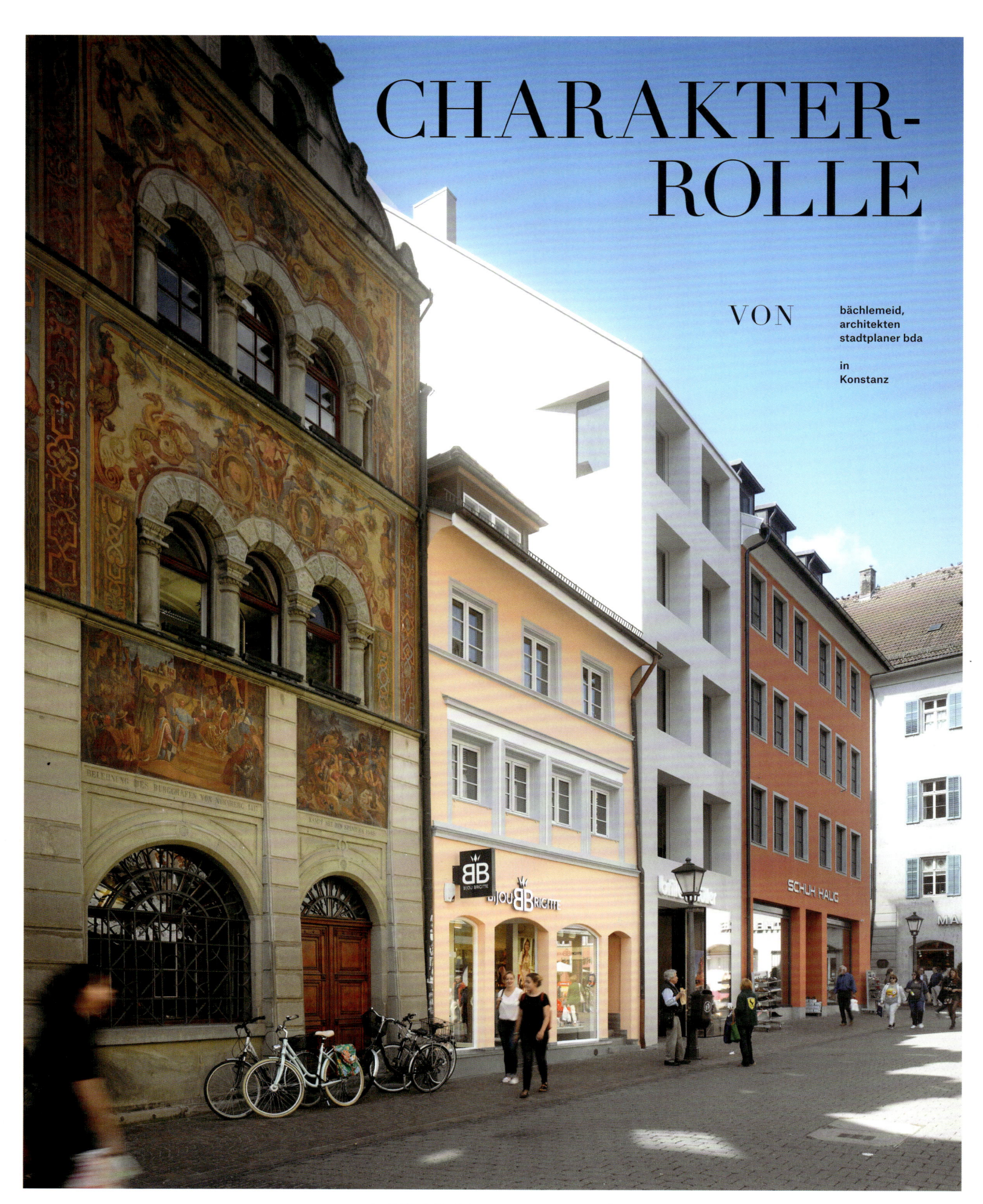

ANERKENNUNG

72

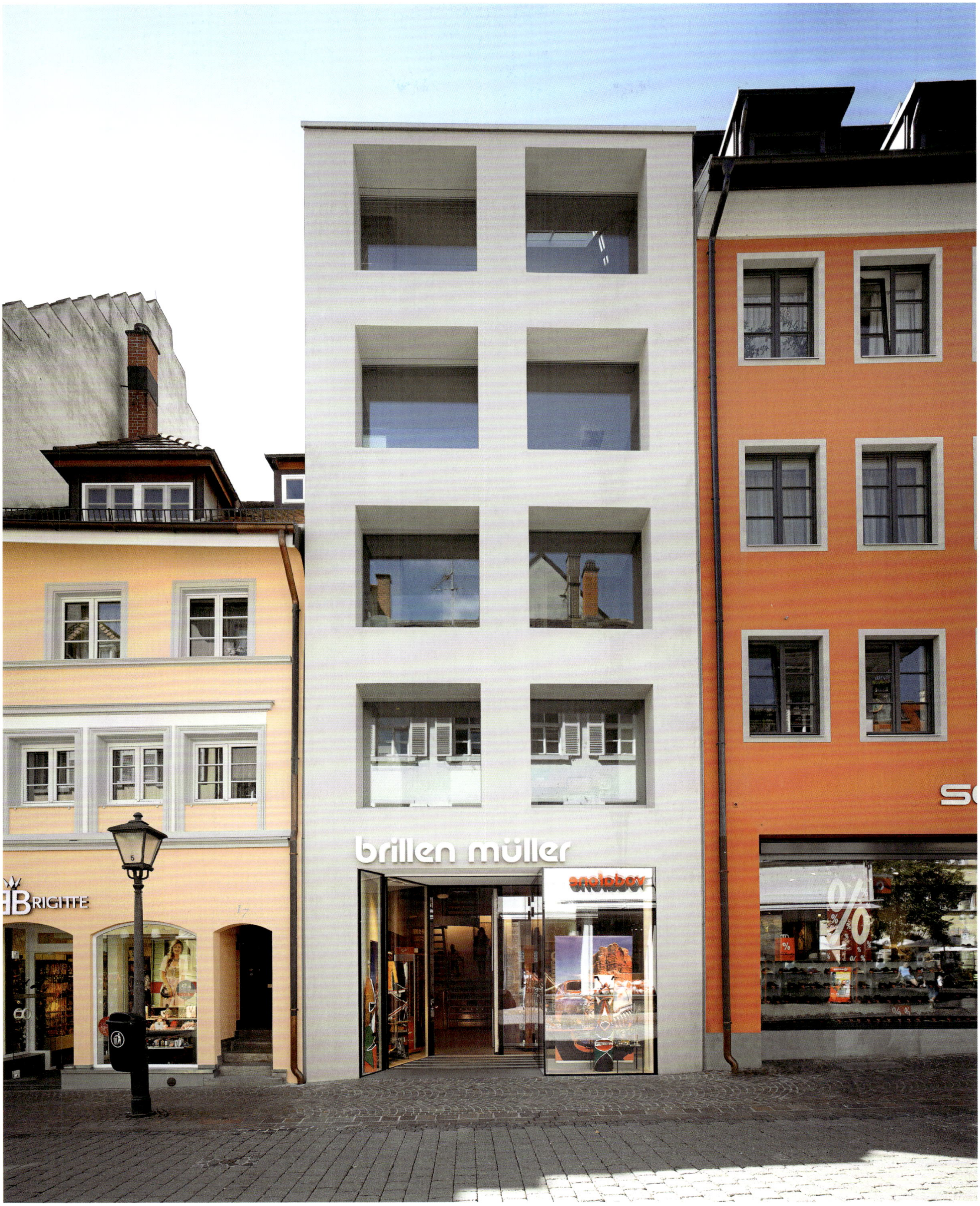

ANERKENNUNG

Urteil der Jury

Wenn man durch die umtriebige Fußgängerzone in Konstanz spaziert, wird man die frisch geschlossene Baulücke vermutlich gar nicht bemerken. Im Erdgeschoss reicht der Blick durch die auf das Straßenpflaster stoßenden Schaufenster eines Optikers, mehr wird dem Flaneur nicht auffallen. Aber es geht nicht darum, dass sich moderne Architektur verleugnet. Zunächst umschreibt sie hier einen Zweck: Sie bringt Handeln, Werken und Wohnen auf schmalem Raum zusammen. Etwas Vernünftigeres kann einer Stadt gar nicht passieren. Die Architektur muss sich mit einem alten und einem auf alt gemachten Nachbarhaus auseinandersetzen, beide haben auch noch unterschiedliche Höhen. Dem Neubau gelingt es, sich ohne falsche Simse und Sprossen in das Lokalkolorit einzufügen. Trotz seiner rationalen Neutralität mit tief eingeschnittenen quadratischen Öffnungen, die in der hohen Brandwand mit einem seewärts abgefasten Fenster geschickt ergänzt werden, steht das weiß verputzte Haus nicht fremd in der Zeile. Es wirkt standhaft und ortsansässig und nervt unweit des reich geschmückten Renaissance-Rathauses nicht mit bunter Folklore – ein Charakter, der sich elegant und kraftvoll zwischen die aufgebrezelte Verwandtschaft stellt.

Wolfgang Bachmann

1   Die tieferen Ebenen bis hoch ins 1. Obergeschoss nehmen den optischen Betrieb und die Verkaufsräume auf. Der Neubau steht als abstrakte Interpretation der unterschiedlichen Epochen über den alten Grundmauern.

2 Selbst das Badezimmer im 3. Obergeschoss erhielt ein großes Fenster. Alle Öffnungen sind tief eingeschnitten, innen bündig rahmenlos verglast, sie schmücken die Fassade durch ihre plastische Tiefe (Seiten 72/73).

3 Die Küche im 4. Obergeschoss ist der Angelpunkt der Wohnung. Tageslicht kommt zusätzlich über eine Schrägverglasung.

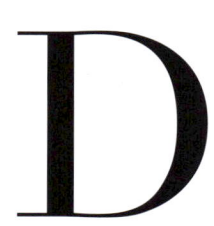

Der Ort könnte historisch nicht anspruchsvoller sein. In unmittelbarer Umgebung der schmalen Baulücke, die nach einem verheerenden Brand entstanden ist, stehen Häuser aus 600 Jahren Baugeschichte. Diese Altstadtarchitektur hat sich in den letzten Jahrzehnten allmählich verändert, man kann sagen, sie ist „schmucker" geworden, sie entspricht dem pittoresken Bild der Bewohner, der Touristen und des Stadtmarketings.

Für den Entwurf dieses Hauses haben die Architekten Gemeinsamkeiten in den ursprünglichen Bauten aus den verschiedenen Epochen analysiert. Diese unveränderten Kennzeichen wurden herausgearbeitet, interpretiert, auf wesentliche Standards reduziert und in einem hohen traufständigen Gebäude wiedergegeben. Es sucht nicht die unmögliche Verbindung mit seinen widersprüchlichen direkten Nachbarn, sondern gehört mit seinem aufsteigenden Steildach, das ohne Überstand und Aufbauten die Fassade fortsetzt, in das heterogene Nebeneinander der Straßenbebauung. Einerseits unterbricht es deren farbige Kleinteiligkeit, andererseits steht es mit seinen identischen Fenstern und der monochromen Putzfassade wie ein wissender Vorfahr in dem baugeschichtlichen Reigen. Der bis in die tiefen, innen bündig verglasten Öffnungen reichende Kalkmarmorputz entspricht den mittelalterlichen Techniken, das Dach ist mit grauweißen Flachziegeln belegt, auch alle Anschlüsse sind farblich entsprechend beschichtet.

Innen wiederholt sich diese Ordnung mit großformatigen, raumhohen Einbauten aus Glas und verschiedenen Hölzern, der verpresste Kalkputz der Außenhülle bestimmt auch die Räume. Der vertiefte Eingang lenkt die Aufmerksamkeit zunächst auf den ein halbes Geschoss höher liegenden Verkaufsraum. Er gehört zum optischen Unternehmen der Bauherrschaft, das sich mit Kundenflächen, Büro und Werkstatt nach oben erweitert. Galerieartige Ausschnitte holen beide Ebenen zusammen.

Die darüberliegenden vier Wohngeschosse erreicht man über einen seitlichen Zugang und einen Aufzug. Mit raffinierter Platzökonomie sind Kinderzimmer mit Nasszelle, die Elternebene mit Ankleide und großzügigem Bad zur Straße, Kochen und Essen samt einer eingeschnittenen Terrasse und schließlich unterm Dach das Wohnen übereinander gestaffelt. Eine Deckenaussparung gibt Raum, Tageslicht kommt über eine Schrägverglasung – keine Spur von falschem Mittelalter zwischen den weißen Brandwänden.

ANERKENNUNG

3

4　Die Stahltreppen erhielten einen Stein- oder Holzbelag. Glasbrüstungen verbessern die Lichtverteilung in dem tiefen Grundriss.

ANERKENNUNG

Schnitt

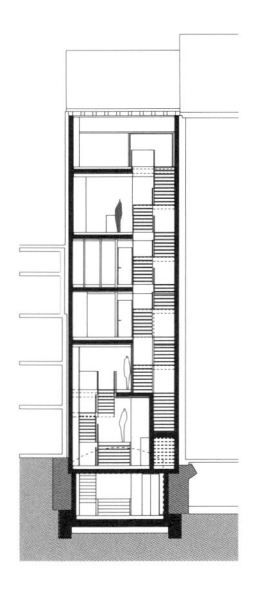

Grundriss Dachgeschoss

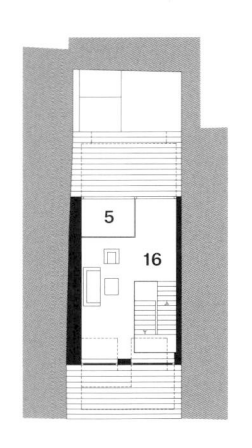

Grundriss 4. Obergeschoss

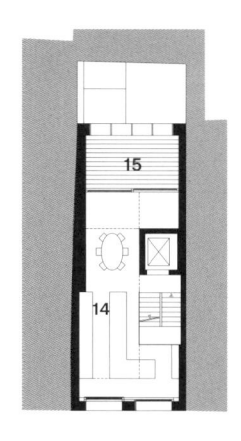

Grundriss 3. Obergeschoss

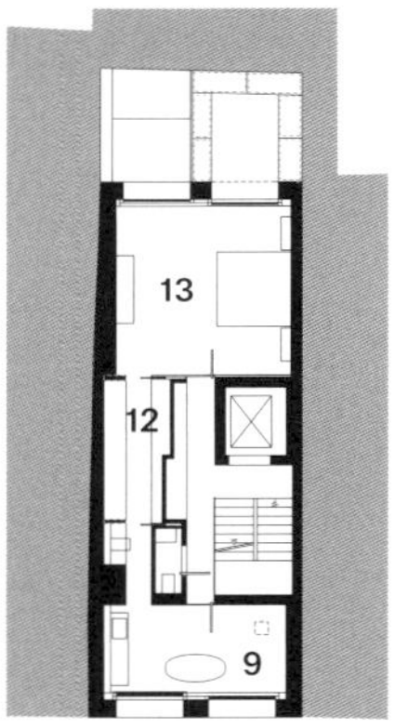

Grundriss 2. Obergeschoss

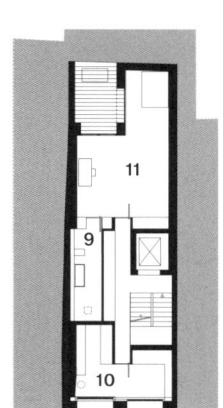

Grundriss 1. Obergeschoss

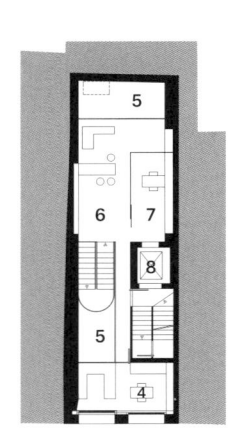

Grundriss Erdgeschoss

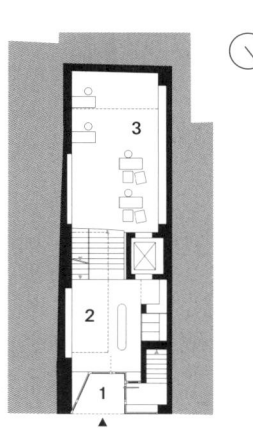

Lageplan

Maßstab
M 1:400

1 Eingang
2 Verkauf
3 Beratung
4 Werkstatt
5 Luftraum
6 Sehtest
7 Büro
8 Aufzug
9 Bad
10 Hauswirtschaft
11 Kind
12 Ankleide
13 Schlafen
14 Kochen/Essen
15 Terrasse
16 Wohnen

Standort:
Konstanz

Anzahl der Bewohner:
3

Wohnfläche (m²):
220

Grundstücksgröße (m²):
110

Zusätzliche Nutzfläche:
150 m²
Bauweise:
massiv
Baukosten:
ca. 2.000.000 Euro
Primärenergiebedarf:
Wohnen 55 kWh/m²a,
Gewerbe 137 kWh/m²a
Fertigstellung:
2014

bächlemeid,
architekten
stadtplaner bda

„Beim Entwurfskonzept für Haus Müller werden die traditionellen Bauwerkselemente der Stadt präzise auf die wesentlichen Merkmale reduziert."

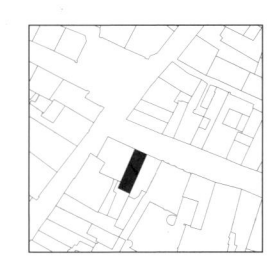

AUSGEWÄHLTE PROJEKTE

VON   mühlböck küche.raum

in
Zwettl an der Rodl (A)

HEIMATKUNDE

1 Die Brettschalung der Decke wirkt wie eine Spiegelung des Dielenbodens.

Der Bauherr ist Tischler, Innenarchitekt – und Mühlviertler. Für das eigene Haus für seine Familie hat er sich von den traditionellen Holzschuppen seiner Heimat inspirieren lassen, ihrer simplen Materialität. Bei der Planung seines Bungalows auf einem Grundstück am Rand des beschaulichen Dorfes nördlich von Linz erinnerte er sich an die traditionelle Architektur der Region.

Das Haus besteht aus zwei Gebäudeteilen, einem kleinen Schlafhaus mit Satteldach und einem flachgedeckten L-förmigen Haupthaus, die zusammen einen Terrassenhof umschließen. Die Außenwände öffnen sich nach Westen zu einem Naturteich, dessen Wasserfläche als „Reflecting Pond" die Sonne an die Decke des Wohnraums spiegelt. Die Außenbereiche sind so angelegt, dass zu jeder Jahreszeit ein schattiger und ein sonniger Platz aufgesucht werden kann. Die Fassaden sind mit mondgeschlägerten Fichten- und Tannenholzbrettern verkleidet, so wie man es von den alten Scheunen in der Umgebung kennt, die tragenden Ziegelwände dahinter sind mit Schafwolle gedämmt.

Durch die Hanglage erhält das Haupthaus eine doppelte Erschließung. Einmal kann man durch den Carport im zurückgesetzten Untergeschoss, das sich Kellerflächen und Fahrradschuppen teilen, über eine Treppe die Diele im Erdgeschoss erreichen, aber auch an der nördlichen Giebelseite neben einem weiteren Stellplatz gibt es einen direkten Zugang. Zwei Stufen bilden die Schwelle zu einem langen Bilderflur, der geradewegs in den Wohntrakt führt. Die zum Terrassenhof gerichtete Küche mit anschließendem Essplatz und der hinter einer faltbaren Eschenholzwand verborgenen Anrichte ist die Herzkammer des Hauses – was Wunder, es handelt sich um eine vom Bauherrn in seinem Unternehmen entwickelte Keramikküche. Wieder zwei Holztritte tiefer liegt der abgewinkelte Wohnraum mit einem mächtigen Kamin.

Im Gegensatz zu der fließenden Offenheit des Haupthauses zweigt das Schlafhaus mit einem kurzen Bibliotheksflur ab. Hier verschachteln sich als heimeliges Labyrinth Eltern- und Kinderzimmer, begleitet von zwei Bädern, Gäste-WC, Waschraum, Ankleidezone, Sauna und einer Treppe, die unters Dach führt.

Längsschnitt

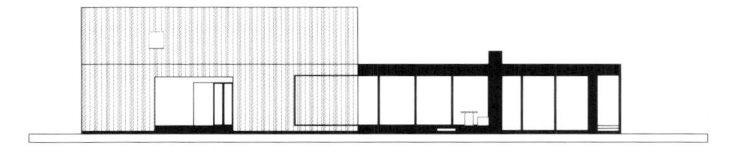

Grundriss
Erdgeschoss

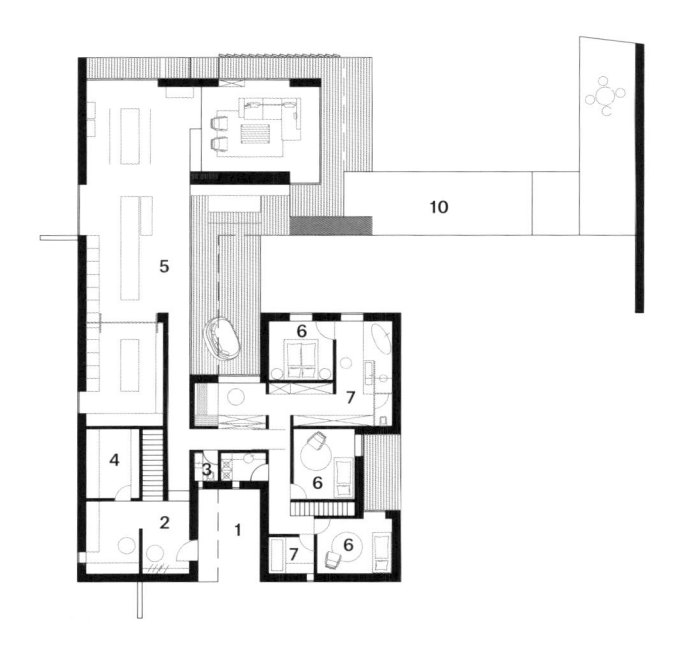

Grundriss
Kellergeschoss

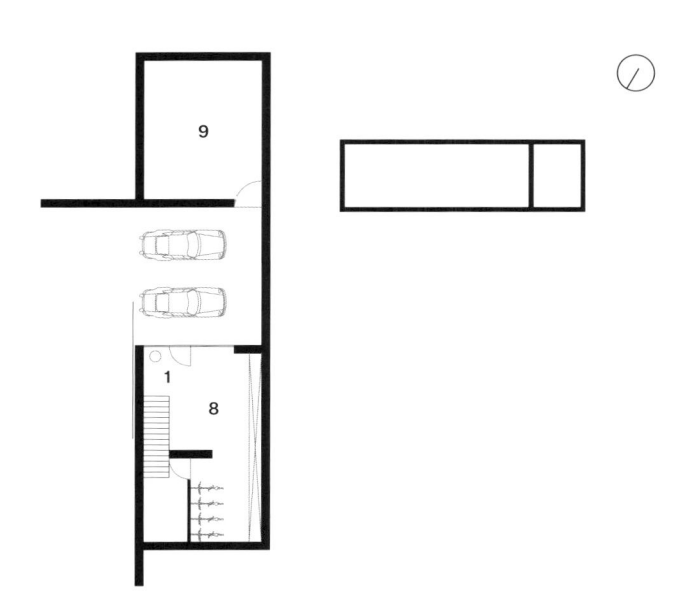

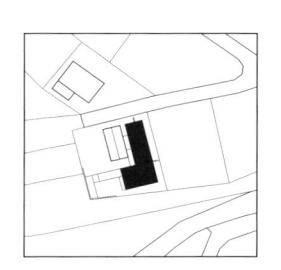

Maßstab
M 1:400

1 Eingang
2 Garderobe
3 WC
4 Abstell
5 Kochen/Essen/Wohnen
6 Schlafen
7 Bad
8 Keller
9 Werkstatt
10 Pool

Standort:
Zwettl an der Rodl (A)

Anzahl der Bewohner:

4

Wohnfläche (m²):

280

Grundstücksgröße (m²):

1.600

Zusätzliche Nutzfläche:
60 m²
Bauweise:
Mischbauweise
Fertigstellung:
2014

mühlböck
küche.raum

„Hof und Holzschuppen:
Architektur im Dorf lassen"

Lageplan

GEBRAUCHSMUSTER

VON wirges-klein architekten

in Rösrath

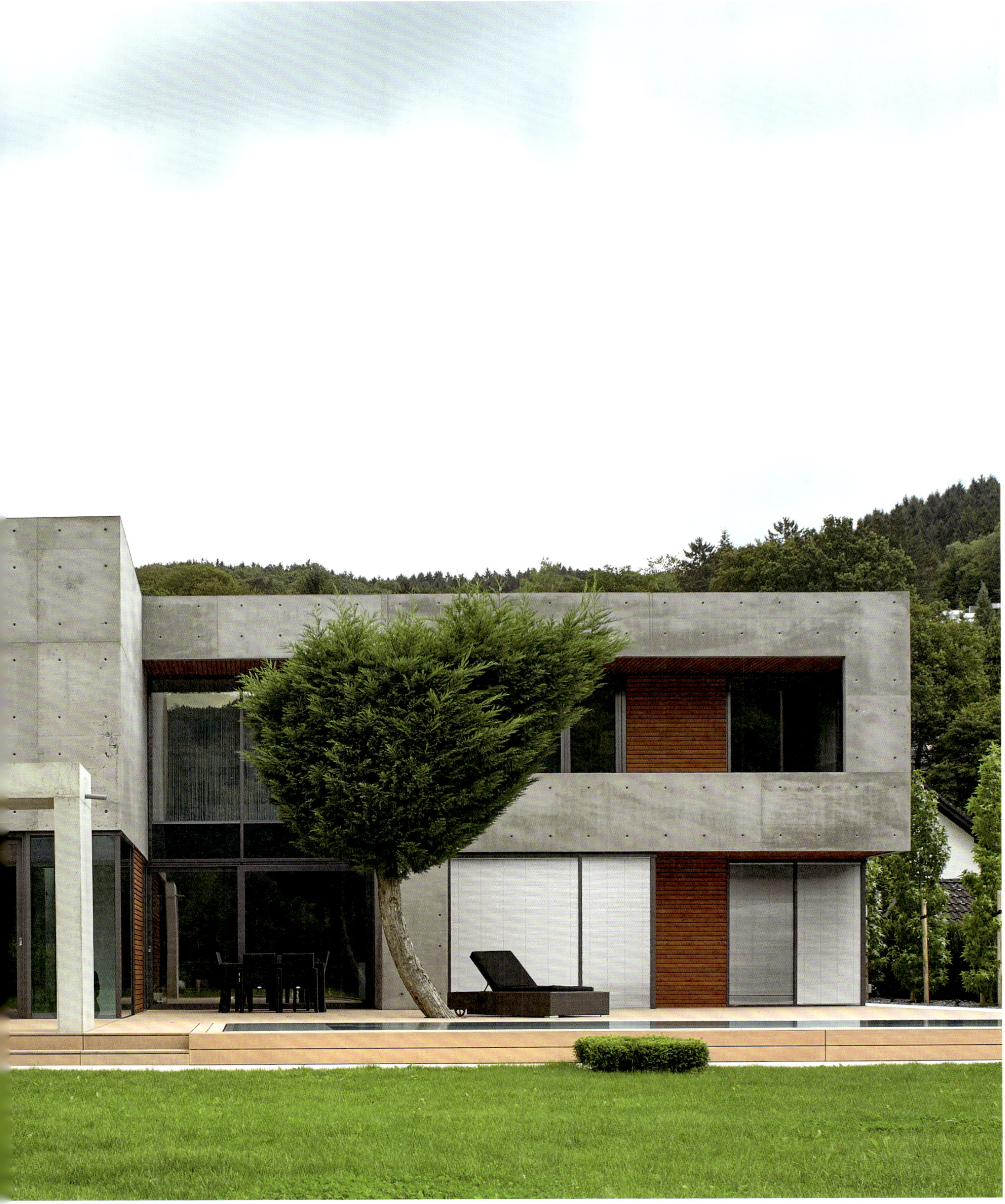

1 Aus dem doppelt hohen Wohnraum sieht man, wie sich die Sichtbetonfassade des harten Kubus in gefaltete Bänder und freistehende Scheiben auflöst und fragmentarisch in der Natur endet.

Sichtbeton ist im deutschen Wohnungsbau kein Favorit. Bei diesem Haus für ein ruhig gelegenes Grundstück am Landschaftsschutzgebiet wollte der Bauherr sich einmal intensiv mit dem bekrittelten Material auseinandersetzen. Er ist Bauunternehmer und hat mit viel Eigenleistung den über ein Jahr währenden Baufortschritt begleitet. Das heißt, der Beton wurde nicht unter Laborbedingungen hergestellt, sondern bildet lebhaft ab, was ihm widerfahren ist: Wetter, Temperatur, Zeitpunkt des Einfüllens, Qualität und Konsistenz, Herkunft aus unterschiedlichen Betrieben. Das Ergebnis zeigt Handwerk. Im Kontrast zur grauen Betonfassade sind einige Felder mit Holzleisten verkleidet.

Die Kunst der Gärtner nimmt dann an der Eingangsseite die großen scharfkantigen Öffnungen mit dem Beschnitt der Grenzbepflanzung auf. Ein über zwei Geschosse reichendes Fenster holt Licht in die Treppenhalle. Das bandartige Vordach trifft neben dem Carport auf eine massive Flanke, auch zur Gartenseite löst sich der im Grundriss als stumpfes L angelegte Baukörper in die Überdachung der Terrasse auf, ein Motiv, das sich in dem mäandrierenden Wandstreifen der Balkonfassade wiederfindet: Der geschlossene Betonkubus wird von raumbildenden Elementen umspielt. Die Konstruktion ist zweischalig, innen aus gipsgeputzten Porenbetonsteinen gemauert.

Hinter der Haustür erlebt man in der querliegenden Diele die Höhe des Gebäudes. Die Treppe wird von einer Galerie gesäumt, vom Schreiner gefertigte Einbauschränke bieten in dem nicht unterkellerten Gebäude Stauraum. Am Ende des Flurs sind die Kinder zuhause, sie haben ihr eigenes Bad und jeweils eine schlanke Stufenwendel, mit der sie ihre Schlafempore im Obergeschoss erreichen. Der Winkel des Hauptraums überlässt gleich große Flächen dem Kochen, Essen und Wohnen, wobei eine Kaminscheibe die Polsternische ein wenig vor dem Küchenbetrieb bewahrt. Hier erklärt sich die fensterlose Betonskulptur von innen, fast sechs Meter hoch endet der Raum mit einer Lichtinstallation. Einblick von oben hat man durch Wandschlitze aus einem der beiden großen Schlafzimmer. Ausblick aus dem herrschaftlich großen Panoramabad, das im Obergeschoss die zentrale Rolle spielt.

Schnitt

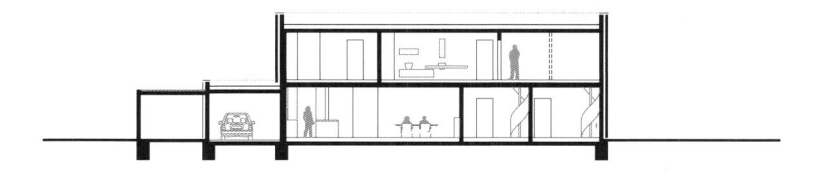

Grundriss Obergeschoss

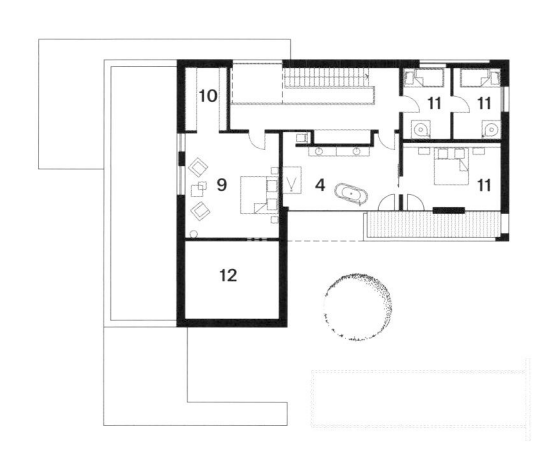

Grundriss Erdgeschoss

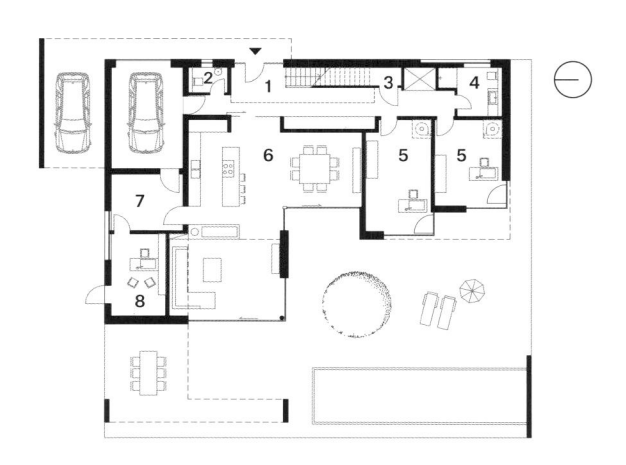

Maßstab
M 1:400

1 Eingang
2 WC
3 Abstell
4 Bad
5 Kind
6 Kochen/Essen/Wohnen
7 Technik
8 Arbeiten
9 Schlafen
10 Ankleide
11 Schlafen
12 Empore

Standort:
Rösrath

Anzahl der Bewohner:

4

Wohnfläche (m²):

288

Grundstücksgröße (m²):

2.039

Zusätzliche Nutzfläche:
57 m²
Bauweise:
massiv
Baukosten:
700.000 Euro
plus Eigenleistung
Heizwärmebedarf:
60,76 kWh/m²a
Primärenergiebedarf:
62,20 kWh/m²a
Energiestandard:
KfW 85
Fertigstellung:
2013

wirges-klein
architekten

„Dieses Gebäude lässt das tägliche Risiko, am hohen Anspruch des Bauens mit Sichtbeton zu scheitern, vergessen."

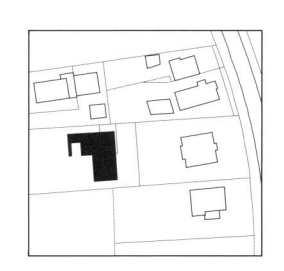

Lageplan

EFFIZIENTER DREIKLANG

VON   GRAFT Gesellschaft von
      Architekten mbH

      in
      Berlin-Wannsee

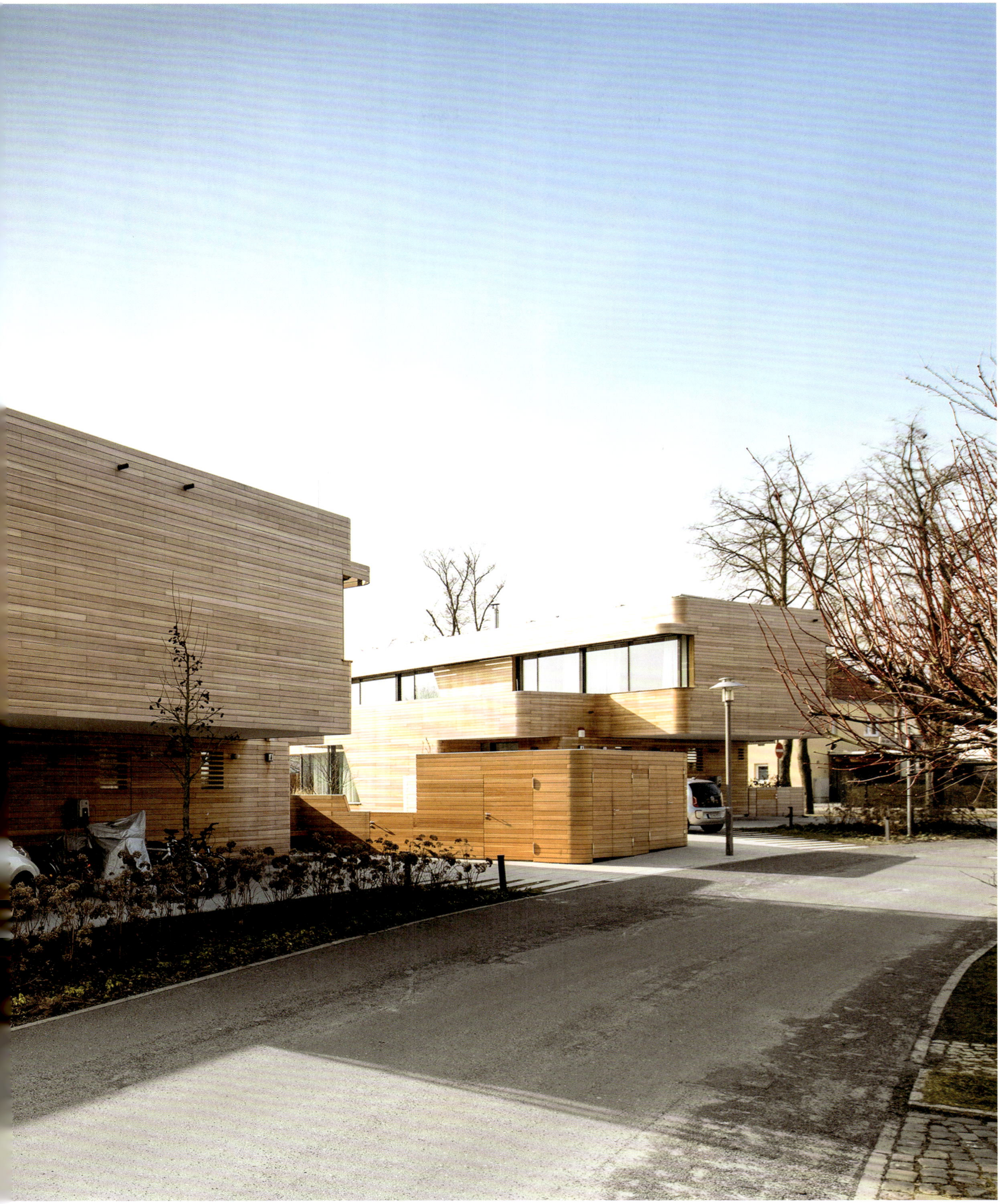

1 Zwei Doppelhaushälften und ein Einfamilienhaus (Seite 90/91) bilden ein vermietbares Ensemble mit Plusenergiestandard. Die Ausstattung erinnert an amerikanische Wohnkultur.

Umweltbewusstes Bauen ist heute längst nicht mehr an der groben Demonstration sogenannter ökologischer Materialien und Details erkennbar. In diesem Fall entstanden zwischen den Stadtzentren Berlin und Potsdam drei Plus-Energie-Häuser in Holzbauweise. Allein das gemeinsame Bauen ist durch den Materialtransport bereits ein sinnvoller Umweltbeitrag – und es hat den Vorteil, dass die Bewohner auf ein passables Nachbarhaus schauen können.

Hier geht es um ein Einfamilienhaus und ein Doppelhaus, die als Mietobjekte errichtet wurden. Zum ganzheitlichen Entwurfsansatz („Holistic Living") gehören eine großzügige Raumaufteilung, die nachhaltige Verwendung natürlicher Materialien und eine innovative Haustechnik inklusive vernetzter Gebäudeautomatisierung. Zusätzlich besteht die Möglichkeit, in Ergänzung des Mietvertrags ein Elektrofahrzeug zu leasen und zu dessen Betrieb den Überschuss der mit PV-Elementen erzeugten elektrischen Energie zu nutzen. Die verwendeten Baustoffe wurden über ihren gesamten Lebenszyklus betrachtet, von der Gewinnung und Verarbeitung bis zu Einbau, Gebrauch, Umbau und eventueller späterer Weiterverwendung. Holz und Lehm weisen dabei nicht nur positive gesundheitsbezogene Qualitäten auf, sondern sind auch recyclebar.

Die Grundrisse aller drei Wohneinheiten sind fast identisch aufgebaut, mit dem Unterschied, dass bei dem größeren, freistehenden Einfamilienhaus die gerade lange Außenwand befenstert ist, die Doppelhaushälften treffen damit aneinander. Alle Häuser haben ein großes Untergeschoss, außer Lager und Platz für die umfangreiche Haustechnik gibt es einen taghellen Hobbyraum und ein Bad. Das Erdgeschoss entwickelt sich um einen Treppenblock mit offenem Kamin, so werden Kochen, Essen und das ein wenig abgesenkte Wohnen in einem fließenden Großraum organisch getrennt. Eingang und Essplatz ragen aus dem rechtkantigen Baukörper wie ein großer Erker in den Garten, der durch verglaste Schiebelemente immer präsent bleibt. Im Obergeschoss reihen sich vier interpretierbare Zimmer und ein Bad an den langen Flur im Rücken des Hauses.

Querschnitt
Einfamilienhaus

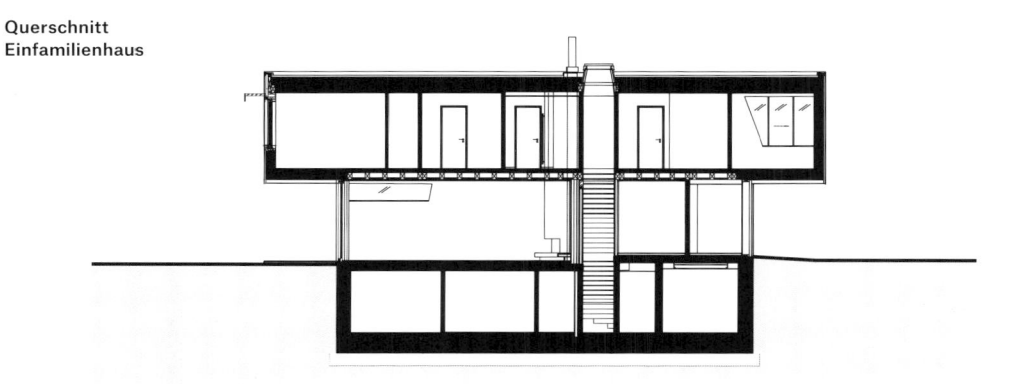

Grundriss
Obergeschoss

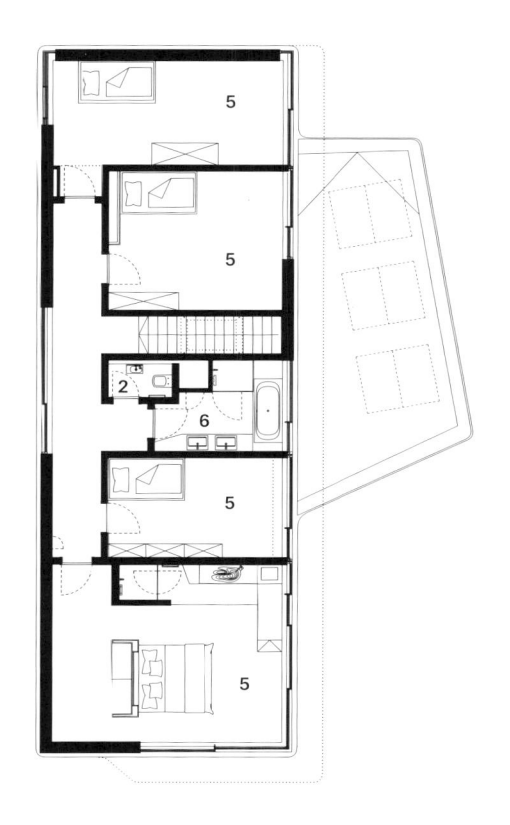

Grundriss
Erdgeschoss

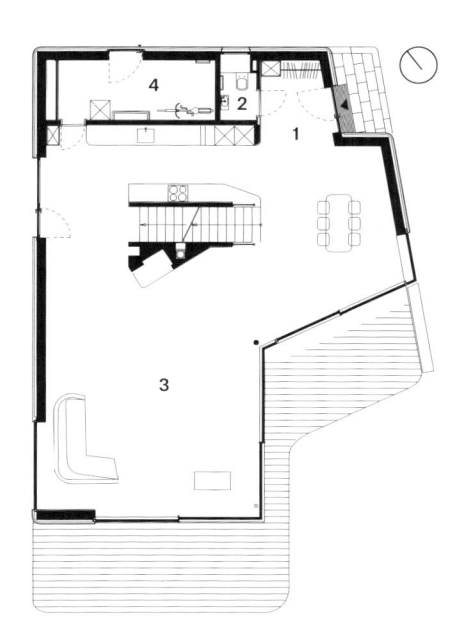

Maßstab
M 1:200

1 Eingang
2 WC
3 Kochen/Essen/Wohnen
4 Abstell
5 Schlafen
6 Bad

Standort:
Berlin-Wannsee

Anzahl der Bewohner:

$5/2\times4$

Wohnfläche (m²):

$232/2\times167$

Grundstücksgröße (m²):

$700/2\times500$

Zusätzliche Nutzfläche:
EFH: 95 m², DHH 2 x 71 m²
Bauweise:
UG und Decke über UG:
Beton (Fertigteilelemente),
EG und OG: Holzbauweise
Baukosten:
3.091.307 Euro
Heizwärmebedarf:
EFH: 23,64 kWh/m²a,
DHH West: 21,6 kWh/m²a,
DHH Ost: 21,45 kWh/m²a
Primärenergiebedarf:
EFH: 18,1 kWh/m²a,
DHH West 23,8 kWh/m²a,
DHH Ost: 27,6 kWh/m²a
Energiestandard:
Energie-Plus-Gebäude
nach BMUB
Fertigstellung:
2015

GRAFT
Gesellschaft von
Architekten mbH

„Die Häuser vereinen Energieeffizienz, ökologisches Bauen und Elektromobilität. Neben architektonischer Qualität spielt die Wohngesundheit eine entscheidende Rolle."

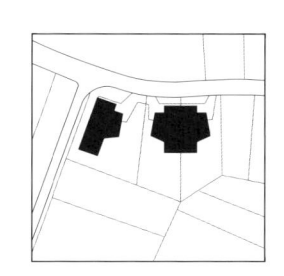

Lageplan

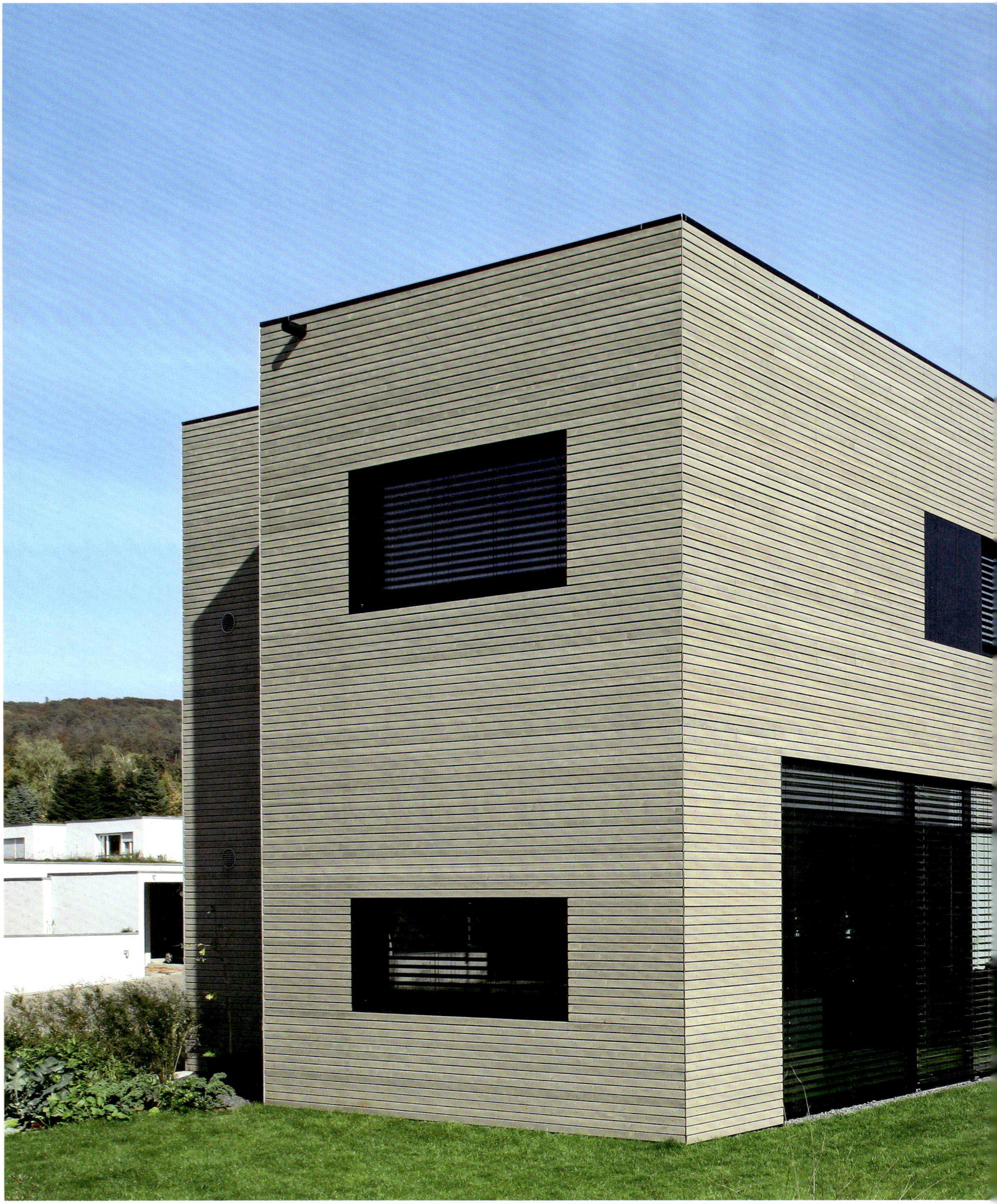

LICHT UND LOFT

VON Dipl.-Ing. Architektin
Kerstin Philipp

in
Esslingen

1 **Schattenspiel.** Durch die Jalousien setzt sich die Schraffur der Leistenfassade im Innenraum fort. Der Küchentresen hat eine Arbeitsplatte aus Beton.

2 Die Ausstattung ist geprägt von puristischen Materialien: Beton, Glas, schwarze Stahlstützen. Der Sichtestrich im Erdgeschoss wird im Obergeschoss von anthrazitfarbenem Linoleum abgelöst.

Eine Architektin und ein Bautechniker haben zusammen für ihre Familie ein Haus gebaut, sie haben es entworfen, geplant, und da der Bauherr auch gelernter Zimmermann ist, nahm er die akribische Ausführung zum großen Teil selbst in die Hand. Entstanden ist ein Passivhaus in Holzbauweise, addiert aus zwei oblongen, gegeneinander verschobenen Baukörpern, wobei der Versatz zur Straße ein Vordach aufnimmt, das sich bis zur Garage fortsetzt und durch verschiebliche Blenden dem Garten Privatheit gibt, zugleich das kleine Anwesen mit einem repräsentativen Eingang aufwertet. Alle Fassaden sind mit Rhombenleisten aus vorvergrauter sibirischer Lärche verkleidet. Man glaubt es der Bauherrschaft, dass die 5500 laufenden Latten-Meter genau so montiert wurden, wie es die Planzeichnungen vorgesehen haben. Zur Holzverschalung passen farblich abgestimmte Aluminiumverbundtafeln und Lamellenjalousien, die die Schraffur der Leisten fortsetzen.

Das nicht unterkellerte Haus beginnt auf einer Sichtbetonbodenplatte mit Bauteilaktivierung, darauf stehen in Längsrichtung zwei Stahlstützen, die einen Doppel-T-Träger aufnehmen. Dies zeigt die ordnende Funktion des Tragwerks. Im Erdgeschoss entsteht ein heller, drei Meter hoher Großraum für Kochen, Essen, Wohnen, der bewusst etwas industriellen Charme besitzt. Die Küchenschränke sind wie ein Passepartout um das Fensterband gebaut, davor steht eine Kochinsel. Zur anderen Seite der statischen Zäsur bleibt Bewegungsraum, bevor sich an der fensterlosen Nordwand Technik, Abstellraum und Gäste-WC unter der Treppenschräge aufreihen.

Im Obergeschoss setzt sich die klare Organisation fort. Ein Brüstungsmöbel gibt dem Flur die Anmutung einer Galerie, sie endet mit einem Leseplatz bzw. dem Bad, das sich mit einer raumhohen Schiebetür abtrennen lässt – sofern man die wie ein Exponat platzierte freistehende Wanne nicht sogar zeigen möchte. Ein trogartiges Betonwaschbecken und eine Trennwand vor Dusche und Toilette erlauben die gleichzeitige Benutzung. Zur Gartenseite orientieren sich Schlafraum und Büro, dazwischen liegt das noch unterteilbare Kinderzimmer.

Querschnitt

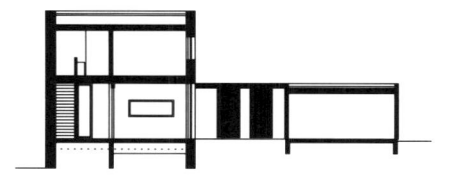

Grundriss
Obergeschoss

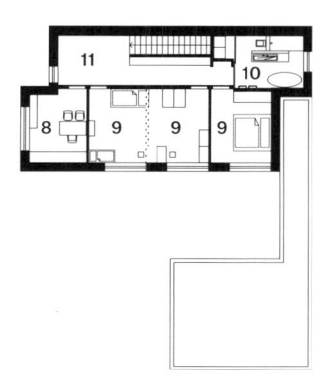

Grundriss
Erdgeschoss

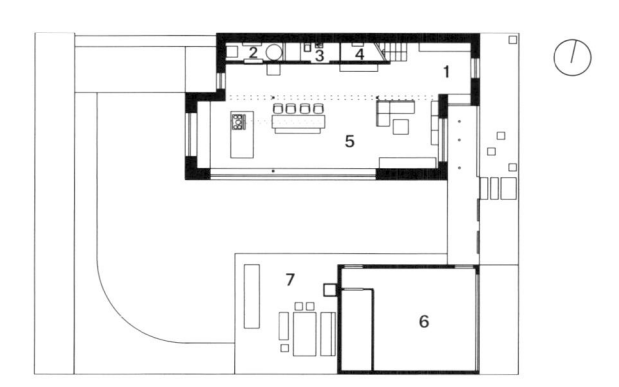

Maßstab
M 1:400

1 Eingang
2 Technik
3 WC
4 Abstell
5 Kochen/Essen/
  Wohnen
6 Garage
7 Terrasse
8 Arbeiten
9 Schlafen
10 Bad
11 Lesegalerie

Standort:
Esslingen

Anzahl der Bewohner:

4

Wohnfläche (m²):

158

Grundstücksgröße (m²):

439

Zusätzliche Nutzfläche:
44 m²
Bauweise:
Holzrahmenbauweise
Baukosten:
335.000 Euro
Heizwärmebedarf:
18 kWh/m²a
Primärenergiebedarf:
31 kWh/m²a
Energiestandard:
Passivhaus
Fertigstellung:
2015

Dipl.-Ing.
Architektin
Kerstin Philipp

„Eine klare Linienführung und die fast schon puristische Strenge in Material und Konzept zeichnen unseren Entwurf aus. Und täglich genießen wir es, in unserem lichtdurchfluteten Haus wie in einem Loft zu leben."

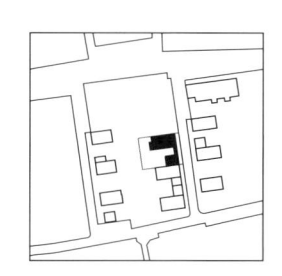

Lageplan

BLICKFÜHRUNG

VON   E2A Piet Eckert und Wim Eckert/Architekten
ETH BSA SIA AG

in
Stäfa (CH)

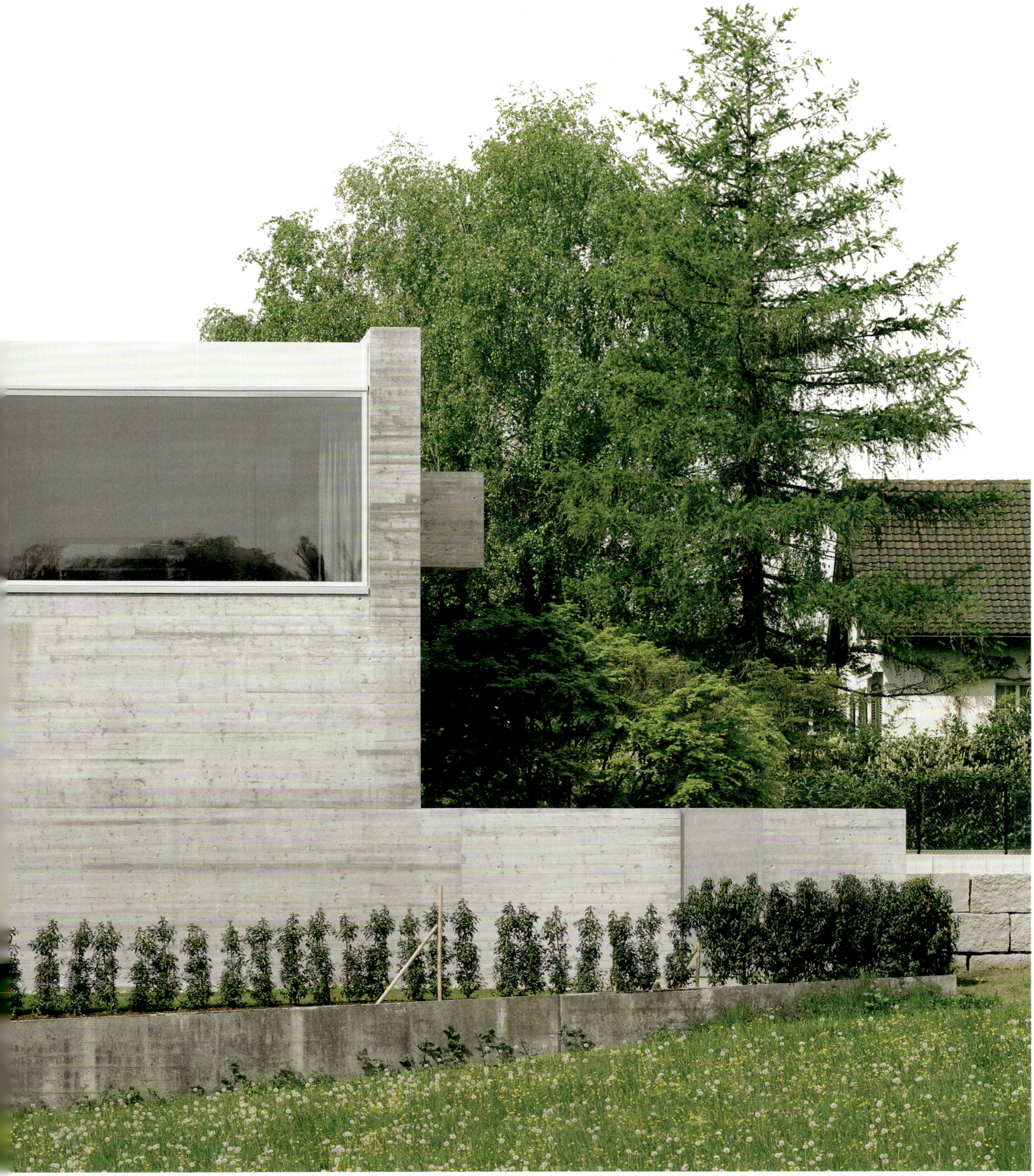

1 Über dem zweigeschossigen Wohnraum liegt eine Studiogalerie. Von diesem Hochsitz hat man Ausblick über ein bühnenartiges Panoramafenster.

2 Privatleben. Den Empfang im abgeschlossenen Eingangshof übernimmt ein einzelner Laubbaum, rechts dahinter verbirgt sich die Haustür. Das ausstülpende Fenster erinnert an Marcel Breuers Whitney Museum of American Art in New York.

Die Architekten schicken ihrem Projekt eine notwendige Erläuterung voraus: „Die Vororte von Zürich, vor allem auch entlang der Zürcher Goldküste, verlieren ihre eigene Identität. Alltägliche, generische Architektur bestimmt direkt die Entwicklung der früheren Landwirtschaftszone. Gärten sind hier nichts mehr als Resträume zwischen der mehr oder weniger ansprechenden Architektur der Wohnhäuser. Sie sind alles, was bleibt, wenn das Haus gebaut ist."

Dies erklärt, worauf dieses zunächst rätselhaft hermetische Bauwerk reagiert und was es erreichen soll. Von der Straße sieht man eine rohe Betonschale, wie sie die beiden Architekten schon bei ihrem ausgezeichneten Haus („Häuser des Jahres 2013") in der Nähe erprobt haben. Der Zugang führt durch die Einfahrt, die mit einem hohen verzinkten Stahlschiebetor verschlossen wird. Dahinter liegt ein gepflasterter Hof mit einem einzigen großen Baum. Diesem abgeschlossenen Geviert im Norden entspricht auf der Südseite ein Gartenausschnitt, den die als seitliche Blenden fortgeführten Außenwände des Erdgeschosses flankieren. Das Haus ist damit ein Ort mit klaren Grenzen. Diese Beziehung zwischen innen und außen nimmt der Baukörper auf, die Architektur übersetzt den „Hortus conclusus" in eine kulturelle Autarkie.

Nach dem Entree mit einem innenliegenden Block für Treppe und Nasszellen teilt ein Flur in der Längsachse den Grundriss. Er erschließt fünf Räume für Kinder, Gäste und ein Büro. Sie schauen zu der offenen Gartenveranda. Nach oben setzt sich die Organisation rational fort. Die Treppe kommt in einem zwei Geschosse hohen Wohnraum an, vorbei an der abtrennbaren Küchennische erreicht man den Essplatz. Alle Räume orientieren sich ausschließlich zu der vorgelagerten Terrasse, die die unteren Zimmer überdeckt.

Ein weiteres Obergeschoss nimmt den Hauptschlafraum mit Bad und Ankleideflur auf. Nun kehrt sich der Außenbezug um. Die Stirnwände sind vollständig verglast, über eine Galerie sieht man über den unteren Wohnraum zur Straße, in den rückwärtigen Garten, hat auch die Treppe im Blick und durch ein skulptural aus der Wand drängendes Fenster den Eingangshof. Die zweischaligen Wände zeigen innen Sichtbeton, Weiß- oder teilweise Lehmputz, nach außen ruht es als konzentriertes Artefakt in einer geschwätzigen Umgebung.

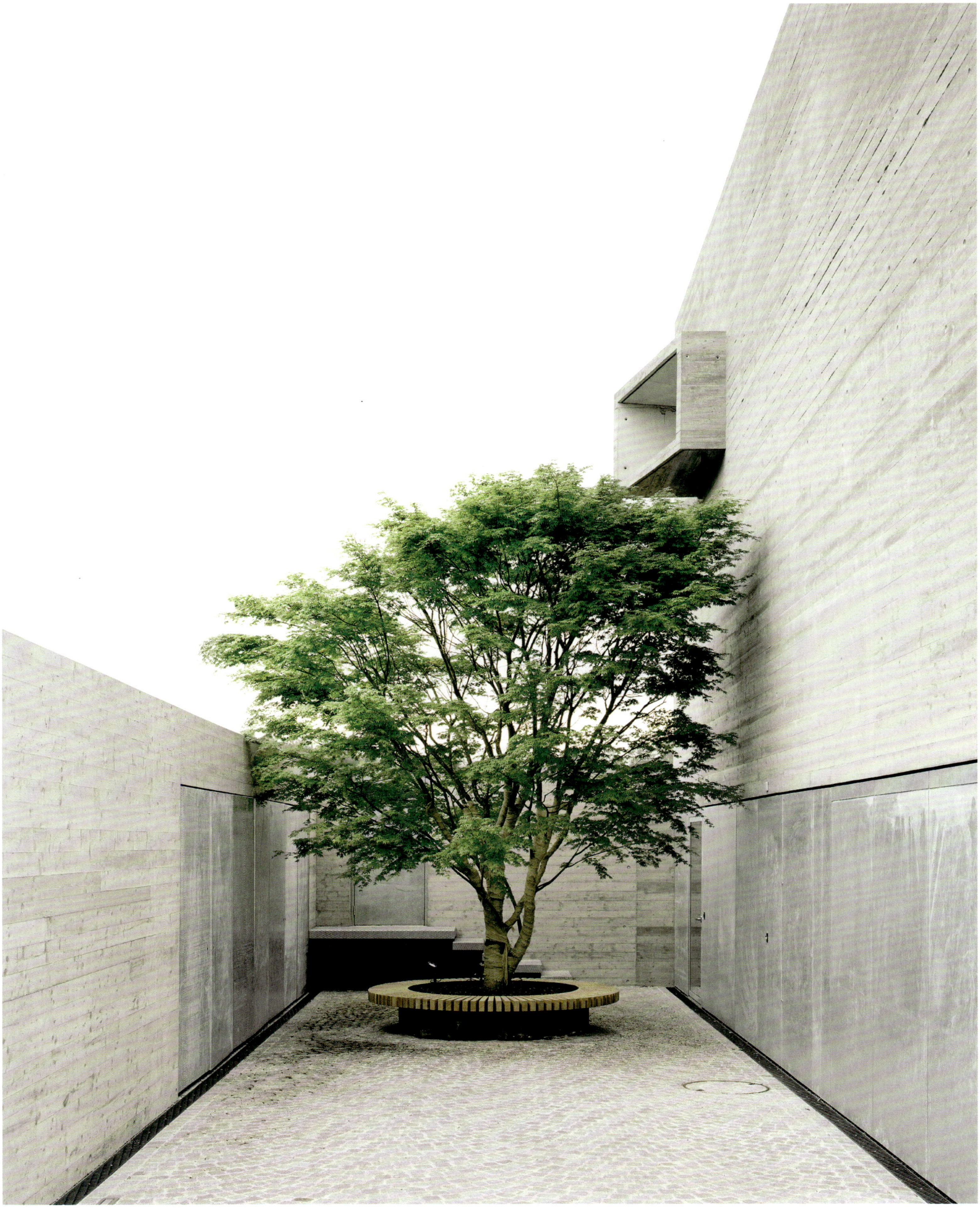

2

3

Querschnitt

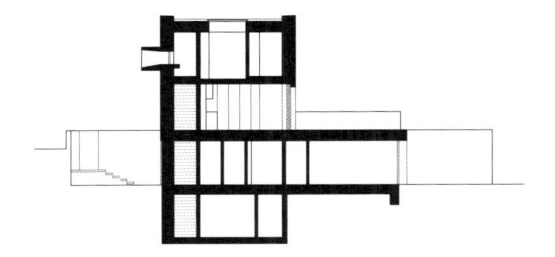

Grundriss
Dachgeschoss

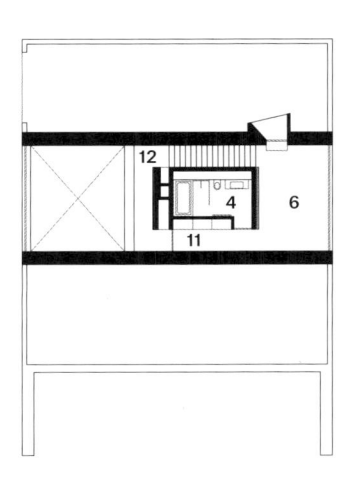

Grundriss
Obergeschoss

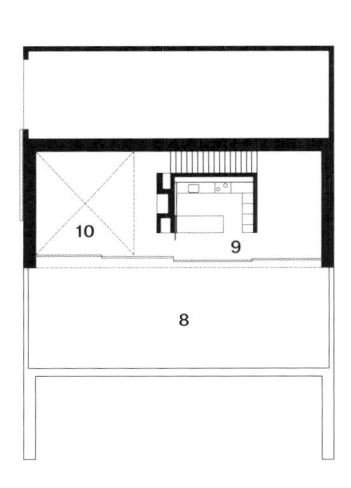

Grundriss
Erdgeschoss

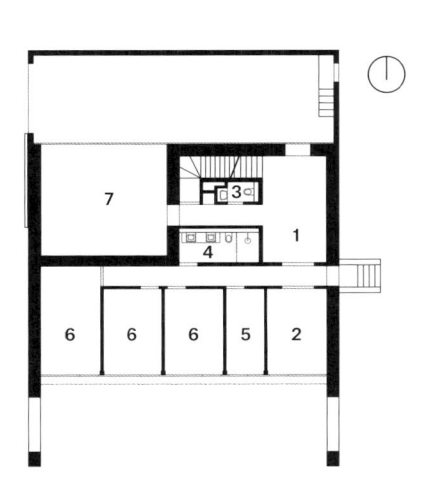

3 Innere Transparenz:
   Über die Treppe zum
   Studio hat man Blick-
   kontakt zum Haupt-
   schlafraum und weiter
   in die Nachbarschaft
   nach Osten.

Maßstab
M 1:400

1 Eingang
2 Gast
3 WC
4 Bad
5 Büro
6 Schlafen
7 Garage
8 Terrasse
9 Kochen/Essen
10 Wohnen
11 Ankleide
12 Galerie

Standort:
Stäfa (CH)

Anzahl der Bewohner:

5

Wohnfläche (m²):

263

Grundstücksgröße (m²):

854

Zusätzliche Nutzfläche:
87 m²
Bauweise:
massiv
Baukosten:
3.100.000 CHF inkl.
Honorar und MwSt.
Energiestandard:
Minergie
Fertigstellung:
2014

E2A Piet Eckert
und Wim Eckert/
Architekten ETH
BSA SIA AG

„Das Haus soll einen in sich schlüssigen und stimmigen Ort schaffen. Die Idee des ‚Hortus conclusus' lieferte uns hierfür große innere Freiheit."

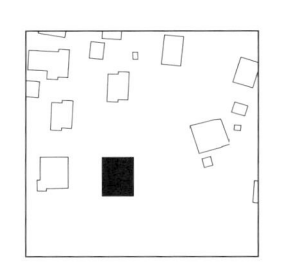

Lageplan

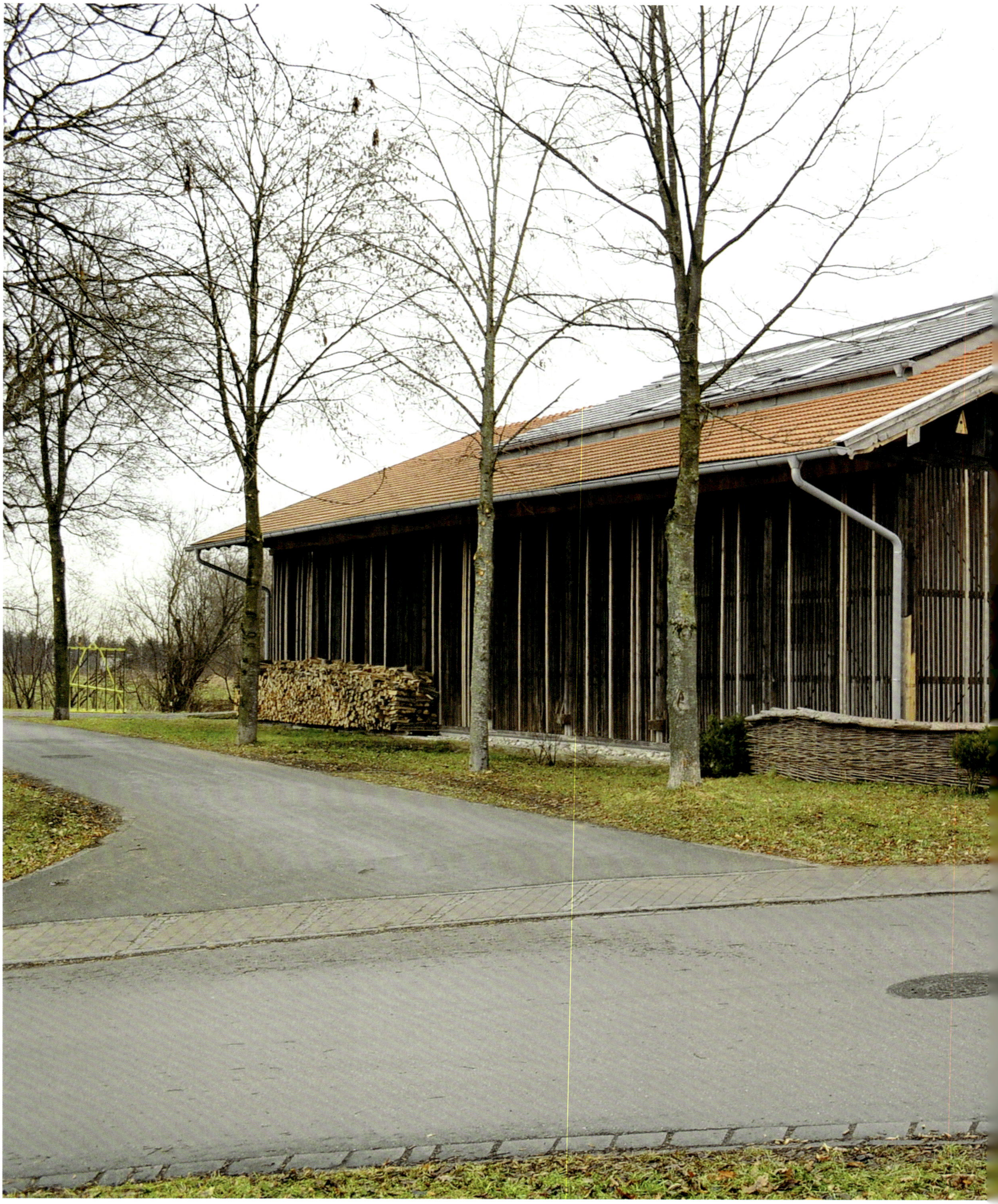

EINGE-FLOCHTEN

VON Roswag Architekten mit Guntram Jankowski

in Schechen

1 Zusätzlich fällt Tageslicht über verglaste Dachflächen in das tiefe Gebäude, Scheiben im Fußboden aus geseiften Tannenholzdielen geben es an die innenliegenden Räume weiter.

2 An zwei Seiten erhielt die originalgetreu wieder errichtete Remise einen gedeckten Umgang. Durch den weiten Dachüberstand war auch außen ein Lehmputz möglich.

Man muss zu diesem Projekt einige Anmerkungen vorausschicken. Nur zu erzählen, hier hat sich ein Korbflechter seine Wohn- und Werkstatt gebaut, klingt nach Weihnachtsmarkt und Bauerntrödel. Tatsächlich ist der Bauherr ein gelernter Zimmermann, der, zusätzlich als Flechtwerkgestalter ausgebildet, mit seinem Betrieb Raumobjekte, Hütten, Wände, Verkleidungen und Zäune fertigt. Als Werkraum diente ihm in Kolbermoor eine ehemalige Torfremise. Als das alte Holzgespärre einem Neubau weichen sollte, demontierte er das Tragwerk und schaffte es einige Kilometer nördlich nach Schechen, wo er es nach einem mit den Architekten entwickelten Konzept als Wohnhaus mit Werkstatt wieder aufstellte.

Es verdichtet dort eine Brachfläche und bildet mit dem Bahnhof ein harmonisches Ensemble. Unter das offene historische Traggerüst, das jetzt auf einer Stahlbetonplatte steht, wurde, zu den Stielen versetzt, ein neues Bauwerk eingefügt. Durch die Verschiebung bleibt ein überdecktes Materiallager, außerdem im Süden und Westen ein geschützter, von einer senkrechten Lattung luftig geschlossener Umgang. Die alte Remise ist damit in ihren Dimensionen ablesbar. Nach Osten schiebt sich die neue, weiß verputzte Außenwand als hochgedämmte Gebäudehütte vor die Stützenachse.

Das Haus im Haus ist als Holzkonstruktion mit Holzfaserdämmung und Lehmputzen ausgeführt, die sorptionsoffenen Oberflächen regulieren das Raumklima, trotz höchstem energetischem Standard konnte auf eine Lüftungsanlage verzichtet werden. Die Wandheizung und der Warmwasserspeicher werden von einem Stückholzofen und einem Solarkollektor versorgt. Das alte Tragwerk aus Stützen, Balken und Kopfbändern ergibt das 4,20 Meter hohe Erdgeschoss.

Aus dem weiten Wohnraum mit Küche und Essplatz geht eine Treppe nach oben, dort sind unterschiedliche, niedrige Räume galerieartig für weitere Nutzungen eingehängt. Licht kommt durch große Glasflächen, wegen der Tiefe des Gebäudes auch über eine Firstverglasung und in die inneren Kabinette zusätzlich durch in den Boden eingelassene Scheiben. Eine Außentreppe erschließt eine Dachwohnung. Die Werkräume werden separat von außen bedient. Hier kann die zweite Ebene über eine Treppe von der offenen Lagerfläche erreicht werden.

Querschnitt

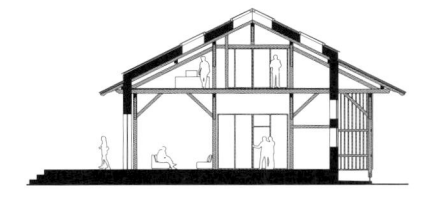

Grundriss
Obergeschoss

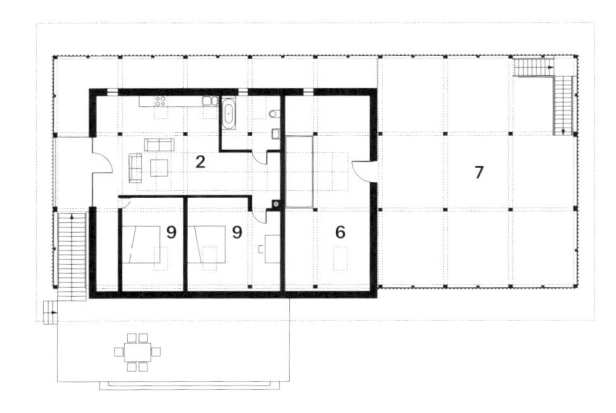

Grundriss
Zwischengeschoss

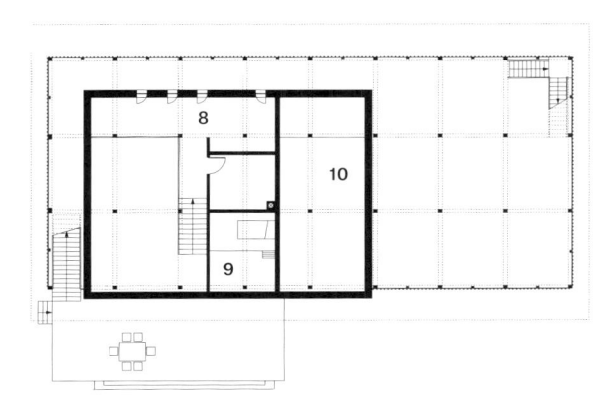

Grundriss
Erdgeschoss

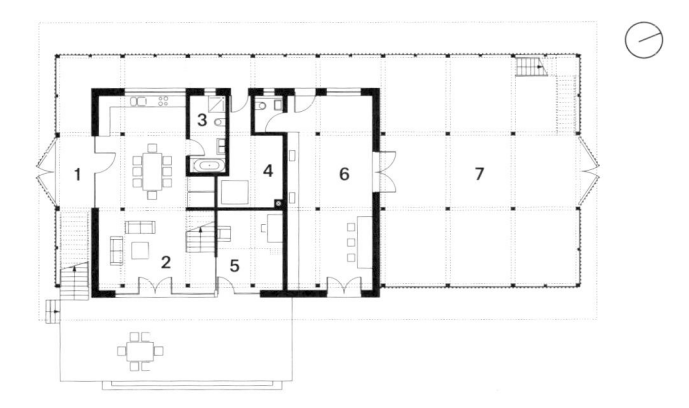

Maßstab
M 1:200

1 Eingang
2 Kochen/Essen/Wohnen
3 Bad
4 Haustechnik
5 Arbeiten
6 Werkstatt/Büro
7 Lager
8 Kind
9 Schlafen
10 Zwischenboden Werkstatt

Standort:
Schechen

Anzahl der Bewohner:

2

Wohnfläche (m²):

259

Grundstücksgröße (m²):

698

Zusätzliche Nutzfläche:
229 m²
Bauweise:
historischer Holzstadel,
Integration einer
hochdämmenden
Naturbauhülle
Baukosten:
Selbstbauprojekt
Heizwärmebedarf:
37,67 kWh/m²a
Primärenergiebedarf:
21,3 kWh/m²a
Fertigstellung:
2014

Roswag
Architekten

„Das vierte Leben der Torfremise zeigt auf, wie historische Holzbauten im Lebenszyklus geplant wurden. Mit der Integration des Holz-Lehm-Hauses wird sie zum Vorbild für zukünftiges, ressourcenpositives Bauen."

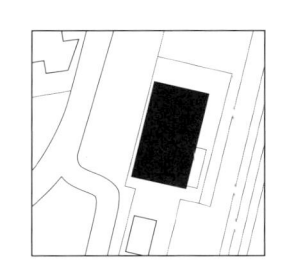

Lageplan

WANDLUNGS-FÄHIG

VON   schleicher.ragaller freie architekten bda

in
Waldenbuch

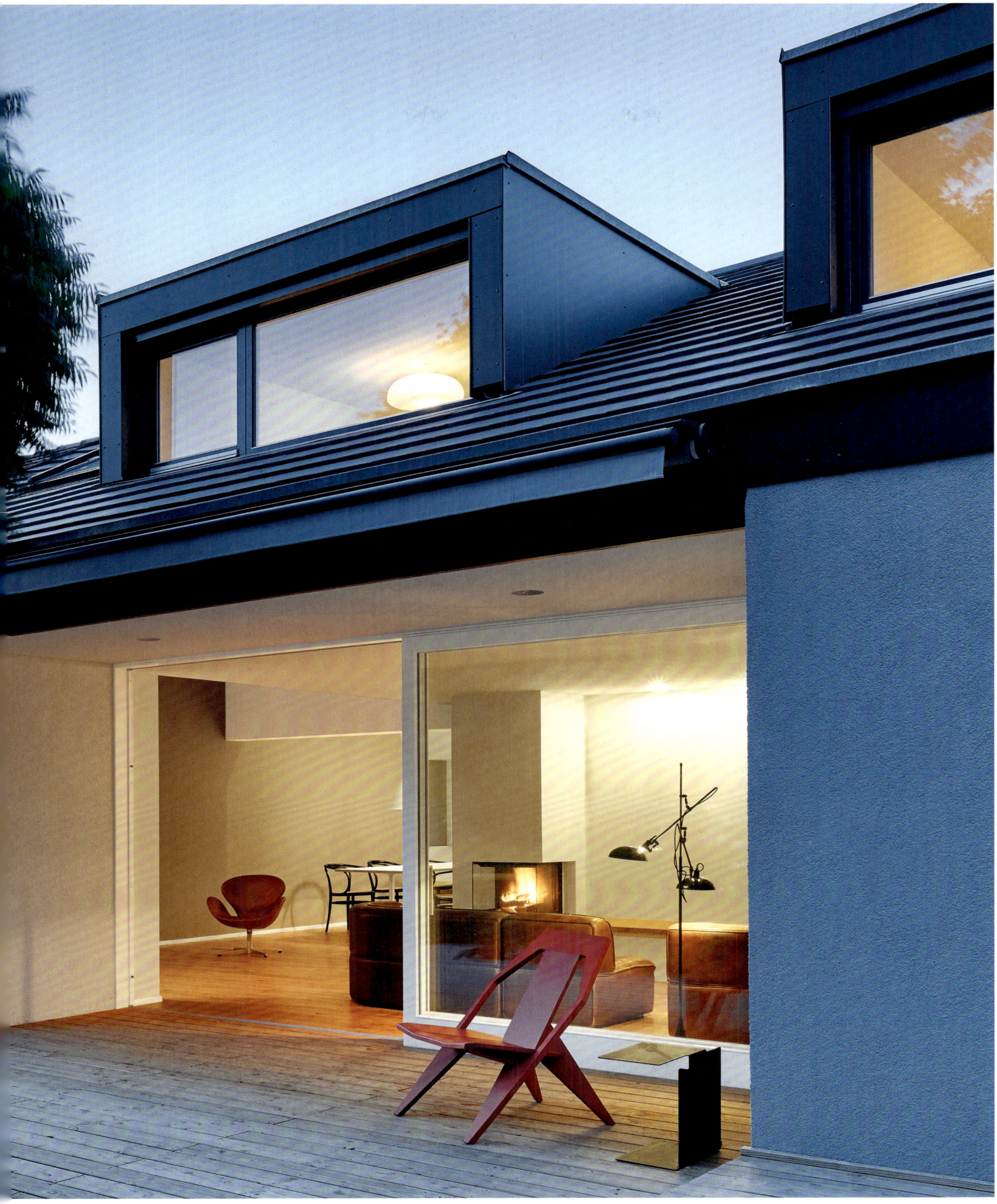

1 Durch die entfernten Zwischenwände und einen Teilabbruch der Decke ist im Erdgeschoss ein lichter, offener Wohnraum entstanden.

2 Die Treppe übernimmt die Trennung zu Küche und Essplatz. Der neue Heizkamin betont ihre Scharnierfunktion.

D ieses Haus haben die Stuttgarter Architekten für sich selbst umgebaut. Das aus dem Jahr 1963 stammende Wohngebäude, eine Doppelhaushälfte, wurde gründlich überarbeitet, wobei die neuen Eigentümer von der in die leicht geneigte Topografie eingebetteten Lage und der Grundstruktur des Hauses „absolut überzeugt" waren. Damit konnte man etwas anfangen, und das Ergebnis lässt durchaus noch eine Sympathie für die vorgefundene Architektur erkennen: Asymmetrisch geteilte Fenster und weiße Spalierleisten nähern sich sympathisch dem Kolorit der Entstehungszeit.

Im Erdgeschoss wurde ein helles Entree geschaffen, grafisch ornamentierte Zementfliesen liegen wie ein Teppich in der Diele, an die nur ein Arbeitsraum und eine kleine Gästewohnung anschließen. Zur Familienwohnung nach oben geht die offen anschließende Treppe, sie wurde mit Eichendielen belegt, die sich im neu geschaffenen Wohnraum als einheitlicher Belag über der Fußbodenheizung fortsetzen. Durch die Herausnahme von Zwischenwänden und einem Teil der Geschossdecke ist ein großer unverstellter Bereich für Kochen, Essen, Wohnen entstanden, wobei die freigelegte, nach oben führende Treppe und ein neuer Heizkamin sich als ordnende Mitte bewähren. Zwischen einem Büro und dem Elternschlafzimmer ließ sich das Bad vergrößern, es kragt nun kastenartig aus der Ostfassade und dient mit seinem Deckel als Balkon für die beiden Kinderzimmer darüber. Für sie gibt es unterm Dach ein weiteres Bad, außerdem kann man unter der Schräge eine Spielgalerie über dem Essplatz erreichen, dort mit passabler Stehhöhe. Licht bringen zwei neue Gauben, ein zusätzliches Dachflächenfenster den hohen Wohnraum.

Großzügige Schiebetüren verbinden schwellenlos mit einer neuen Terrasse aus Lärchenholz, die ein wenig unter das schützende Dach reicht. Das Motiv der weißen Latten an den Balkonen wird von einer Pergola aufgenommen, die den Freisitz neben der Garage abschirmt.

Schnitt

Grundriss
Dachgeschoss

Grundriss
Erdgeschoss

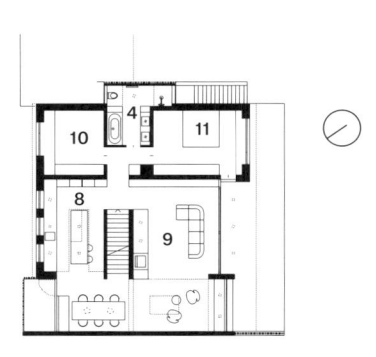

Grundriss
Untergeschoss

Maßstab
M 1:400

1 Eingang
2 Wein
3 Arbeiten
4 Bad
5 Gast
6 Heizung
7 Abstell
8 Kochen/Essen
9 Wohnen
10 Ankleide
11 Schlafen
12 Kind
13 Galerie
14 Luftraum

Standort:
Waldenbuch

Anzahl der Bewohner:

4

Wohnfläche (m²):

188

Grundstücksgröße (m²):

802

Zusätzliche Nutzfläche:
125 m²
Bauweise:
massiv mit Sparrendach
Baukosten:
260.000 Euro
Primärenergiebedarf:
63,5 kWh/m²a
Energiestandard:
KfW 70 kWh/m²a
Fertigstellung:
2014

schleicher.ragaller
freie architekten
bda

„Der Architekt hat in den 1960er Jahren alles richtig gemacht. Das Haus ist zur Straße zurückhaltend angelegt und zum südlich gelegenen Garten großzügig geöffnet. Wir haben den Grundriss und Schnitt aufgeräumt und einen fließenden Raum entstehen lassen."

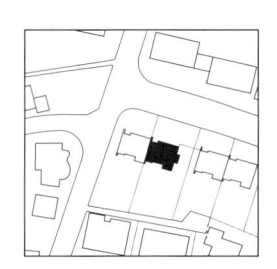

Lageplan

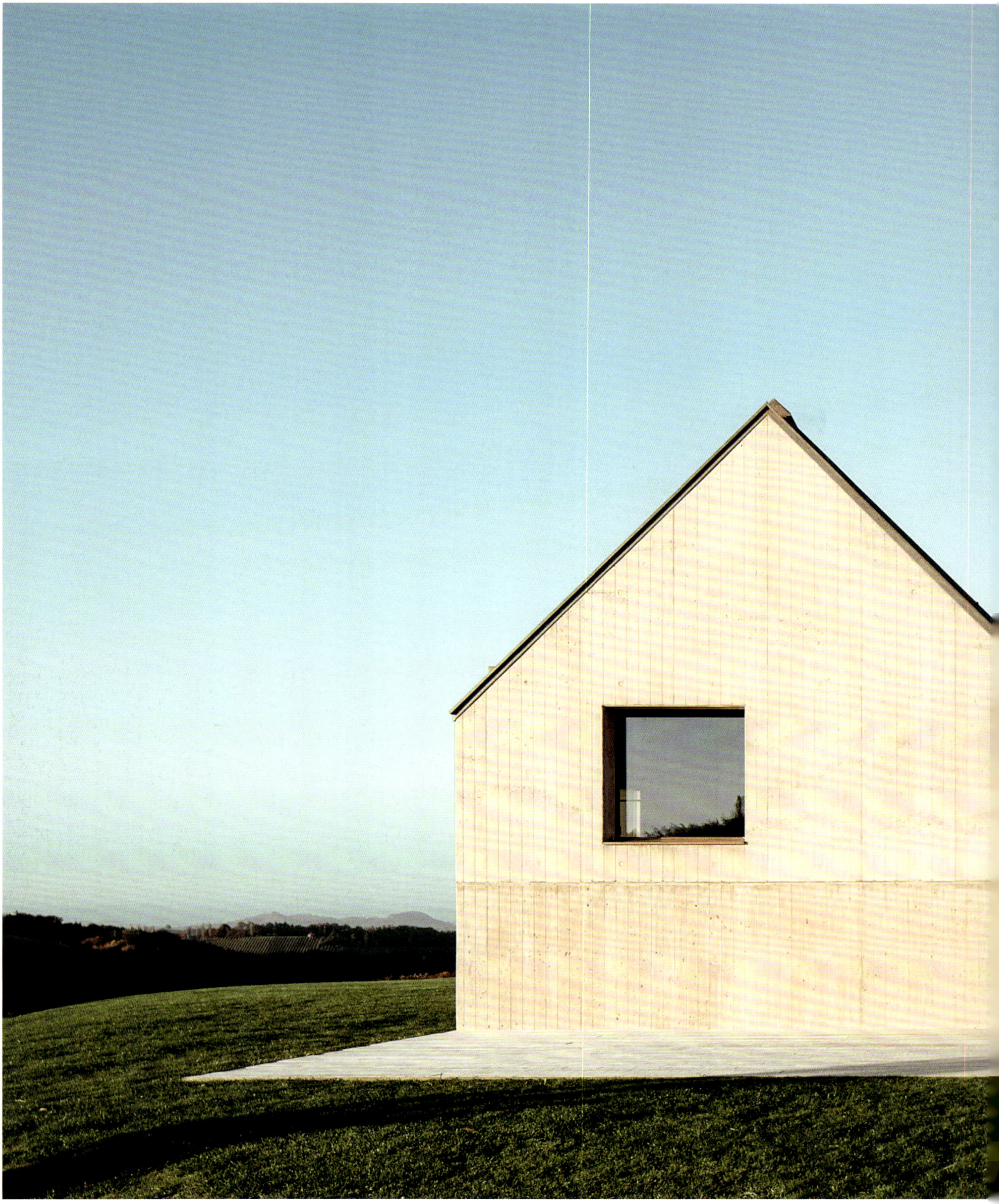

ÜBER ALTEM GEWÖLBE

VON Atelier Ulrike Tinnacher

in Gamlitz (A)

1

1 Formal zurückhaltend steht das Haus selbstbewusst, aber nicht fremd in der Landschaft. Seine Wände sind aus 50 Zentimeter dickem, bräunlich gefärbtem Dämmbeton hergestellt.

2 Aus dem gläsernen Flachbau kann man an dem massiven Giebelhaus vorbei in die Abendsonne sehen. Die schlanken Stahlstützen behindern nicht die Aussicht.

Das Haus, das die Architektin für ihre Eltern gebaut hat, steht in der sanft kupierten, verstreut besiedelten Südsteiermark mitten in den Weinreben. Es ersetzt ein kleines Gebäude aus den 1960er Jahren, dessen Umriss und Steildach es aber vorschriftsmäßig aufnimmt – was sich als gute Lösung für das vorgesehene Wohnkonzept erwiesen hat. Denn ein vorhandener Gewölbekeller aus Natursteinen sollte erhalten bleiben. Die zusätzliche Wohnfläche durfte als eingeschossige, flachgedeckte Erweiterung angefügt werden. Sie liegt wie ein gläserner Pavillon seitlich verschoben ein halbes Geschoss über dem Kellerniveau und ist nur durch eine Treppe angebunden, so dass man an dem massiven Gebäudeteil vorbei über eine verglaste Ecke in die Abendsonne sehen kann. Zur anderen Seite begrenzt eine Garage den Flachbau.

Dieser umschließt großräumig den Wohnbereich, wobei sich durch raumhohe Schiebetüren auch ein regelrechtes Zimmer abtrennen lässt. Es kann Gäste aufnehmen, ein kleines Bad liegt direkt daneben. Die Küche mit allen Utensilien wird bis auf den neutralen Tresen mit einer Faltwand verborgen. Alle Einbauten sind aus dunkel gebeiztem Eschenholz gefertigt, auf dem Boden liegen Eichendielen, an der Decke bleiben die tragenden Vollholzelemente des weit auskragenden Flachdachs sichtbar. Vor der Glasfassade fallen die schlanken Stahlrohrstützen kaum auf, die Landschaft scheint sich durch das Haus fortzusetzen.

Das Treppengelenk verbindet mit dem über eine Galerie angefügten traditionellen Baukörper, so dass ein offener Raumfluss entsteht, nachgezeichnet durch die wie schwarze Vektoren leitenden Treppengeländer. Sie zeigen über dem Weinkeller in ein neues monolithisches Gehäuse, dessen Wände und Steildach aus 50 Zentimeter dickem, bräunlich gefärbtem Dämmbeton hergestellt sind. Seine Oberfläche wird von der sägerauen Brettschalung schraffiert. Die wenigen quadratischen Öffnungen geben ihm einen behaglichen, introvertierten Charakter.

Auf dieser oberen Ebene teilen zwei kleine Zellen für Bad und Ankleide das Schlafzimmer ab. Sie schließen über Türhöhe mit einer vitrinenartigen Verglasung an die Dachschräge an, was die Galerie optisch erweitert.

3

4

Längsschnitt

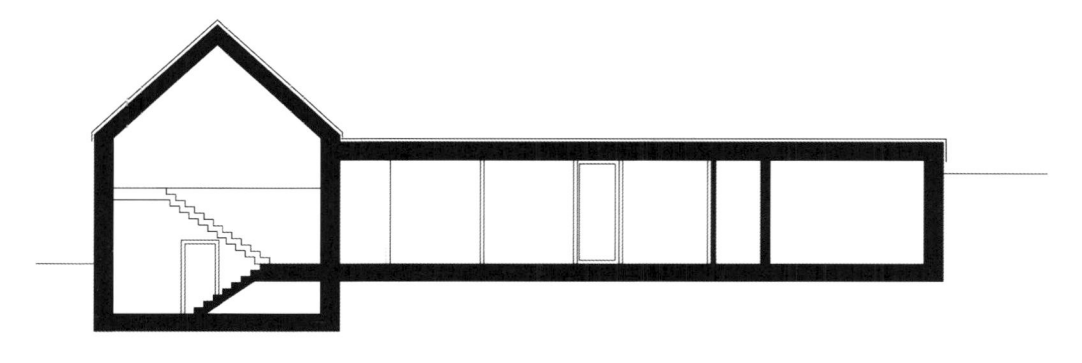

Grundriss Erdgeschoss

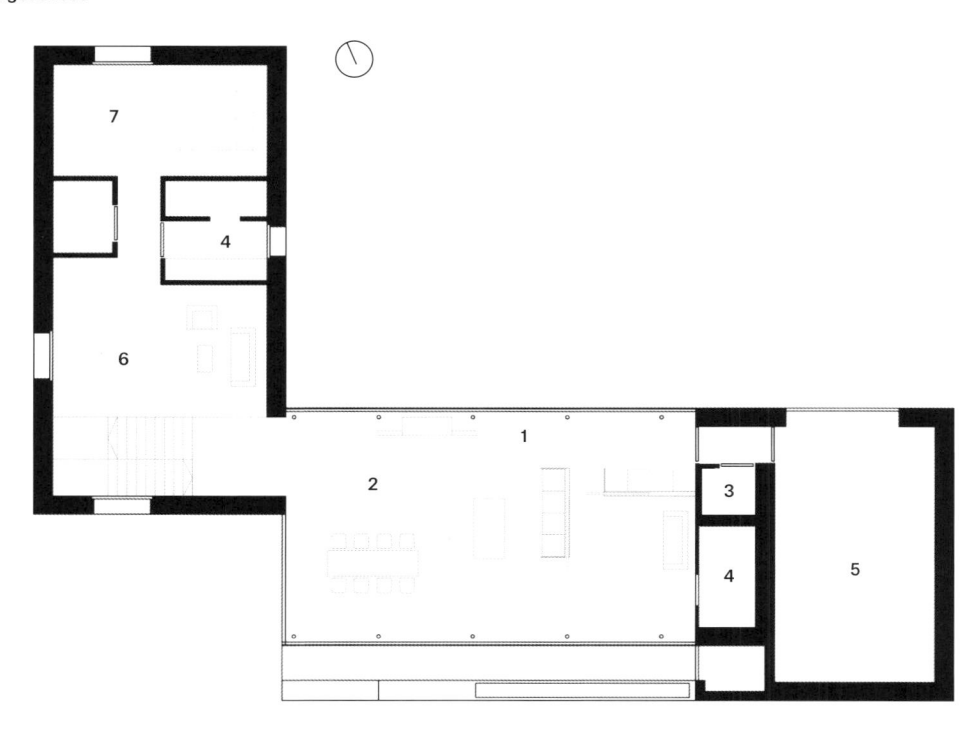

Maßstab
M 1:200

1 Eingang
2 Kochen/Essen/Wohnen
3 WC
4 Bad
5 Garage
6 Galerie
7 Schlafen

Standort:
Gamlitz (A)

Anzahl der Bewohner:

2

Wohnfläche (m²):

120

Grundstücksgröße (m²):

2.000

Zusätzliche Nutzfläche:
30 m²
Bauweise:
massiv, Isolationsbeton
Baukosten:
600.000 Euro
Heizwärmebedarf:
78,02 kWh/m²a
Primärenergiebedarf:
208,89 kWh/m²a
Fertigstellung:
2015

Atelier Ulrike Tinnacher

„Die Gegensätze in diesem Projekt, spürbar in der Materialität, der Verbindung von Alt und Neu oder der Symbiose aus klarer architektonischer Formensprache und umgebender Natur, erzeugen vielfältige und spannende Innen- und Außenräume."

3 An der Treppe entscheidet sich, wie der Abend ausklingt: Nach unten geht es in den Weinkeller, nach oben zum Schlafraum. Der Abdruck der Schalbretter auf dem Beton setzt das Dielenmuster fort.

4 Bis auf den alten Gewölbekeller wurde das darüberstehende Haus aus den 1960er Jahren vollständig abgetragen.

Lageplan

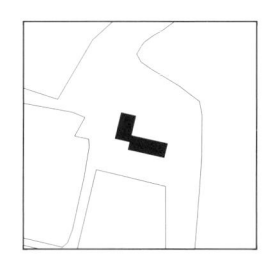

AM NORD-SEE

VON AICHER ZT GmbH

in
Murg am Walensee (CH)

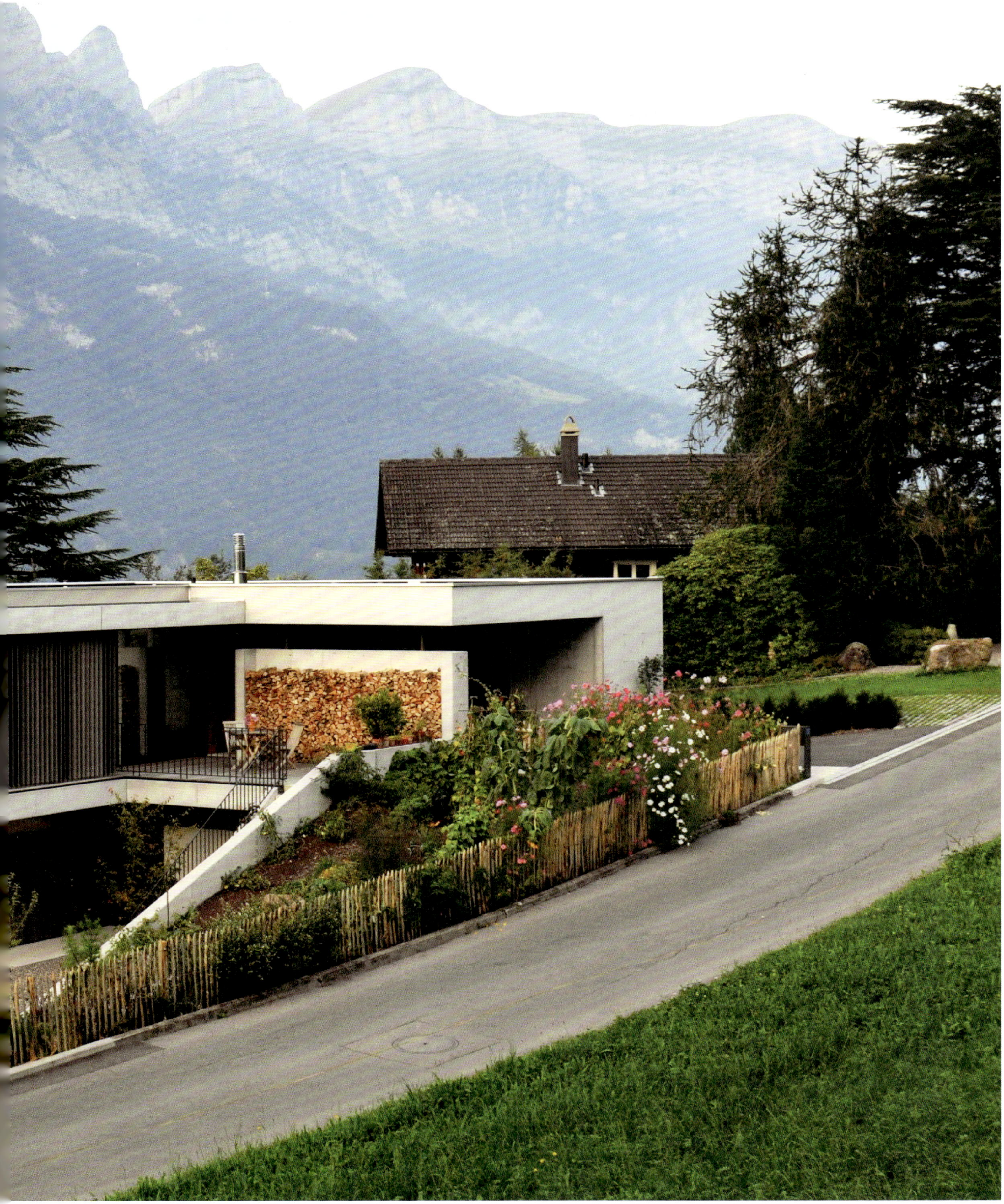

1 Der offene Grundriss holt die Westsonne in die Wohnebene. Der Blick auf den See im Norden wird durch die schlanken Geländerstäbe nicht verstellt. Auf dem Boden liegen geräucherte Eichendielen. Der Heizkamin teilt den Raum.

Ein Nordhang ist immer eine besondere Herausforderung für die Architektur, die Topografie scheint sich gegen eine ideale Bebauung zu sträuben. Dieses weite Grundstück liegt am Südufer des Walensees und bietet ein wunderbares Panorama zur Landschaft. Das Haus wurde mit seinen beiden Grundrissen so angelegt, dass es dennoch Sonne von Süden und Westen erhält. Außerdem stellte sich heraus, dass die anfängliche Schwierigkeit – die Hauptaussicht nach Norden – von Vorteil ist. Dadurch profitieren Musikzimmer und Maleratelier vom gleichmäßigen Lichteinfall ohne Blendung oder störenden Sonnenschutz.

Erschlossen wird das Haus auf der öffentlichen Ebene des Wohngeschosses. Über die steile Zugangsstraße vom Ort erreicht man neben dem überdeckten Carport eine großzügige Eingangshalle, die seitliche Wand schirmt die Südterrasse ab. Küche und Wohnraum mit Essplatz wurden bewusst offen gehalten, um die Sonne bis in die tieferen Bereiche nach Norden zu holen. Ein währschafter Heizkamin aus Lehm, der die handwerklichen Spuren seiner Herstellung zeigt, teilt den großen Raum. Zur anderen Seite des Foyers, aus dem man über die nach unten führende Treppe bereits den See im Blick hat, liegt hinter der Garderobe das Elternzimmer mit großem Bad und Hauswirtschaftsraum. Eine zu drei Seiten umlaufende Terrasse, die sich nach Westen für einen Essplatz verbreitert, erlaubt, die Landschaft aus immer neuen Blickwinkeln zu verfolgen. Senkrechte, einstellbare Holzlamellen zur Straße halten neugierige Beobachter ab.

Im unteren Geschoss wiederholt sich die Einteilung. Es gibt wieder eine Halle, aus der man in einen Innenhof treten kann. Zwei Kinderzimmer mit eigenem Bad und ein Musikzimmer liegen zur einen Seite der Treppenhalle, zur anderen ein fast 40 Quadratmeter großes Atelier, vor dem sich See und Wäldchen ausbreiten. Auch die Terrasse kehrt wieder, überdeckt von der oberen Auskragung. Eine Treppe verbindet beide Ebenen auch von außen. In der Tiefe des Berghangs stecken Keller-, Technikabteil und ein Lagerraum für Gartenutensilien. Die außen gedämmte Ziegelfassade ist mit Holz verschalt, wobei der Anteil der raumhohen Verglasung die Ansichten bestimmt.

Querschnitt

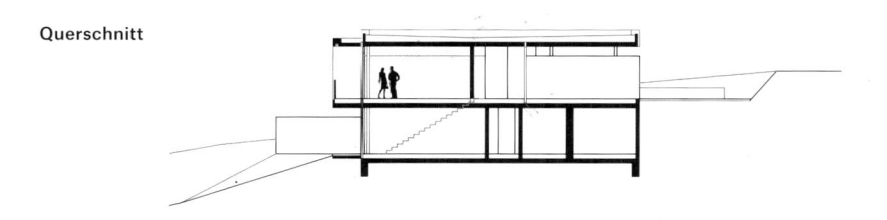

Grundriss
Wohngeschoss

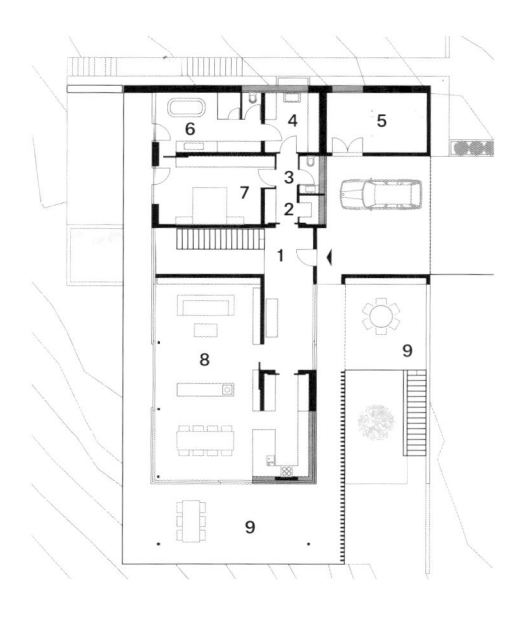

Grundriss
Schlafgeschoss

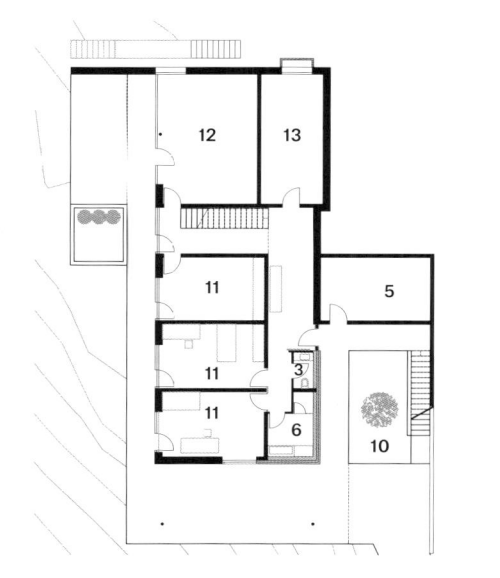

Maßstab
M 1:400

1 Eingang
2 Garderobe
3 WC
4 Hauswirtschaft
5 Geräte
6 Bad
7 Schlafen
8 Kochen/Essen/Wohnen
9 Terrasse
10 Patio
11 Zimmer
12 Atelier
13 Technik/Lager

Standort:
Murg am Walensee (CH)

Anzahl der Bewohner:

4

Wohnfläche (m²):

250

Grundstücksgröße (m²):

2.530

Zusätzliche Nutzfläche:
61 m²
Bauweise:
massiv, Decken und tragende Wände: Stahlbeton
Fertigstellung:
2013

AICHER ZT GmbH

„Ziel unseres Entwurfs war es, eine Symbiose aus grandioser Aussicht nach Norden, Licht von Süden und den individuellen räumlichen Anforderungen der Bauherren zu schaffen."

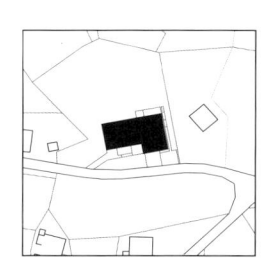

Lageplan

ÜBERIRDISCH

VON Feyferlik/Fritzer in Graz (A)

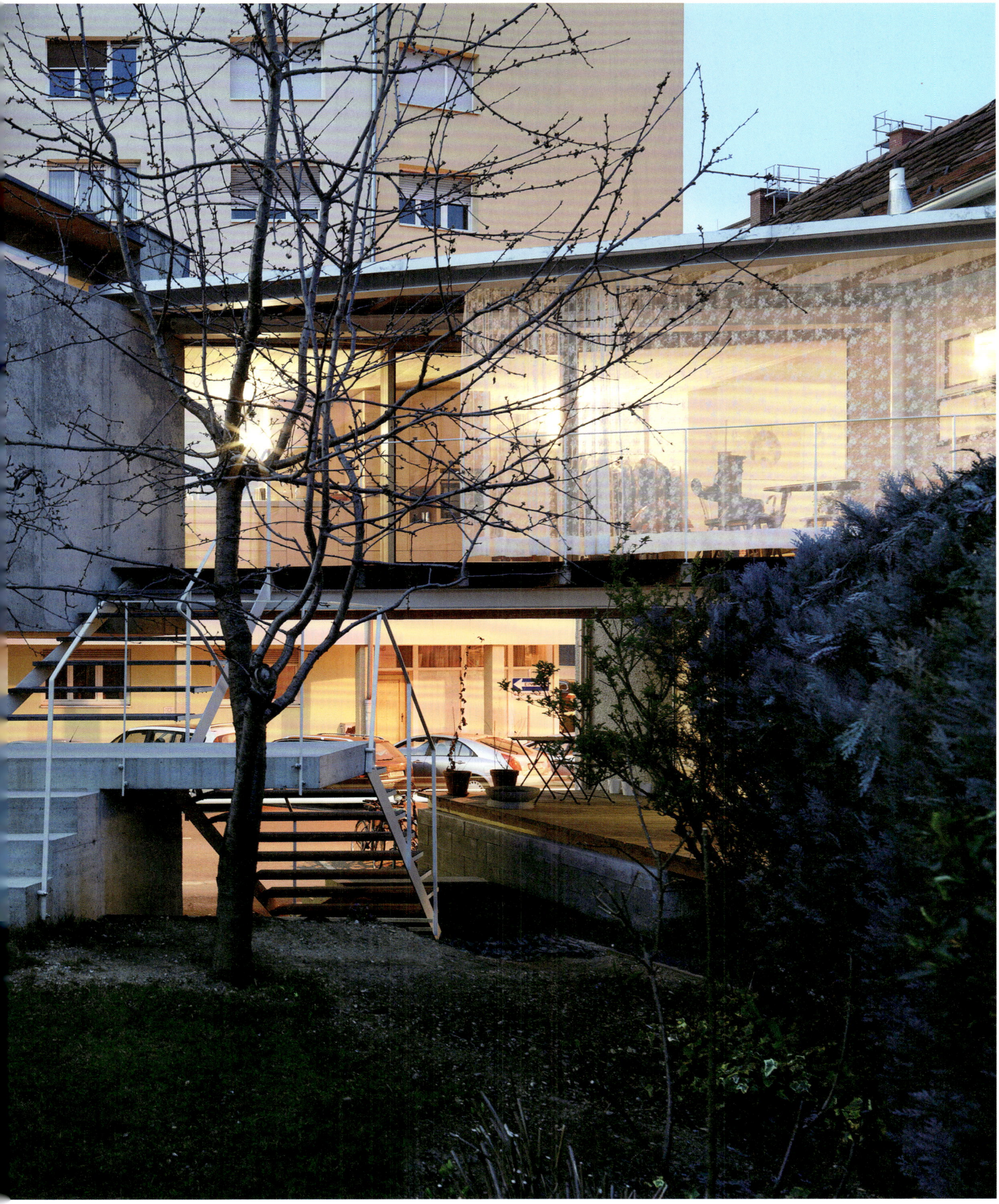

Schon das Haus, mit dem die Architekten Feyferlik/Fritzer in „Häuser des Jahres 2012" auf sich aufmerksam machten (ebenso 2015), zeigte diese Haltung, eine vorhandene Situation unkonventionell zu interpretieren und vor allem eine Behausung herzustellen, die mit einem Minimum an bescheidenen Materialien auskommt. Dieses Talent, originell auf eine planerische Herausforderung zu reagieren und mit einem überschaubaren Repertoire dennoch eine behagliche Wohnhülle herzustellen, lässt auch der Um- und Weiterbau dieses kleinen Wohnhauses erkennen. Es stammte aus den 1930er Jahren und steht in einem Grazer Quartier mit einer sehr heterogenen Solitärbebauung. Nach Süden schließt ein Klosterareal an. Dorthin führt eine Wegeverbindung, die das dahinterliegende Grundstück erschließt. Dieser gewährte Nießbrauch der eigenen Parzelle (in Österreich als Servitut bezeichnet) führte dazu, für die Erweiterung des Gebäudes das Obergeschoss vorzusehen, so dass unter der Brückenkonstruktion eine Passage erhalten blieb.

Das kleine alte Haus, an das die Nachbarn an zwei Seiten nahtlos angebaut hatten, wurde kaum verändert. Lediglich zwei Fenster im Obergeschoss wurden auf einen vitrinenartigen Glaserker reduziert, die Außenwände blieben ohne zusätzliche Dämmung, eine schmale Innentreppe wurde abgebrochen. Unter der neuen Überbauung liegen zwei Eingänge in Atelier und Büro, darüber verteilen sich auf knapper Fläche Wohnen, Schlafen und ein schlankes Bad, neben dem noch eine Kammer für einen Übernachtungsgast Platz hat.

Die Musik spielt im Neubau. Er wird von zwei Betonscheiben und schrägen Stahlstützen über den Garten gestemmt und bleibt zur Straße fensterlos mit seiner 45 Zentimeter dicken Dämmbetonschale. Im Grundriss wird der Kubus zum Fünfeck, schiebt sich mit einer Kante nach Süden und öffnet sich an zwei Seiten in den privaten Grünraum. Der vorhandene Höhenversatz und die ins Obergeschoss führende Erschließung ergaben ein freundliches Gerüst aus massiven Beton- und filigranen Stahlstufen, die dem soliden Block des Anbaus mit Leichtigkeit in die Quere kommen. Zunächst betritt man eine Terrasse, ein wehender Vorhang bietet einen leisen Schutz. Dahinter liegt die Glasfront des Brückenhauses, hinter welcher Garderobe und Küche eine helle Querverbindung zwischen dem Wohnraum im Altbau und dem neuen Wohn-/Essplatz herstellen.

1 Leichtsinn: Fragil endet der Betonbaukörper mit dem Gerüst der Stahltreppen und des Vordachs zur Gartenseite, der Vorhang weht vermittelnd.

2 Der Küchenflur entlang der Terrassenbrücke verbindet Wohnraum und Essplatz. Innen ist das bescheidene, originelle Gehäuse mit Holz ausgeschlagen.

Querschnitt

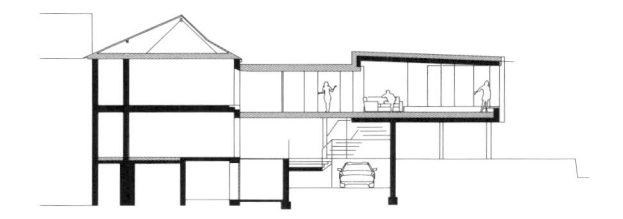

Grundriss
Obergeschoss

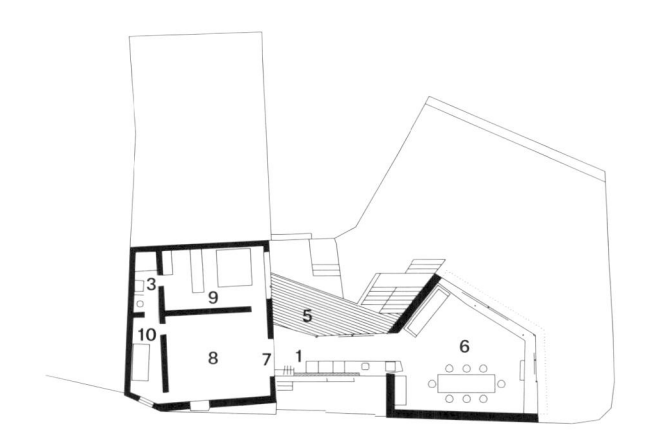

Grundriss
Erdgeschoss

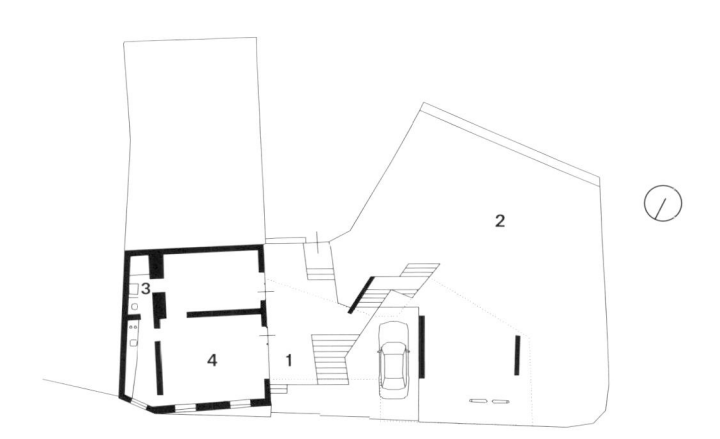

Maßstab
M 1:400

1 Eingang
2 Garten
3 Bad
4 Büro/Atelier
5 Terrasse
6 Kochen/Essen/Wohnen
7 Garderobe
8 Wohnen
9 Schlafen
10 Gast

Standort:
Graz (A)

Anzahl der Bewohner:

2–4

Wohnfläche (m²):

109

Grundstücksgröße (m²):

308

Zusätzliche Nutzfläche:
53 m² Atelier im Erdgeschoss
Bauweise:
Dämm-/Stahlbeton (Neubau), Leichtbau Holz/Stahl (Anbindung Bestand)
Fertigstellung:
2013

Feyferlik/Fritzer

„Wir hoffen, dass der Planungsprozess, den man gemeinsam geht, sich so inhaltsreich gestaltet, dass er es wert ist, ihn gemacht zu haben."

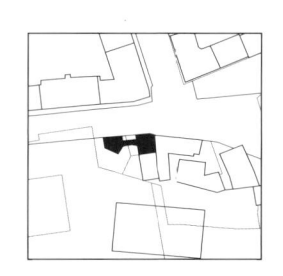

Lageplan

EIN TREPPENHAUS

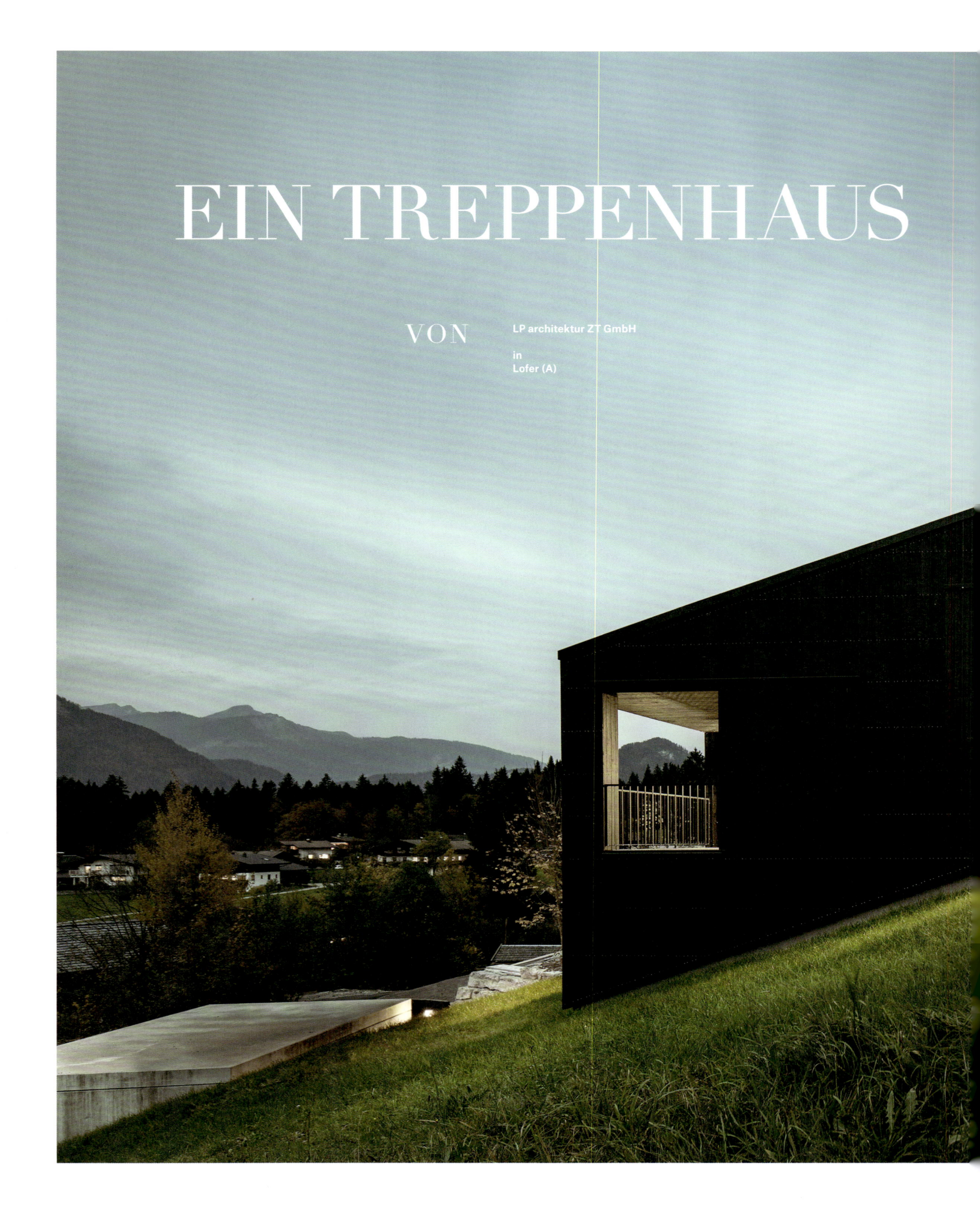

VON LP architektur ZT GmbH
in
Lofer (A)

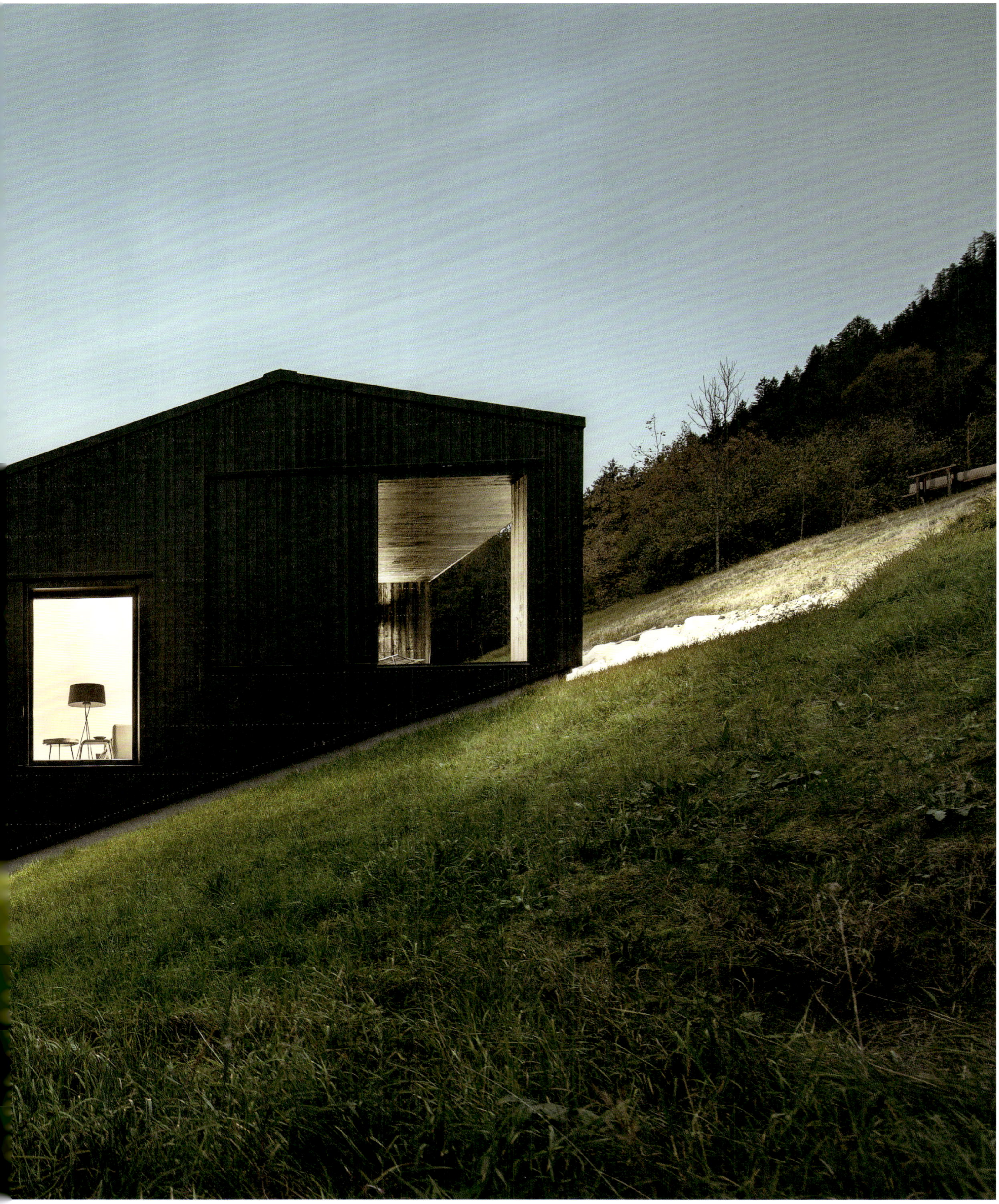

1 Das Ferienhaus schiebt sich wie eine Bergbahn über den Hang (Seite 126/127). Die Wohnebenen folgen der Topografie, eine Treppenstaffel aus gefaltetem Stahlblech verbindet die funktional geteilten Etagen.

2 Das Leseplateau ist der Vorplatz zum Schlafraum, hier kehrt sich der Erschließungsweg um, ohne wieder abwärts zu führen.

Die Häuser von LP architektur, die wir in dieser Buchreihe in den Vorjahren veröffentlicht haben, zeichnen sich dadurch aus, dass sie keinem Einheitsmuster folgen und keinen Bürostandard wiederholen, sondern von der formalen Gestaltung bis zur Materialverwendung Sonderanfertigungen für eine bestimmte Aufgabe und einen konkreten Ort sind. Dies trifft auch für dieses Ferienhaus zu, das in seiner Hanglage den Blick in die Berge feiert und die Topografie als eine Art Raumweg nach innen holt.

Obwohl das Programm überschaubar ist, verwirklicht die Architektur die Idee, den beiden Bewohnern eine Anzahl unterschiedlicher Orte und Atmosphären zu bieten, eine Balance aus geborgenem Rückzug und Öffnung in die Weite der alpinen Landschaft.

Der Architekt wollte mit seinem Entwurf nicht nur Nutzräume herstellen, sondern Erlebnisse inszenieren. Sie beginnen mit dem Ankommen bei einem talwärtigen Pavillon, der Carport und Abstellraum umschreibt. Nach dem Aufstieg über eine lange Außentreppe passiert man eine Funktionszone, der Eintritt in das Haus führt durch eine Schleuse mit Garderobe und Nasszelle. Technik und Kriechkeller sollen nicht interessieren. Nun öffnet sich, beginnend mit Küche und Essplatz eine gestaffelte Raumfolge, die an beiden Kopfseiten mit einer Terrasse endet. Jeweils sieben Stufen höher folgen der Wohnbereich mit offenem Kamin und noch einmal höher eine Lesegalerie – alle Ebenen treppen sich ohne Geländer oder Brüstung wie ein skulpturaler Katarakt unter das ansteigende Dach. Oben angelangt, zweigt man seitlich in den privaten Teil der Wohnung ab. Am Bad vorbei findet man den Schlafraum, dahinter wird die Dachschräge für eine Abstellkammer genutzt – man ist wieder über der Funktionszone angekommen.

So spürt man auf jeder Höhe eine charakteristische Umschließung und Öffnung des Wohngehäuses, sowohl das natürliche Gefälle des Bergs als auch die unterschiedliche Nähe zum bergenden Dach. Außen ist das Haus vertikal mit schwarzen Brettern verschalt, die von den Schiebeläden unauffällig fortgesetzt werden, innen läuft man über Eichenholz, das sich auf den senkrechten Flächen fortsetzt, die Holzständerwände sind mit einem Lehmputz überzogen.

Querschnitt

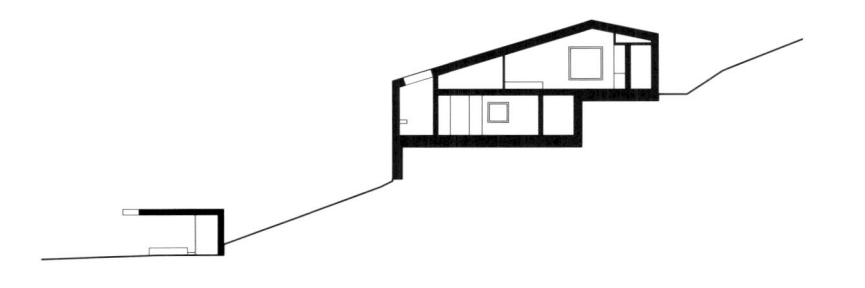

Grundriss Obergeschoss

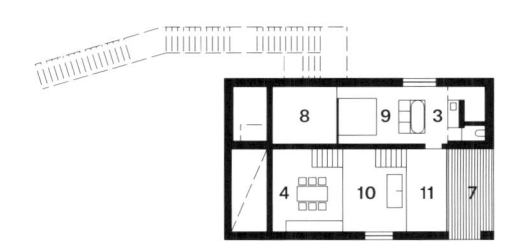

Grundriss Erdgeschoss

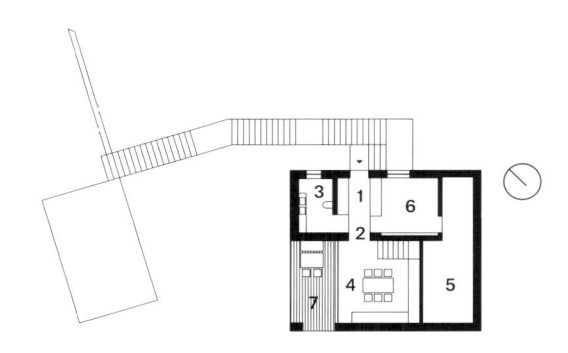

Grundriss Untergeschoss

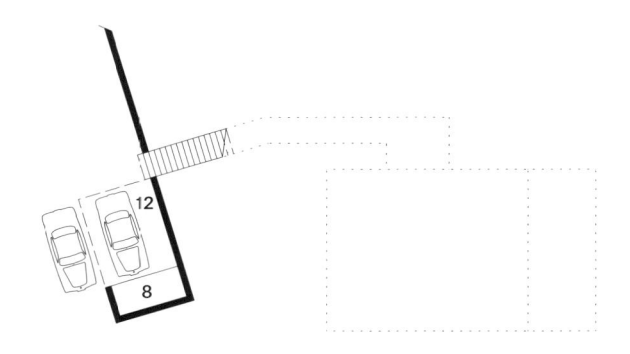

Maßstab
M 1:400

1 Eingang
2 Garderobe
3 Bad
4 Kochen/Essen
5 Keller
6 Ankleide
7 Loggia
8 Abstell
9 Schlafen
10 Wohnen
11 Lesen
12 Carport

Standort:
Lofer (A)

Anzahl der Bewohner:

2

Wohnfläche (m²):

106

Grundstücksgröße (m²):

1.075

Zusätzliche Nutzfläche:
29 m²
Bauweise:
Holzriegelbauweise
Fertigstellung:
2014

LP architektur ZT GmbH

„Die Idee des Hauses besteht darin, unterschiedliche Orte und differenzierte Bereiche zu schaffen. Je nach Bedarf soll man sich zurückziehen können, abtauchen und sich geborgen fühlen. Oder als Teil der exponierten Lage die Weite und Freiheit des alpinen Raumes spüren."

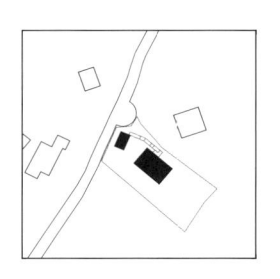

Lageplan

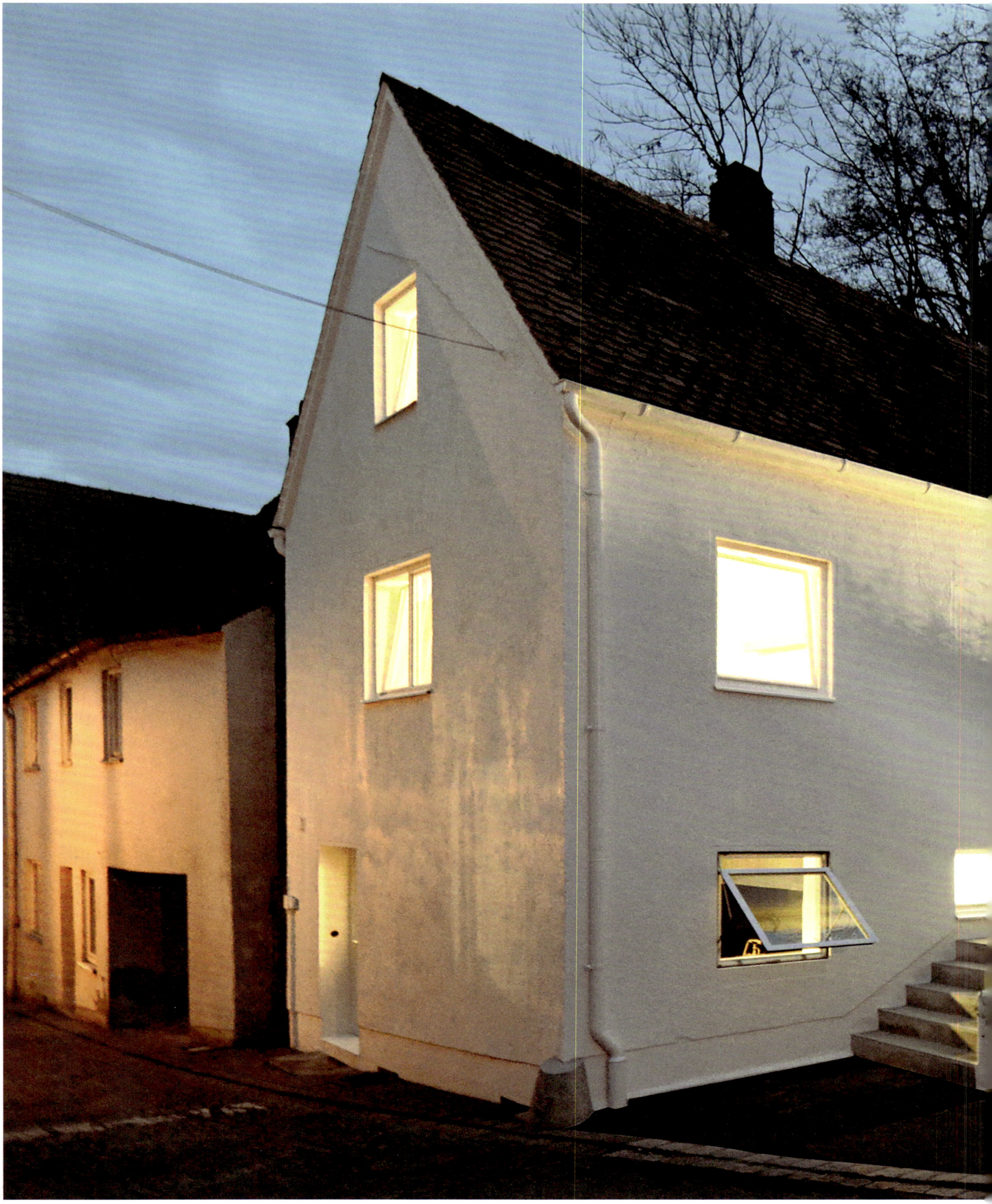

IDENTITÄTS-NACHWEIS

VON Michael Aurel Pichler
in Harburg (Schwaben)

1

1 Freispiel. Das bescheidene Haus aus den 1960er Jahren wurde weder romantisch altstadttauglich getrimmt, noch bis zur Unkenntlichkeit modernisiert. Der Ausbau orientiert sich am Erfindungsreichtum des Architekten.

2 Zementestrich, Keramik, Fichtendielen, Naturstein, daneben Marmorinoputz, Einbaumöbel und Waschbecken aus Beton mit Messingarmaturen und Kupferrohren: Alles ist möglich.

Harburg liegt zwischen Donauwörth und Nördlingen und ist mit Schloss und Wörnitztal ebenfalls ein Ausflugsziel an der Romantischen Straße. Hier galt es, ein 1961 errichtetes schlichtes Haus, das in einer Reihe typologisch gleicher Bauten steht, als wichtigen Zeitzeugen am Ort des ehemaligen Westtors der Altstadt zu erhalten und fürs Wohnen aufzuwerten. Das Haus lehnt sich mit drei abgestuften Geschossen und Terrassen gegen die steilen Jurakalkfelsen, so dass mit der Höhe die Nutzflächen zunehmen. Eine Besonderheit ist die doppelte Erschließung: innen eine versetzt gewendelte Treppe und außen dem Hangverlauf folgende Stufen. Ein ausgespartes Schrankmöbel klärt die Kopffreiheit des unteren Laufs. Der Architekt, der bereits ein bemerkenswert sparsames Haus „nicht nach Funktionen, sondern nach Eigenschaften" entwickelt hat („Häuser des Jahres 2014"), betrachtet den vorgefundenen Bau als Beitrag, der „das Weiterbauen des Ortes und dessen noch verbleibender Identität erklärt".

Er hat deshalb seine tragende Struktur belassen und lediglich die Oberflächen innen und außen mit Sumpfkalkputzen behandelt. Fenster wurden, wo notwendig, ersetzt, aber ohne romantische Motivation, so dass neben vorhandenen „zivilisatorischen Zusätzen" wie Glassteinen auch ein neuer Schwingflügel als altstadtkonform gilt. Die Innentreppen sind mit Rosa Perlino Marmor belegt, als Absturzsicherung sind beschichtete Stahldrahtseile gespannt. Auf den Böden wechseln Zementestrich mit Fliesen und Fichtendielen. In der Küche steht vor den in Marmorinotechnik behandelten Wänden ein vom Schreiner gefertigter schwarzer Hausaltar, der alle nützlichen Zubereitungsfunktionen verbirgt. Überhaupt lebt der Ausbau vom Können des Handwerks, was damit beginnt, auch manches zu belassen, aber dann werden fürs Bad ein Betonwaschbecken gegossen, Messingarmaturen und Kupferheizrohre sichtbar montiert.

Die Funktionen wurden respektvoll verteilt, nicht nach der Bauentwurfslehre. Also liegt das Bad neben dem Eingang, darüber die Wohnebene mit eigener Terrasse, zuletzt kommen zwei Schlafräume. Ja, und ganz oben steht noch eine separate Gartenhütte.

Querschnitt

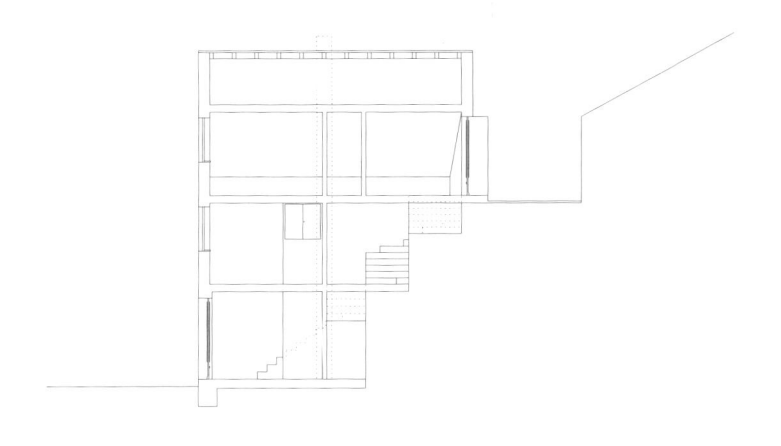

Grundriss
Dachgeschoss

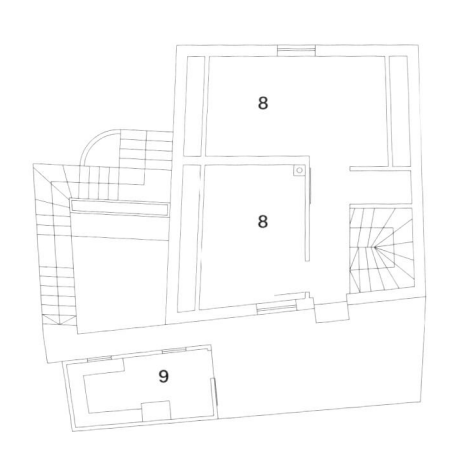

Grundriss
Obergeschoss

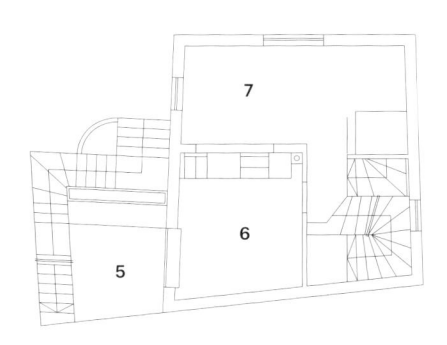

Grundriss
Erdgeschoss

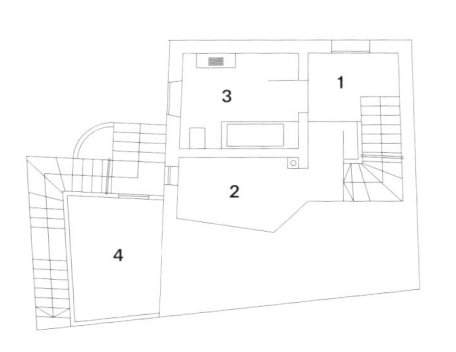

Maßstab
M 1:200

1 Eingang
2 Nebenraum
3 Bad
4 Technik
5 Terrasse
6 Essen
7 Wohnen
8 Zimmer
9 Hütte

Standort:
Harburg (Schwaben)

Anzahl der Bewohner:

2

Wohnfläche (m²):

89

Grundstücksgröße (m²):

163

Zusätzliche Nutzfläche:
8 m²
Bauweise:
massiv, Ziegelstein,
Bimsstein (Parterre)
Baukosten:
121.785 Euro
Heizwärmebedarf:
156 kWh/m²a
Primärenergiebedarf:
219 kWh/m²a
Fertigstellung:
2015

Michael Aurel
Pichler

„Besonderheit gewinnt das Haus durch seine raffinierte innere Treppenstruktur. So reagiert es mit fein abgestuften Geschoss- und Terrassenversätzen auf die Hanglage."

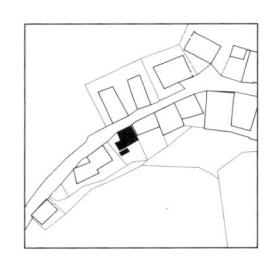

Lageplan

NACHBAU

VON Muck Petzet Architekten

in München-Feldmoching

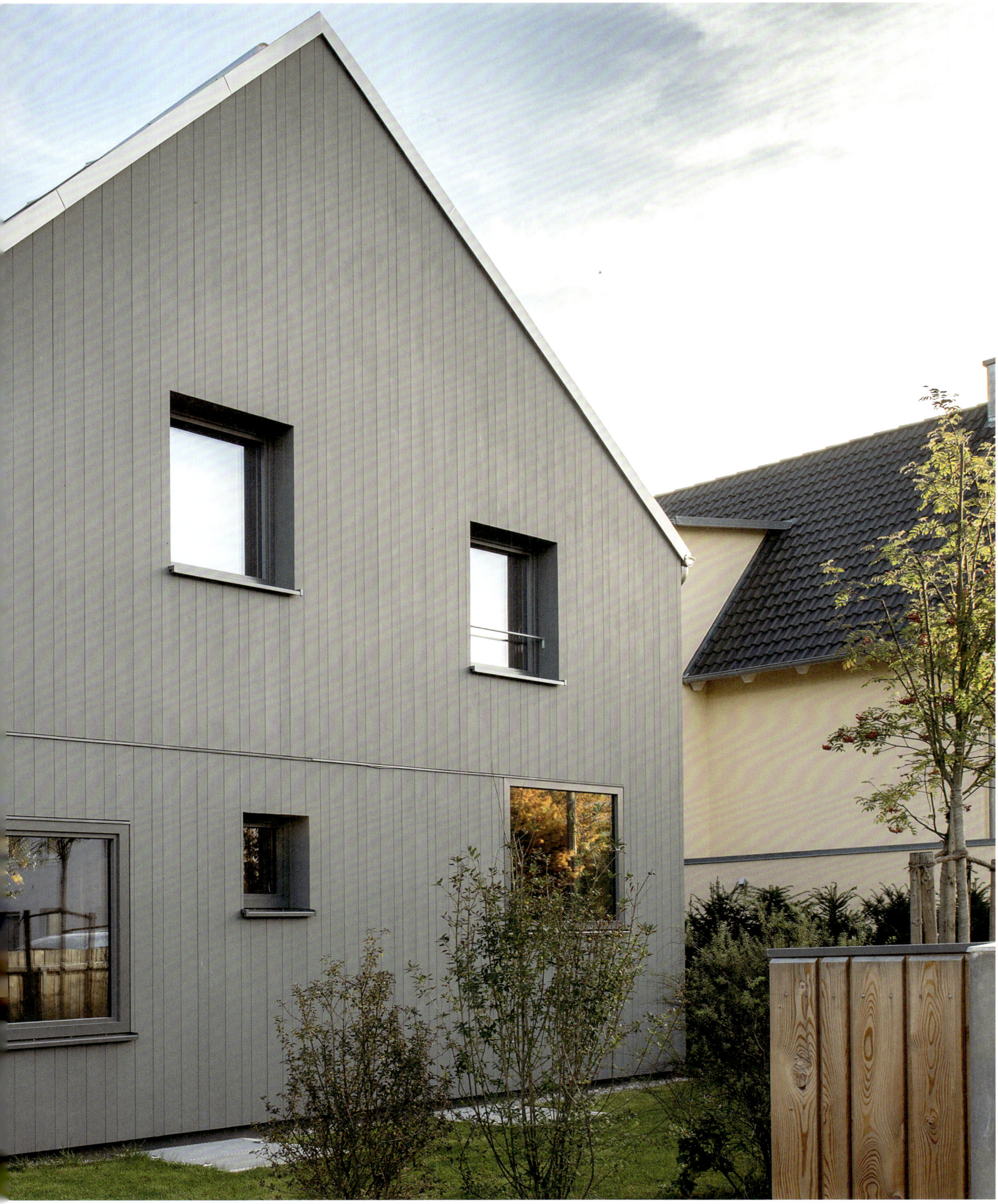

1

1 Das Haus wurde von einem Unternehmen inklusive Statik komplett aus wandgroßen zertifizierten, leimfreien Massivholzelementen errichtet.

2 Über dem offenen Grundriss im Erdgeschoss führt eine Holztreppe in das bis unter die Dachschräge reichende Schlafgeschoss mit vier Zimmern und drei Bädern.

Reduce, Reuse, Recycle: Das Thema des Biennale-Beitrags der Architekten 2012 ist kein Dogma, das ungeprüft zur richtigen Entscheidung führt. In diesem Fall bot die „Ressource Architektur" ein kleines Haus aus den 1950er Jahren. Bei der vergleichenden Nachhaltigkeitsanalyse von Umbau, Zubau und Neubau erwies sich die letzte Alternative als beste Lösung.

Immerhin übernimmt das neue Wohngebäude die Position des abgetragenen Vorgängers, so konnte die vorhandene Vegetation fast vollständig bewahrt werden. Auch die Typologie eines einfachen Siedlungshauses wurde „recycelt". Zum Garten wird die Architektur großzügiger, sie öffnet sich zu den alten Bäumen. Durch den unvermeidlichen Abbruch und den Verlust an grauer Energie sollte das Ersatzbauwerk die Geschichte des Ortes besonders klimaschonend und umweltverträglich fortschreiben. So fiel die Entscheidung zugunsten des leimfreien Massivbausystems Holz 100, womit ein energieeffizientes, schadstofffreies Haus mit optimalem Raumklima errichtet werden konnte.

Der grau verschalte Baukörper wird seitlich neben der Garage erschlossen. Bis auf ein separates Zimmer und das Gäste-WC lebt das Erdgeschoss von seinem offenen Grundriss, der sich durch eine Deckenaussparung neben der Treppe bis unter die Dachschräge fortsetzt. Im Mittelpunkt des Raumkontinuums steht ein Kachelofen, den die Bauherrin aus wiederverwendeter historischer Keramik selbst gebaut hat. Den Essplatz in der Küche birgt eine gemütliche Nische, der Wohnraum ist um zwei Stufen abgesenkt. Ein alkovenartiges Fenster lädt zum Sitzen ein. Im Obergeschoss umschließt jede Hausecke ein Zimmer, dazu gehören drei Bäder; zwei sind neben dem Elternbad über Schiebetüren den Zimmern zugeordnet. Die Fenster im Wand- und Dachbereich lenken die Wege und definieren die Räume, einmal gehört eine Empore dazu. Drei Außenwände werden als Lochfassaden aufgefasst, sie erlauben eine punktuelle Orientierung. Nach Südwesten holen raumbreite Schiebetürverglasungen den Garten ins Haus.

Querschnitt

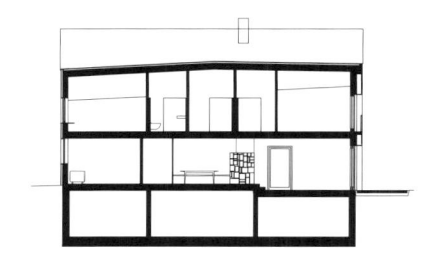

Grundriss
Obergeschoss

Grundriss
Erdgeschoss

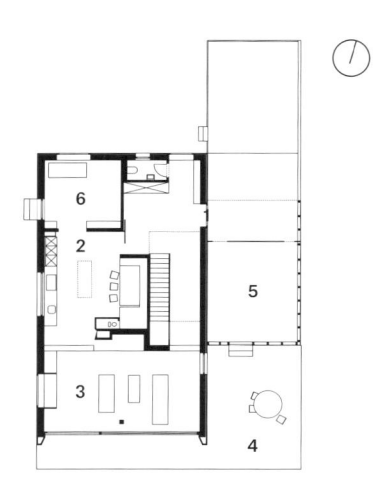

Maßstab
M 1:400

1 Eingang
2 Kochen/Essen
3 Wohnen
4 Terrasse
5 Garage
6 Arbeiten
7 Bad
8 Schlafen

Standort:
München-Feldmoching

Anzahl der Bewohner:

5

Wohnfläche (m²):

226

Grundstücksgröße (m²):

875

Zusätzliche Nutzfläche:
323 m²
Bauweise:
Massivholzbausystem
Holz 100
Heizwärmebedarf:
14,2 kWh/m²a
Energiestandard:
EnEV 2009,
KfW Effizienzhaus
Fertigstellung:
2014

Muck Petzet
Architekten

„Holz ist ein großartiger Baustoff, um in einem Haus Wohlbefinden zu erzeugen. Genau das war unser Ziel für Familie G."

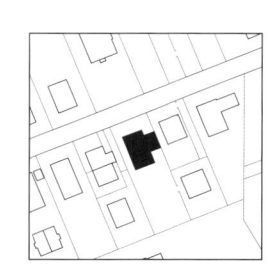

Lageplan

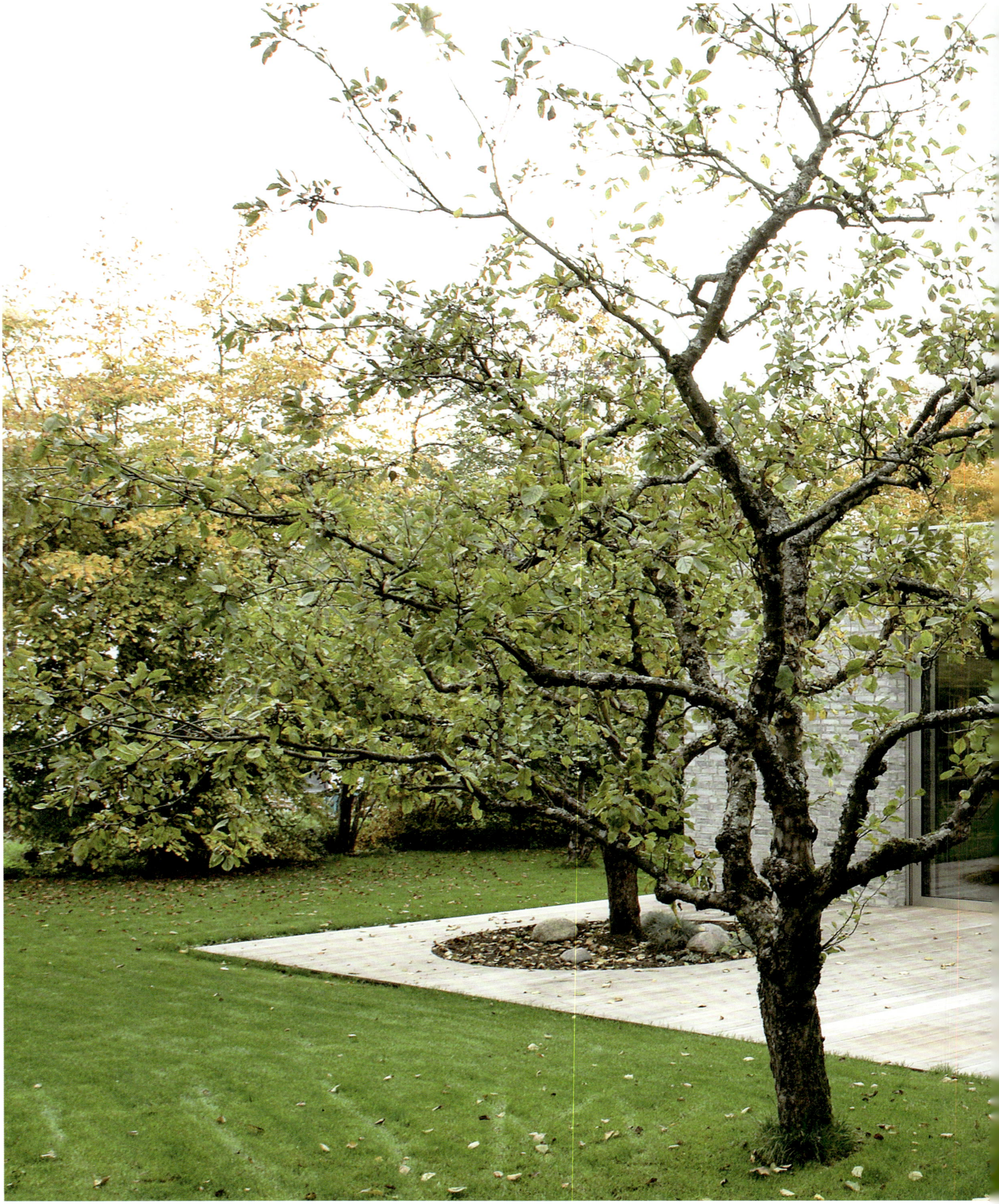

FUNDSTÜCK

VON RAINER ROTH ARCHITEKT
in Bitburg

1

Das Haus muss man suchen, es steht völlig unauffällig im Freiluftgehege der umgebenden Neubauten. Das heißt aber nicht, dass es sich verstecken muss. Es wirkt wie eine natürliche Ergänzung im ehemaligen Obstgarten der Eltern. Der Baukörper, außen fest ummauert mit grauen, breit verfugten dänischen Klinkern, reicht mit drei flachen Kuben in die baumbestandene Wiese. Man sieht erst im Grundriss, dass die Räume wie bei einem Gehöft um eine gestaffelte Diele angelegt sind. Wenn man die Schiebetüren an den Engstellen offenlässt, entsteht ein durch das gesamte Haus fließender Raum. Die Idee, die Funktionen eines Wohnhauses in mehreren Baukörpern um eine Terrasse anzuordnen, damit ein dörflicher Maßstab bleibt, hat der Architekt schon bei früheren Projekten erprobt. Von betulicher Folklore hält er sich jedoch weit entfernt.

Bei diesem Haus in Bitburg gibt es einen klar gegliederten Grundriss. Der Wohnbereich, der sich mit einer vom Düsseldorfer Künstler Christoph Bucher wie mit einem dunklen Schleiergewebe bemalten Schiebewand abtrennen lässt, liegt rechts des dreieckigen Flurendes, zur anderen Seite, vorbei an Spiegelflächen, deuten drei Stufen vor Schlafräumen und Bad den privaten Charakter an, neutral verhält sich der Block, der Garage, Abstellräume und Gäste-WC umschließt. Auch von außen wirkt das Haus mit seinen ungeniert großen Fensterflächen nicht wie ein mit Dorfkolorit getränkter Neubau. Innen und außen bleiben eng beieinander, die schrägen Wandfluchten lenken den Blick in die Umgebung, das leicht fallende Gelände teilt sich über den abgestuften Fußboden mit. Aus der Badewanne genießt man den Ausblick knapp über den Grashalmen.

Der Wohnraum ist gegenüber Küche und Essplatz noch einmal abgesenkt, eine Schrankbrüstung und ein Feuerplatz, an den eine Marmorsitzbank anschließt, deuten die funktionale Teilung an. Eine Besonderheit ist der von zwei Seiten durch Glasscheiben zu beobachtende Kamin. Außer der Fotovoltaik, mit der Heizstäbe in einem Boiler erwärmt werden, ist auch der Kamin an das Rohrnetz angeschlossen. Drei kW/h gibt der Ofen als Strahlungswärme ab, sieben kW/h bleiben für die Fußbodenheizung unter den geseiften Eichendielen, der Überschuss geht ans E-Werk. Nach außen zeigt der Schornstein über den unterschiedlich hohen Gebäudekuben seine zentrale Bedeutung als krönender Abschluss.

1 Feuerstelle. Der Schornstein über der höchsten Dachfläche demonstriert auch nach außen, dass er nicht nur zur Dekoration dient. Die überdimensionalen festverglasten Fenster erweitern den Wohnraum optisch zum Garten.

2 Der Kamin versorgt gleichzeitig die Fußbodenheizung. Die marmornen Sitzstufen führen vom Essplatz in die tiefer gelegene Polstergrube.

3 Im Dielendreieck reguliert eine künstlerisch gestaltete Schiebewand die Privatheit. Dahinter liegt der Wohnbereich, zur anderen Seite schließt nach einer Trittschwelle der Schlafbereich an.

4 Küche, Essen und Wohnen teilen sich einen Raum. Außen schließen Terrassen aus Ipe-Dielen an.

5 Die Diele verteilt die Wege, sie bietet mit ihrem verschiebbaren Wandbild und einer Spiegelnische gleichzeitig einen repräsentativen Empfang und eine Wohnraumerweiterung.

Querschnitt

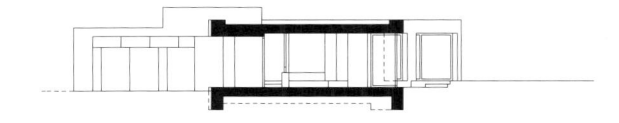

Grundriss
Erdgeschoss

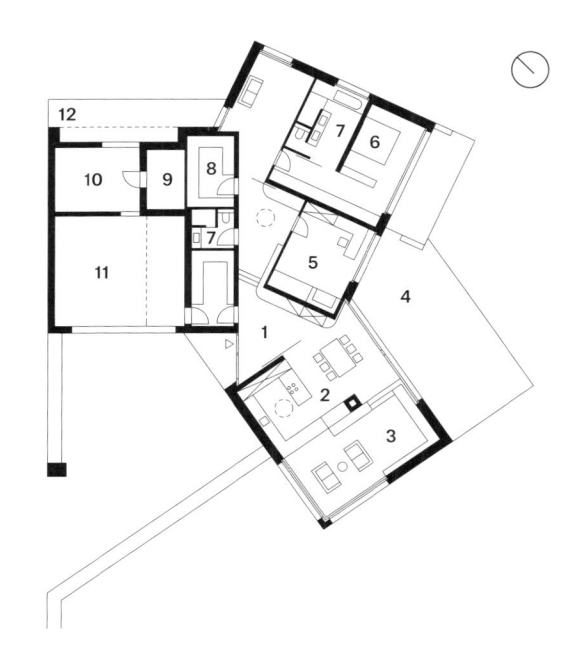

Maßstab
M 1:400

1 Eingang
2 Kochen/Essen
3 Wohnen
4 Terrasse
5 Separat
6 Schlafen
7 Bad
8 Hauswirtschaft
9 Technik
10 Geräte
11 Garage
12 Holzlager

Standort:
Bitburg

Anzahl der Bewohner:

3

Wohnfläche (m²):

177

Grundstücksgröße (m²):

1.494

Zusätzliche Nutzfläche:
74 m²
Bauweise:
massiv
Baukosten:
520.000 Euro
Heizwärmebedarf:
40,75 kWh/m²a
Primärenergiebedarf:
33,91 kWh/m²a
Energiestandard:
KfW 55
Fertigstellung:
2015

**RAINER ROTH
ARCHITEKT**

„Die Kontinuität und Körperhaftigkeit des Hauses geht ein Zusammenspiel mit den offenen, gleitenden Raumbeziehungen ein. Dies sorgt bei den Bewohnern für ein freies und zugleich behagliches Gefühl."

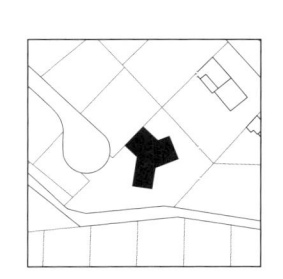

Lageplan

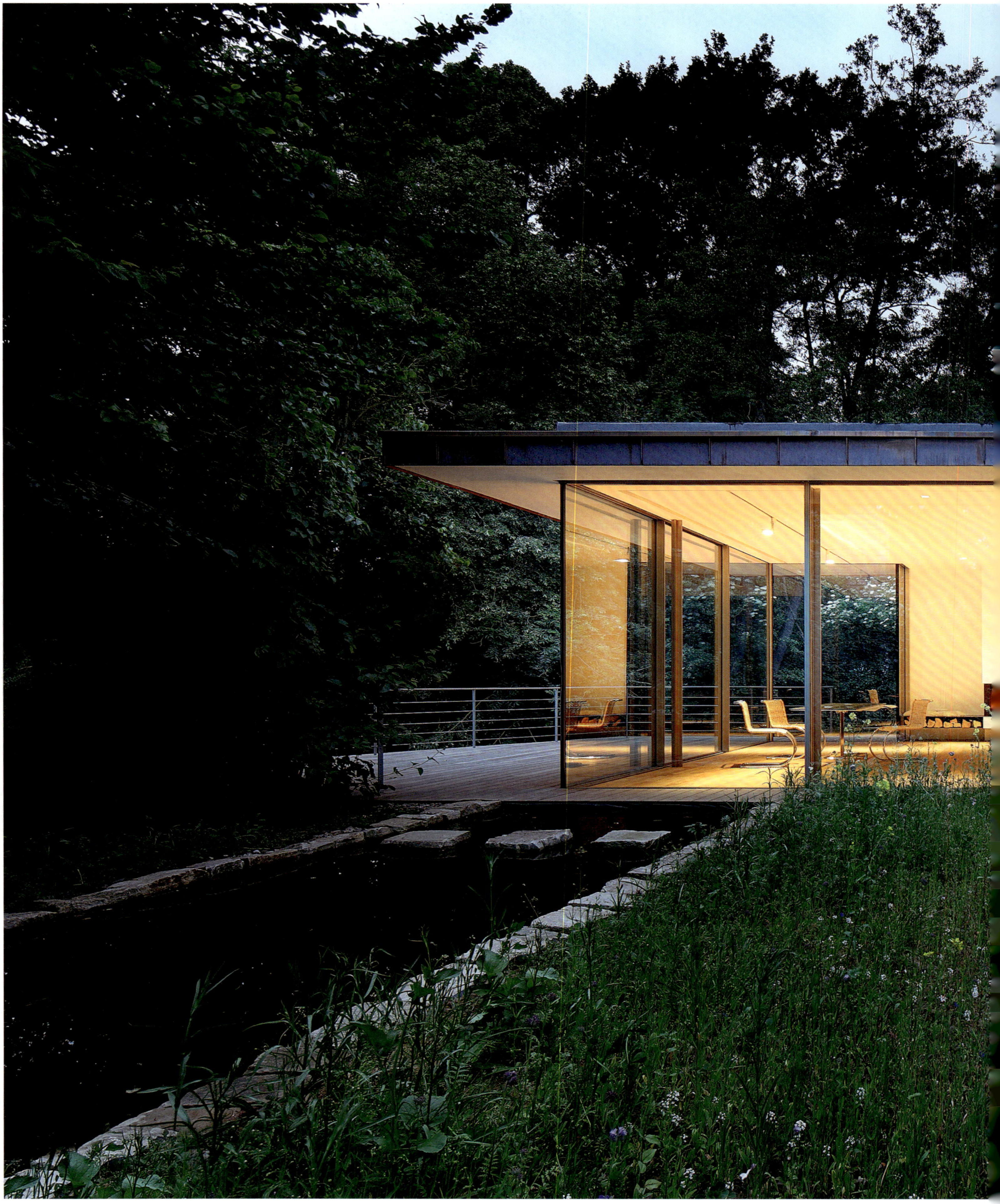

NATUR-
SCHAUSPIEL

VON   Falkenberg
in
Brakel

1

1   Elegantes Dschungelcamp. Nur die Bodenplatte und die über das Flüsschen ragende Terrasse blieben von einem Vorgängerbau erhalten. Der neue Pavillon verschwindet unentdeckt unter den Bäumen.

2   Er konkurriert nicht mit der Natur, sondern deutet seine Existenz nur mit minimaler Konstruktion an.

Manchmal haben Architekten die glückliche Gelegenheit, etwas Grundsätzliches auszuprobieren. Zum Beispiel, wie wenig Gebautes nötig ist, um ein bergendes Gehäuse mitten in der Natur zu schaffen, eine „moderne Höhle", wie es die Innenarchitektin Heike Falkenberg nennt. Sie hat das kleine Haus, das mit seiner Terrasse über das romantische Flüsschen Nehte ragt, bauen dürfen, weil auf dem Grundstück bereits das Musterhaus eines Ferienhausanbieters stand.

Nur die Bodenplatte des aus dem Jahr 1954 stammenden kleinen Gebäudes blieb erhalten. Darüber wurde pavillonartig ein sehr reduzierter Neubau errichtet, der den Besitzern als erholsames Refugium dient und ihnen einen komfortablen Aufenthalt in der Natur schenkt. Vielleicht wird es der Prototyp für weitere Häuser. Denn es fehlt an nichts, damit drei Personen wohnen können. Der Zugang liegt an der zu einem massiven Winkel ergänzten Wand vom ehemaligen Schuppen des abgetragenen Ferienhauses. Hier wurden ein kleiner separater Stauraum und ein schmales Bad eingerichtet. Die Haustür in der Nische davor ist als typische „Klöntür" geteilt, sie dient auch zur Lüftung.

Dahinter öffnet sich ein an zwei Seiten bis unters Dach verglaster Großraum. Lediglich zwei Schlafkabinette hinter der Küchenzeile, beide von oben belichtet und mit direktem Zugang zum Bad, ergänzen die Wohnfläche. Eine Schiebetür setzt die Rüsterverkleidung der gemauerten Wand fort. Lebhaft gemasertes Parkett, auch Rüster (Ulme), liegt auf dem Boden, es wird auf der Terrasse von Hartholzdielen abgelöst. Filigrane Stahlstützen tragen die mit Gipskarton verkleidete Holzbalkendecke. Eine Wärmepumpe versorgt die Fußbodenheizung, zusätzlich sorgt ein offener Kamin für atmosphärische Behaglichkeit.

Nur wenige Möbel gehören zur reduzierten Ausstattung, kein Wunder, dass sie aus dem Repertoire von Mies van der Rohe stammen. Ein Liegesessel hängt fast unsichtbar von der Decke. Sein leichtes Pendeln setzt die Wellen des Flüsschens fort, ein kleiner Teich reflektiert das Sonnenlicht zur Decke – innen und außen, Landschaft und Raum fließen zusammen.

3

Querschnitt

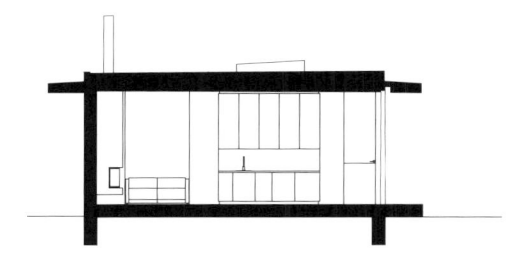

Grundriss
Erdgeschoss

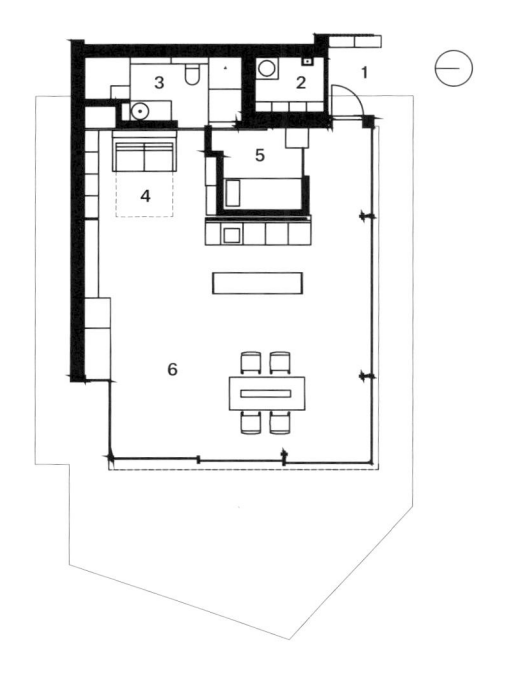

Maßstab
M 1:200

1 Eingang
2 Hausanschluss
3 Bad
4 Schlafen
5 Kind
6 Kochen/Essen/
  Wohnen

Standort:
Brakel

Anzahl der Bewohner:

3

Wohnfläche (m²):

90

Grundstücksgröße (m²):

221

Zusätzliche Nutzfläche:
10 m²
Bauweise:
Holzbau,
Stahlkonstruktion,
Mauerwerk
Baukosten:
ca. 200.000 Euro
Fertigstellung:
2015

Falkenberg

„Architektur, reduziert auf das Wesentliche, macht die grandiose Natur zum Erlebnis für alle Sinne."

3 Leerstelle. Eigentlich gibt es nur einen Hauptraum. Mit einer Schiebewand lässt sich ein Schlafkabinett separieren, eine zweite Schlafgelegenheit verbirgt sich hinter der Küche.

Lageplan

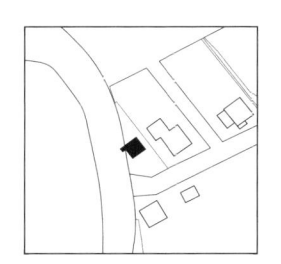

KUNST DER FUGEN

VON

Architekturbüro di Simone

in Berg am Starnberger See

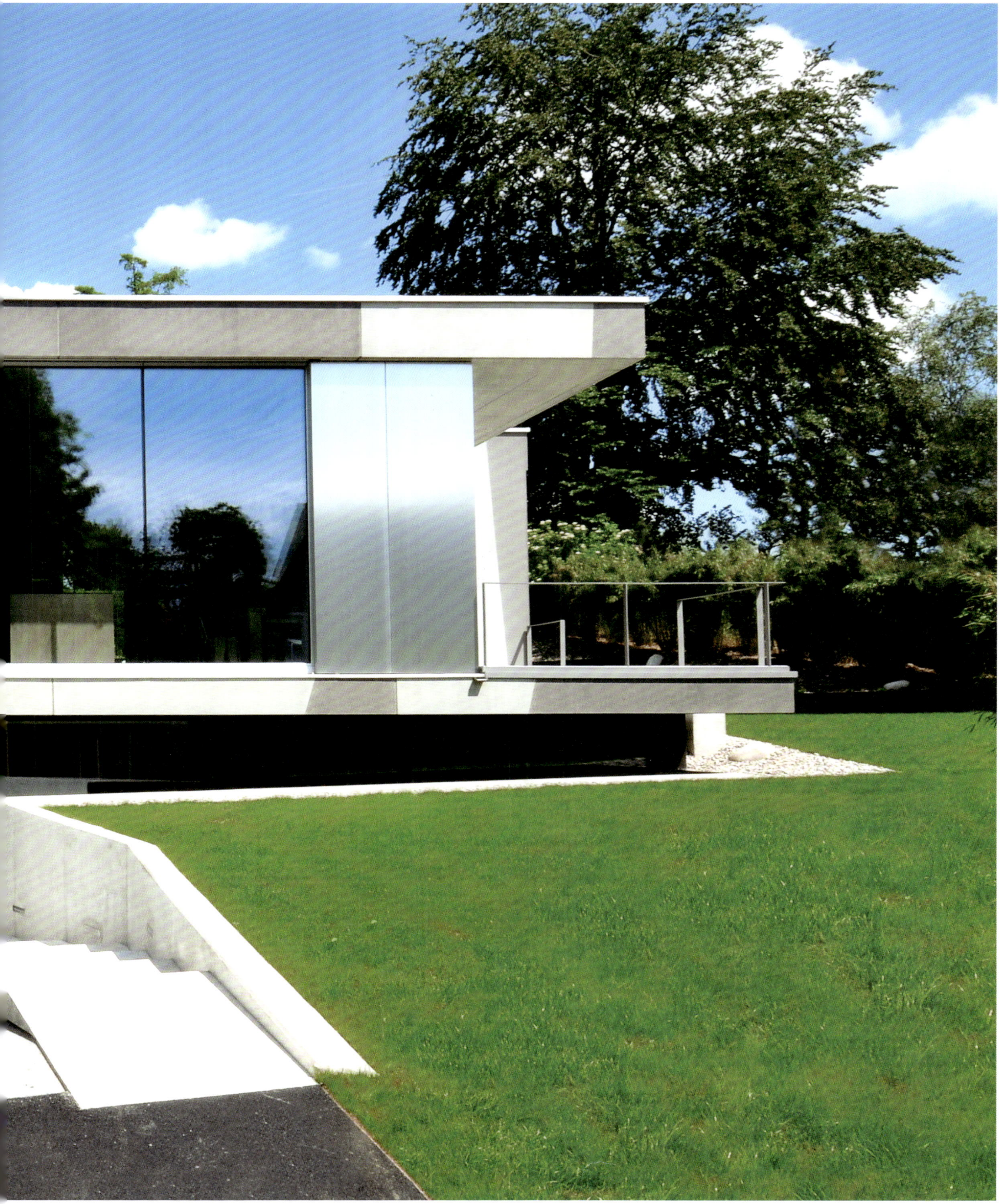

1 Ein Lichthof erhellt den tiefen Grundriss zusätzlich. Der anthrazit eingefärbte Sichtestrich stößt mit nur einer Fuge an die Wände an. Die Raumhöhe beträgt 3,40 Meter.

2 Die Erschließung erfolgt, entsprechend der Hanglage, über das Untergeschoss. Auch dorthin bringt das eingestellte gläserne Atrium Licht von oben.

Der Bauherr ist ein Arzt aus dem Bekanntenkreis der Architektin. Sein Haus durfte sich „mutig" von den konventionellen Einfamilienhäusern der Umgebung unterscheiden. Das große, leicht geneigte Grundstück liegt am Ostufer des Starnberger Sees. Um auch im Alter eine bequeme Nutzung zu erlauben, sollten möglichst alle Räume auf einer Ebene erreichbar sein. So ergab sich ein Hauptwohngeschoss, das über einem zusätzlichen Sockelgeschoss lagert, nach Süden die Aussicht bietet und nach Osten den direkten Gartenzugang.

Erschlossen wird das Haus von der unteren Ebene. Ein bequemer Treppenweg führt zur Haustür, begleitet von einer flachen Rampe zur Doppelgarage (eine weitere Garage steht peripher auf dem Grundstück). Das Entree liegt geschützt unter dem auskragenden Wohngeschoss, es reicht als hofartiger Vorplatz entlang der einladend zurückweichenden Front über die gesamte Hausbreite. Auf dem unteren Niveau fanden zwei Gästezimmer Platz, Bad und Sauna werden über einen Schacht belichtet, dahinter reichen die Nebenräume in den ansteigenden Hang. Außer den balkenartig aus der Wand kragenden Treppenstufen kann man den Aufzug nach oben nehmen. Dort empfängt eine verschwenderische Wohnebene. Ihre große Tiefe wird durch ein verglastes Atrium belichtet und gegliedert. Diese neben der Treppe eingestellte Vitrine trennt die privaten Arbeits- und Schlafräume nebst Bad und Ankleide von einem die übrige Fläche einnehmenden Wohnbereich; hinter dem Essplatz lugt ein Arbeitstresen aus der offenen Küchennische. Bis auf das Feinsteinzeug in Bädern und Schlafzimmern verbindet ein anthrazit eingefärbter Estrich die Räume, die von Sichtbeton und schwarzen Linoleumverkleidungen bestimmt werden, unterbrochen von hohen Türen aus gekalktem Eichenholz.

Das Haus ist als kerngedämmte Betonkonstruktion ausgeführt. Für die Ortbetondecken wurden doppelte Betoplan-Tafeln verwendet, wobei die nur einmal verwendete innere Schalung das kalkulierte Fugenbild ergab. Die Fassade ist aus Aluminiumverbundtafeln oder Betonfertigteilen hergestellt. Deren stupide Strenge wird durch eine schräge Teilung sowie sandgestrahlte und dunkel lasierte Flächen überspielt.

Querschnitt

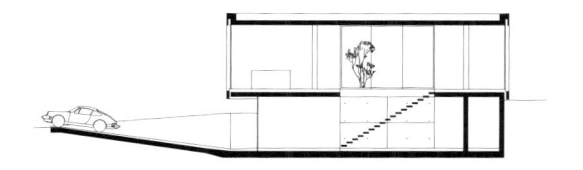

Grundriss
Erdgeschoss

Grundriss
Untergeschoss

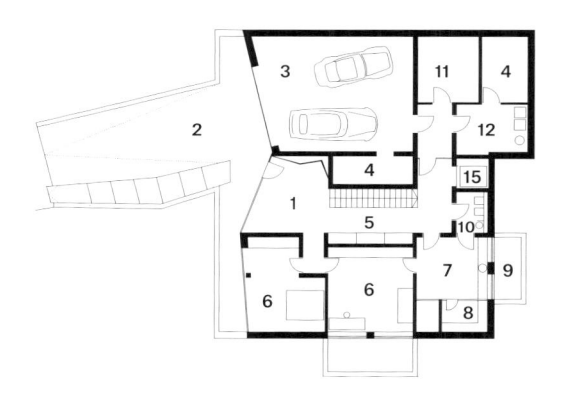

Maßstab
M 1:400

1 Eingang
2 Rampe zur Tiefgarage
3 Garage
4 Abstell
5 Garderobe
6 Zimmer
7 Bad
8 Sauna
9 Lichthof
10 WC
11 Technik
12 Hauswirtschaft
13 Ankleide
14 Schlafen
15 Aufzug
16 Kochen/Essen/Wohnen
17 Terrasse

Standort:
Berg am Starnberger See

Anzahl der Bewohner:

1

Wohnfläche (m²):

309

Grundstücksgröße (m²):

1.890

Zusätzliche Nutzfläche:
122 m²
Bauweise:
massiv, Sockelgeschoss als weiße Wanne, Obergeschoss: Ortbeton und Betonfertigteilkonstruktion
Baukosten:
1.150.000 Euro
Fertigstellung: 2015

Architekturbüro
di Simone

„Architektur kann laut oder leise sein. Hier schien mir ein Paukenschlag die einzig richtige Antwort auf die Umgebung zu sein. Das Haus in Berg ist der gebaute Entwurf für einen mutigen Bauherrn."

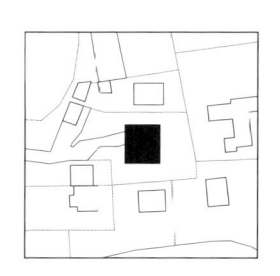

Lageplan

IM SCHWARZEN BEREICH

VON SoHo Architektur
in
Bayern

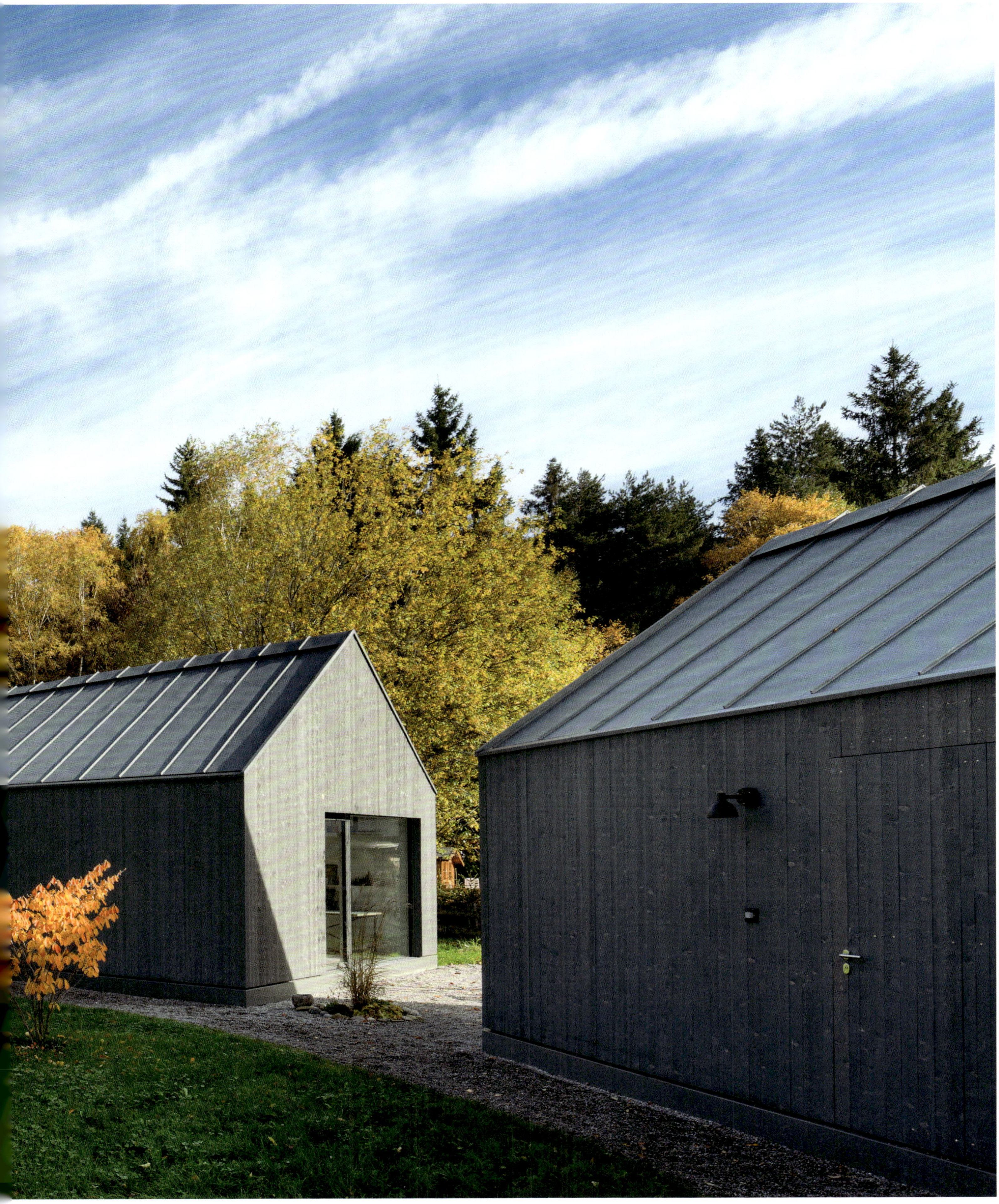

Das große Grundstück war ausschlaggebend, sich einmal mit einer neuen Hausform zu versuchen. Und es war nicht der erste Vorschlag, der schließlich ausgeführt wurde. Die Y-Figur unter all den entwickelten Varianten hatte die Architekten gereizt, weil man damit am Dorfrand nach drei Seiten jeweils einen anderen Außenraum ausschneiden konnte: Es gibt den Obst-, Kies-, Wellness- und Waldgarten. Mit dem Ort hat die ungewöhnliche Architektur wenig zu tun, aber hier beginnt sich das Dorf bereits mit Neubauten aufzulösen, einen Steinwurf entfernt steht mitten in den Almwiesen das Fabrikationsgebäude eines Folienherstellers. Einen Wunsch brachte die Bauherrschaft, ein junges Paar, allerdings mit: Sie wollte auf alle Fälle ein Haus mit Satteldach. Das war bei dem Baukörper mit keilförmig zulaufenden Flügeln nicht ganz einfach, zumal im Grundriss die stumpfen Innenecken bogenförmig ausgerundet waren, aber die Zimmerleute schafften es, ein Sparrendach mit unterschiedlichen Neigungswinkeln aufzuschlagen. Eine hinterlüftete Blechdeckung eignete sich als Abschluss, als Dämmung wurde Zellulose eingeblasen.

Eingespart werden konnten der Keller und die Zwischendecke, alle Haupträume öffnen sich bis unter den First. Die Böden schließen mit einem einfachen geschliffenen Zementestrich ab, darunter wärmt die Fußbodenheizung, im Wohnraum steht zusätzlich ein alter Kachelofen. Die Außenwände sind mit schwarz lasierten, sägerauen Fichtenbrettern verkleidet, die Fenster dreifach verglast.

Es gibt drei separierte Schlafräume, denen ein kleines Duschbad zugeordnet ist, sonst spürt man im Grundriss die Dreiteilung, die sich aus dem Kreuzungspunkt der drei Gebäudeflügel entwickelt. Diese Mitte besetzt ein inselartiger, übers Dach belichteter Baukörper, um den die drei Funktionsbereiche – Kochen/Essen, Wohnen, Schlafen – mit labyrinthischen Wegen verbunden sind. Neben einem Schrankeinbau und einer Kammer birgt er Bad und Sauna. Runde und kantige Formen eröffnen dem Innenraum unerwartete Perspektiven.

1 Laufschule: Der den Funktionskern umspielende Grundriss lässt unterschiedliche Räume erleben, die von runden und kantigen Formen unverwechselbar bis unter das Dach bestimmt werden.

2 Heute Wild! Über der wie ein Hochaltar aufgebauten Küche holt das Hirschgeweih die Gemütlichkeit in die barrierefreie Moderne.

Querschnitt

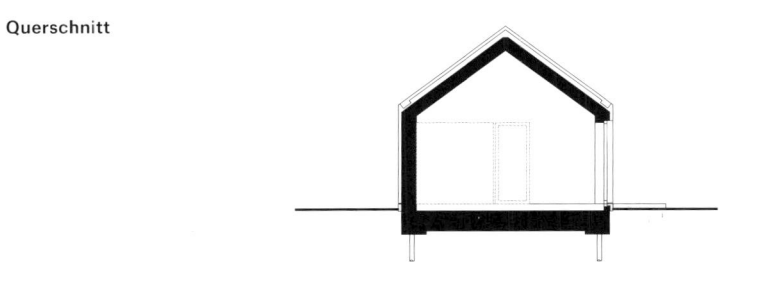

Grundriss
Erdgeschoss

| Maßstab | Standort: |
| M 1:200 | Bayern |

1 Eingang
2 Lager/Technik
3 Garage
4 Bad
5 Büro
6 Gast
7 Schlafen
8 Kochen/Essen
9 Wohnen
10 Sauna

Wohneinheiten:

1

Wohnfläche (m²):

200

Grundstücksgröße (m²):

1.000

Zusätzliche Nutzfläche:
85 m²
Bauweise:
Stahlbeton,
Holzständerbauweise
Baukosten:
550.000 Euro
Heizwärmebedarf:
41 kWh/m²a
Primärenergiebedarf:
31 kWh/m²a
Energiestandard:
KfW 70
Fertigstellung:
2013

SoHo Architektur

„Das Haus wirkt auf den ersten Blick unscheinbar und alltäglich. Erst beim Betreten und näheren Hinschauen offenbaren sich spannende Raumfolgen, Lichtführungen und der Y-förmige Grundriss, in dem Innen- und Außenraum zusammenfließen."

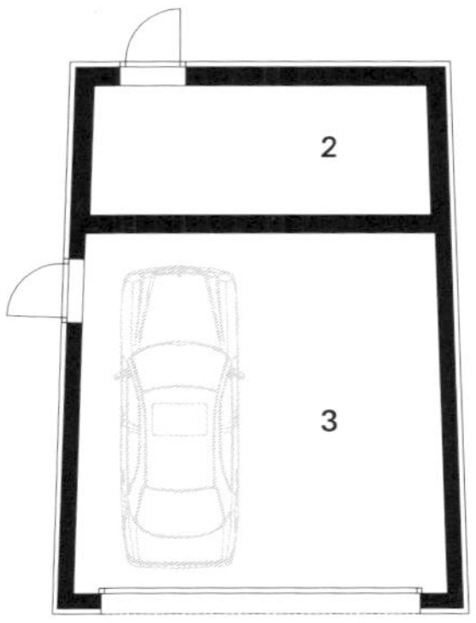

Lageplan

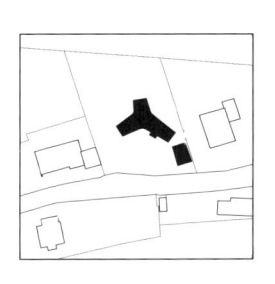

ABGEHOBEN

VON   Hammerschmid, Pachl, Seebacher – Architekten

in Vorderweißenbach (A)

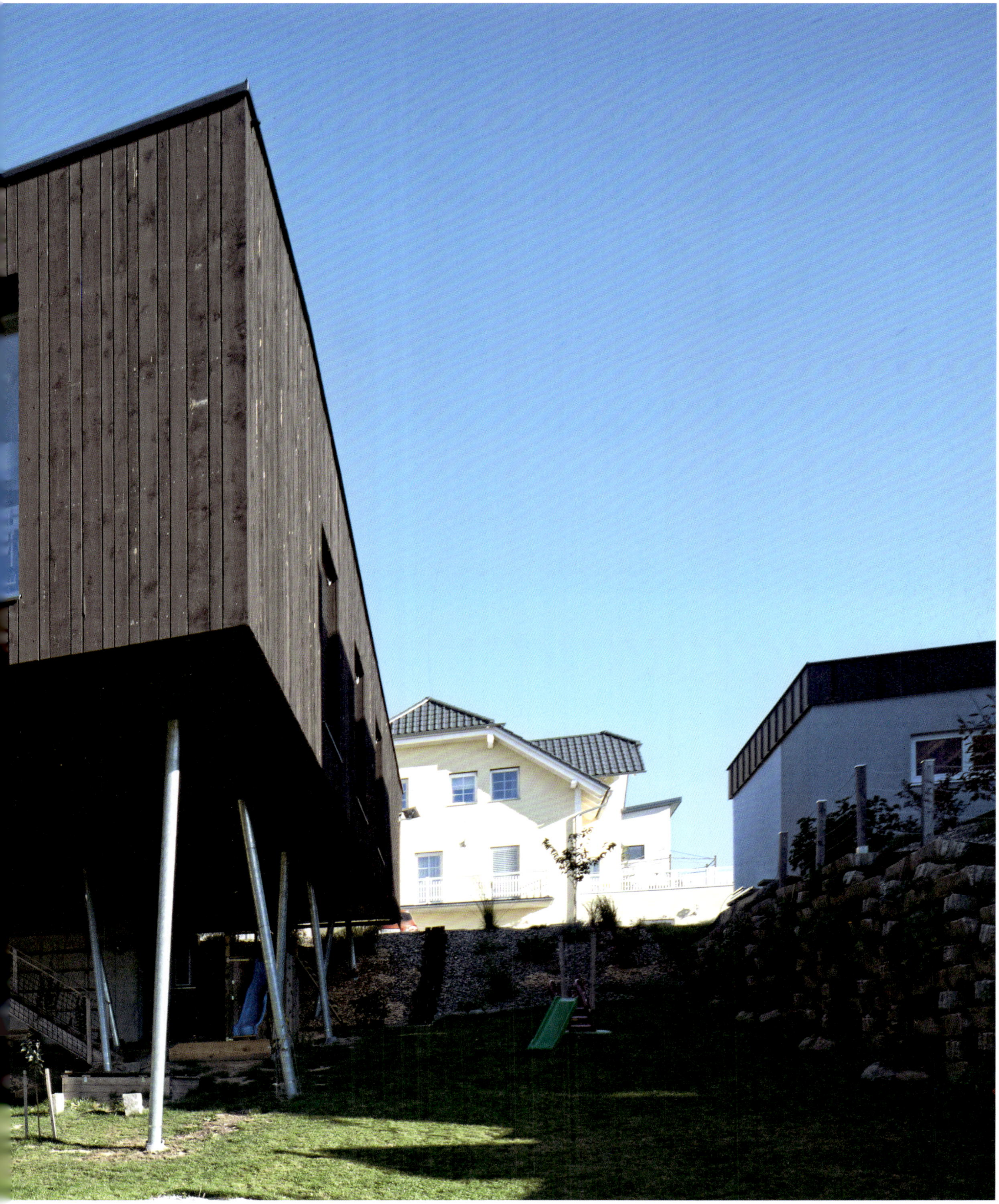

1 Die natürliche Geländeformation wurde nicht angetastet. Die sägerauen Fichtenbretter sind mit einer schwarzen „Schlammfarbe" behandelt (Seiten 158/159). Die Terrasse liegt windgeschützt zwischen dem U-förmigen Gebäude.

Das Haus ragt ungewöhnlich drastisch über den Berghang, aber es erfüllt genau die Bedingungen, die die Bauherrschaft aufgegeben hatte: Der einmalige Ausblick von ihrem Grundstück am Dorfrand sollte möglichst uneingeschränkt genutzt werden, man wollte auf einer Ebene wohnen, außerdem waren die Baukosten ein entscheidender Faktor für die Bauweise. Das führte dazu, dass das Haus am oberen Rand der Parzelle platziert wurde und bis auf zwei betonierte kleine Kuben für Haustechnik- und Abstellflächen ohne Unterkellerung auskommt. Aber so ganz nassforsch wollte man doch nicht gegen die Topografie arbeiten. Erst nach einem Gutachten des Ortsbildbeirats stand dem Bauen nichts im Weg.

Die Aufständerung, die das Wohngeschoss über den steilen Abhang stemmt, legte es nahe, dafür eine leichte Holzkonstruktion zu wählen. Die Bodenplatte besteht aus einem Trägerrost, an dessen Leimholzbinder immer zwei Stützen gegenläufig anschließen. Alle Stahlrohre neigen sich um zehn Grad, aber in unterschiedliche Richtungen. Zunächst war es eine formale Entscheidung, um das Raster der festen Kubatur mit einem leichten Unterbau aufzulösen, aber die Tragwerksplaner nutzten die Schrägstellung für die Windaussteifung des luftigen Gehäuses. Und die Frage, was man mit dem Raum darunter anfangen kann, lässt sich inzwischen auch beantworten: Dort steht jetzt eine Kinderrutsche, es gibt eine überdeckte Spielfläche und genügend Licht und Regenwasser, so dass schon etwas wachsen konnte.

Der Grundriss wurde U-förmig angelegt, er reagiert damit auf die dichte Besiedlung. In seiner freien Mitte verbindet eine geschützte große Terrasse die beiden Hausschenkel, eine Außentreppe führt auf den Gartenhang. An der Südwestseite reihen sich zwei Kinderzimmer, ein Elternschlafzimmer und ein Büro, bei dem ein Panoramafenster von der Arbeit ablenken darf, gegenüber endet der Wohnraum als aussichtsträchtige Kanzel über dem Talgrund. Essplatz und Küche schließen zur Bergseite an. Zur Straße liegen die nützlichen Funktionen, zwei Bäder und Waschküche, dazwischen der Eingang mit Garderobe. Auf dem Deck davor stehen zwei weitere Boxen für Geräte und als Kellerersatz.

Längsschnitt

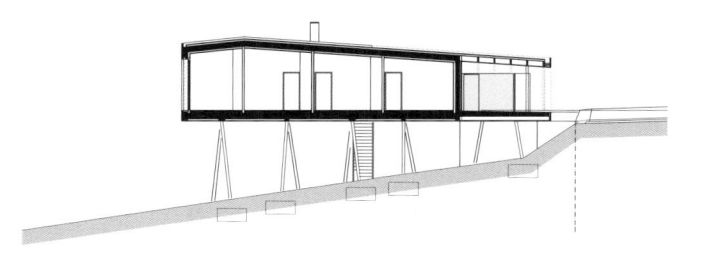

Grundriss
Erdgeschoss

Grundriss
Untergeschoss

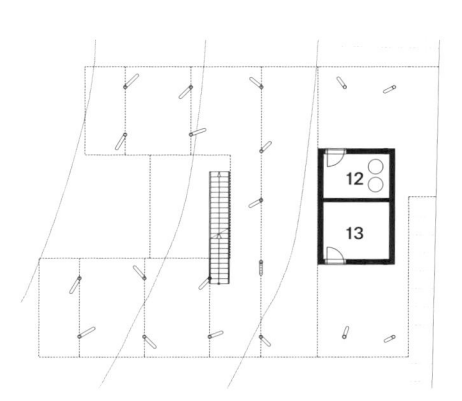

Maßstab
M 1:400

1 Eingang
2 Abstell
3 Garderobe
4 Bad
5 WC
6 Kind
7 Eltern
8 Büro
9 Terrasse
10 Kochen/Essen/
  Wohnen
11 Waschen
12 Technik
13 Lager

Standort:
Vorderweißenbach (A)

Anzahl der Bewohner:

4

Wohnfläche (m²):

130

Grundstücksgröße (m²):

721

Zusätzliche Nutzfläche:
20 m²
Bauweise:
Holzbauweise
Heizwärmebedarf:
45 kWh/m²a
Fertigstellung:
2013

Hammerschmid,
Pachl,
Seebacher –
Architekten

„Wir legen Wert auf den behutsamen Umgang mit Topografie oder vorhandener Bausubstanz. Die handwerkliche Ausführungsqualität nimmt eine zentrale Stellung in unserer Arbeit ein und wird durch den authentischen Umgang mit Material und Konstruktion gefördert."

Lageplan

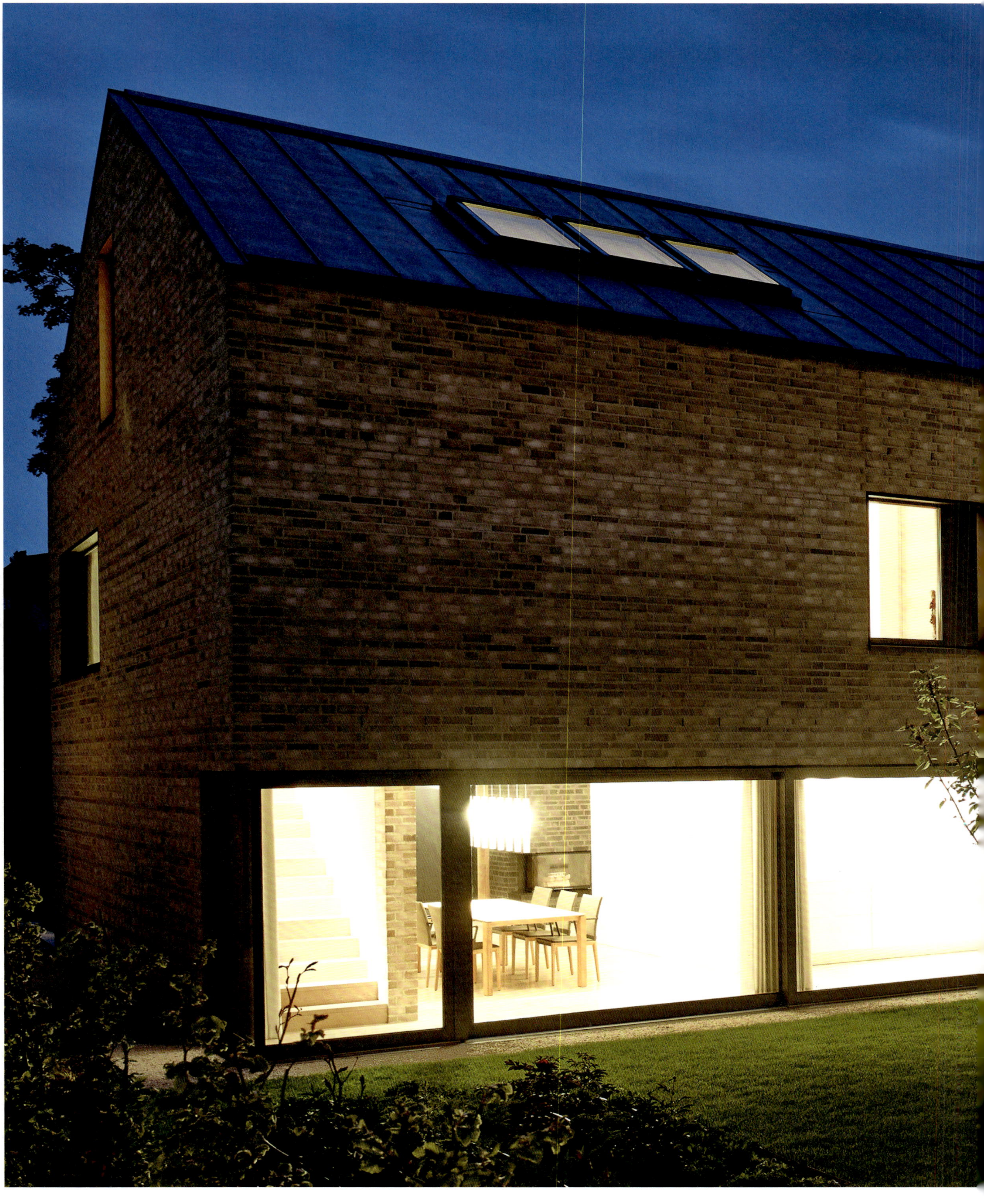

SICHERE BALANCE

VON lohrmannarchitekt in Stuttgart

1

1 Die Architektur lebt von den solide lagernden Klinkerwänden. Der Wandschirm im Vordergrund gehört zu einem Abstellhäuschen, das den Eingang markiert.

2 Der Grundriss ist außergewöhnlich geteilt. Auf dem Boden setzen Travertinplatten das Steinthema fort.

Zwischen den beiden Inkunabeln der Baugeschichte, der Weißenhofsiedlung und der Kochenhofsiedlung, entsteht in Stuttgart auf der Killesberghöhe ein neues Wohngebiet. Und bisweilen könnte man vermuten, die Architekten seien sich dem ehemals Funken schlagenden Spannungsfeld zwischen Avantgarde und konservativem Lager durchaus bewusst. Wie versöhnlich wirkt es da, wenn man wie bei diesem Haus das Beste aus Tradition und Moderne zusammenbringen kann.

Flüchtig betrachtet, erinnert das Haus von außen an die Architektur der 1950er und 60er Jahre, doch Tüllgardinen können täuschen. Denn da ist die freie Gestaltung der Öffnungen, ihre Größe und Präzision, die geklebte Eckverbindung der Scheiben, das eingeschnittene Fallrohr unter dem scharf ansetzenden Blechdach – kein Zweifel, das Haus datiert in der Gegenwart. Was man nicht sieht: Die tragenden Außenwände sind aus Planziegeln (also ohne zusätzliche Wärmedämmung) gemauert und sowohl innen als auch außen mit hellen, unregelmäßig „ausgestempelten" Wasserstrichklinkern verblendet. Das ergibt Wandstärken von 53 und sogar 65 Zentimeter dort, wo der Kamin eingebunden werden musste.

Der Architekt ging von einer „geklinkerten Scheune" aus, das heißt, die Umfassungsmauern stehen als raumbildende Scheiben, innerhalb derer sich der Innenraum frei entwickeln kann. Über dem Essplatz neben dem die gesamte Haustiefe einnehmenden Wohnzimmer erreicht er eine Höhe von sechs Metern, im Obergeschoss kann man von einer umlaufenden Arbeitsgalerie nach unten schauen. Schlafraum, Ankleide und Bad belegen die übrige Fläche. Hier deutet sich schon die Dachschräge an, aber es geht noch höher zu zwei unter dem First eingefügten Gästezimmern. Die Innenausstattung ist weiß gehalten, patrouilliert von Einbauschränken aus MDF-Platten.

Sehr schön ist die Eingangssituation. Die Gartentür ist auf dem Grundstück einige Meter zurückgesetzt und bildet mit einem gemauerten Abstellhäuschen, auf dem eine Batterie Röhrenkollektoren versteckt ist, eine Art Portal: So entsteht eine Adresse.

3 Ein Einbaumöbel und die Lage der Treppe zonieren das Erdgeschoss, eine Deckenaussparung holt die obere Ebene dazu.

4 Die raumbildenden Wände setzen sich innen mit der gleichen Wasserstrich-Vormauerung wie an der Außenfassade fort.

Querschnitt

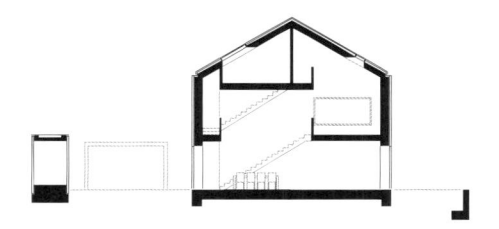

Grundriss
Dachgeschoss

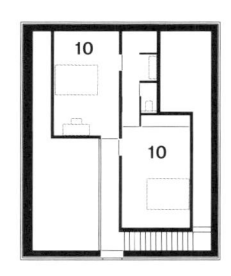

Grundriss
Obergeschoss

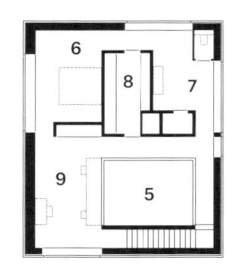

Grundriss
Erdgeschoss

Maßstab
M 1:400

1 Eingang
2 WC
3 Kochen/Essen/Wohnen
4 Abstell
5 Luftraum
6 Schlafen
7 Bad
8 Ankleide
9 Arbeiten
10 Gast

Standort:
Stuttgart

Anzahl der Bewohner:

2

Wohnfläche (m²):

200

Grundstücksgröße (m²):

516

Zusätzliche Nutzfläche:
40 m²
Bauweise:
massiv
Heizwärmebedarf:
41,8 kWh/m²a
Primärenergiebedarf:
62 kWh/m²a
Fertigstellung:
2015

lohrmannarchitekt

„Uns liegt daran, berührende, assoziative Orte und Atmosphären zu gestalten, unter Verwendung handwerklich gefügter, natürlicher Materialien, an der Schnittstelle von Tradition und Moderne."

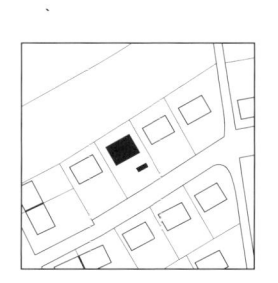

Lageplan

STAMMBETON

VON Freiluft
in
Rüegsauschachen (CH)

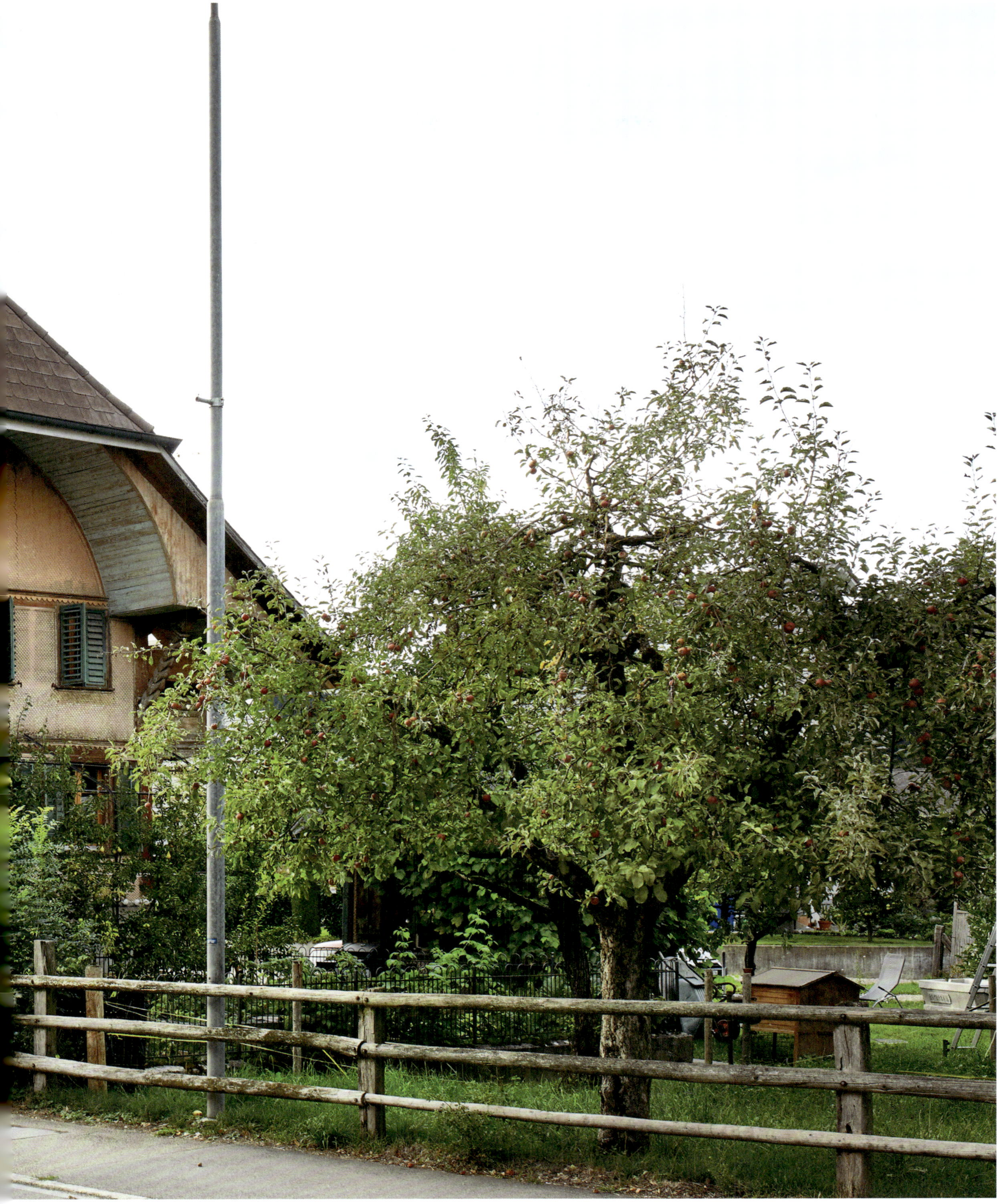

1

Schon mit ihrem Waldhaus bei Bern hatten die Architekten bewiesen, dass ein konventionelles Gehäuse sie nicht an der Entwicklung außergewöhnlicher Innenräume hindert („Häuser des Jahres 2013"). In diesem Fall handelt es sich um ein erhaltenswertes bäuerliches Gehöft im Emmental, das in drei Schritten für das Wohnen einer jungen Familie, die das 1802 erbaute Haus geerbt hat, saniert werden sollte. Abgeschlossen ist die Phase eins.

Erreicht wurde der Ausbau des Stalls mit dem darüberliegenden Heustadel. Hier war man in den Jahren zuvor sorglos mit der Bausubstanz umgegangen, man hatte ein Garagentor in die Außenwand gebrochen und einen Querriegel angestückelt. Die Fassade zeigt noch die drastischen Eingriffe, die dazu geführt hatten, dass die gesamte Konstruktion ins Trudeln geraten war. Um sie zu stabilisieren, ohne die malerisch zusammengemauerte Außenhülle, die im Obergeschoss durch so genannte Klackwände perforiert war, anzugreifen, wurde durch alle drei Geschosse eine mehrteilige Betonschotte implantiert. Diese Skulptur durchdringt das Gehäuse wie ein Baum, dessen winkelförmige Stammabschnitte als Bögen in die Deckenplatten übergehen. Sie zeigen das Tragen und Lasten, erinnern bisweilen mit ihrer rauen Brettschalung an das Goetheanum in Dornach.

Dieses mittig eingefügte Tragwerk nimmt die Dachlasten auf, in den drei Geschossebenen bildet es Fixpunkte, die zu Bädern ergänzt werden, Kochnischen umstellen oder gar Treppenwangen aufnehmen. Im Gegensatz zu dem rohen Betonkern sind die übrigen Wandelemente sowie die Innenoberflächen aus glattem Birkensperrholz hergestellt. Weitere Raumunterteilungen gibt es keine, alle Funktionen verteilen sich um die massive Mitte, die mit den Betonwinkeln gestisch Nutzflächen andeutet.

Erschlossen wird das Hausteil durch eine ebenfalls roh belassene Tenne. Im Erdgeschoss erreicht man eine abgeschlossene Wohnung, eine Stahltreppe führt zu einer Maisonette nach oben. Beide sind vermietet. Als nächstes wird man das alte Haus renovieren und ein „Stöckli" in den Garten stellen.

1 Die Instandsetzung beginnt bei Stall und Heustadel. Auf dem Dach liegen Indach-Kollektoren, die Fassade zeigt die quälenden älteren Eingriffe, die Brettschlitzwände wurden innen verglast.

2 Ein baumartiges Traggerüst stabilisiert das kippelige Gebäude.

3 Die Erschließung in der Tenne zwischen den beiden Bauteilen: links der künftige Abschnitt, rechts der sanierte Stadel mit den Innenfenstern.

4

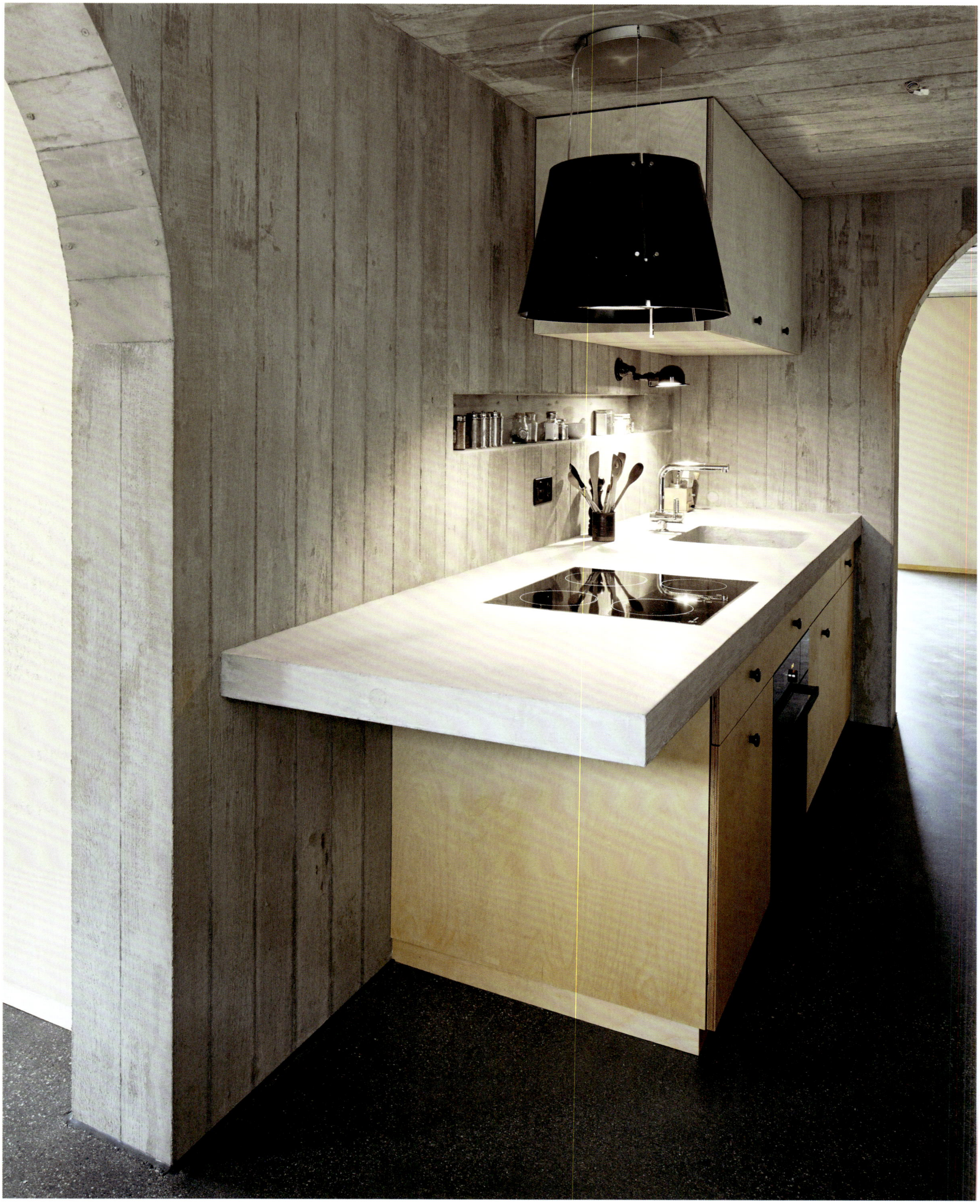

Schnitt

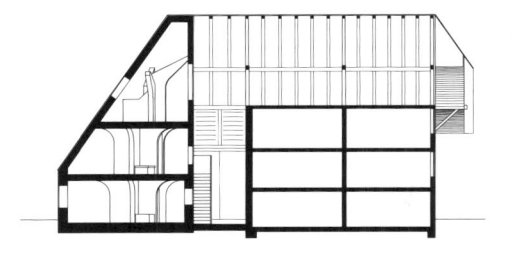

Grundriss
Dachgeschoss

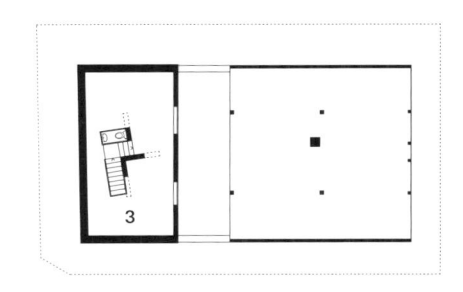

Grundriss
Obergeschoss

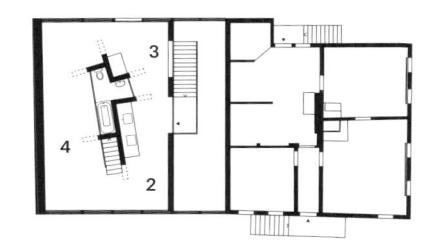

Grundriss
Erdgeschoss

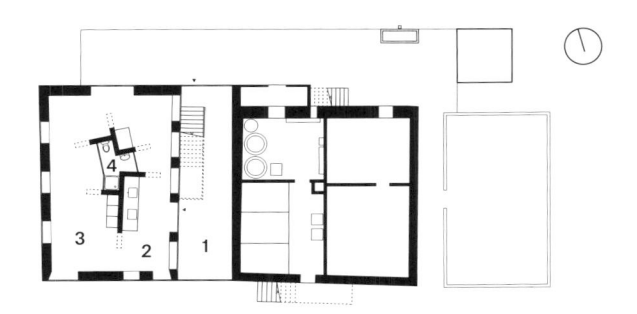

4 Die Küche liegt innen an den Betonwinkeln des tragenden Kerns, um den alle Raumabschnitte offen anschließen.

Maßstab
M 1:400

1 Eingang
2 Kochen
3 Wohnen/Schlafen
4 Bad

Standort:
Rüegsauschachen (CH)

Anzahl der Bewohner:

7

Wohnfläche (m²):

62/79/164

Grundstücksgröße (m²):

1.570

Zusätzliche Nutzfläche:
30 m²
(ehemaliger Tennbereich, unbeheizt)
Bauweise:
massiv, Beton
Baukosten:
700.000 CHF
Heizwärmebedarf:
1870 kWh/m²a
Energiestandard:
GEAK A-A
Fertigstellung:
2015

Freiluft

„Der Betonbaum leistet vieles: Er trägt, gliedert und verbindet. Und er entfaltet im alten Haus etwas, das wir ‚brachiale Poesie' nennen."

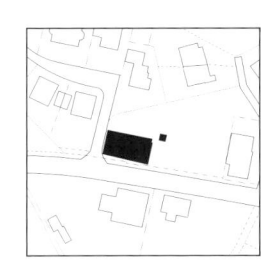

Lageplan

BEFLÜGELND

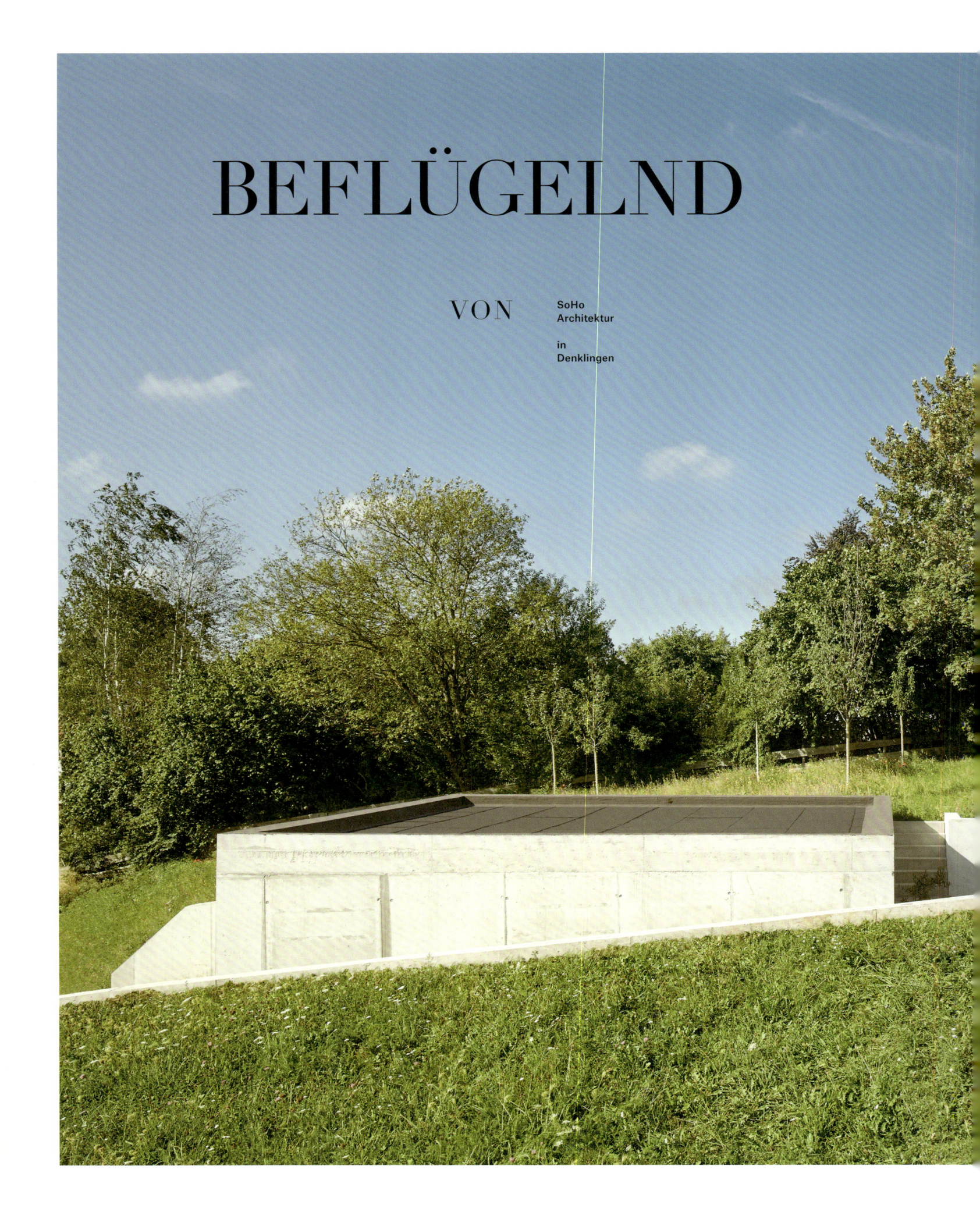

VON   SoHo Architektur

in Denklingen

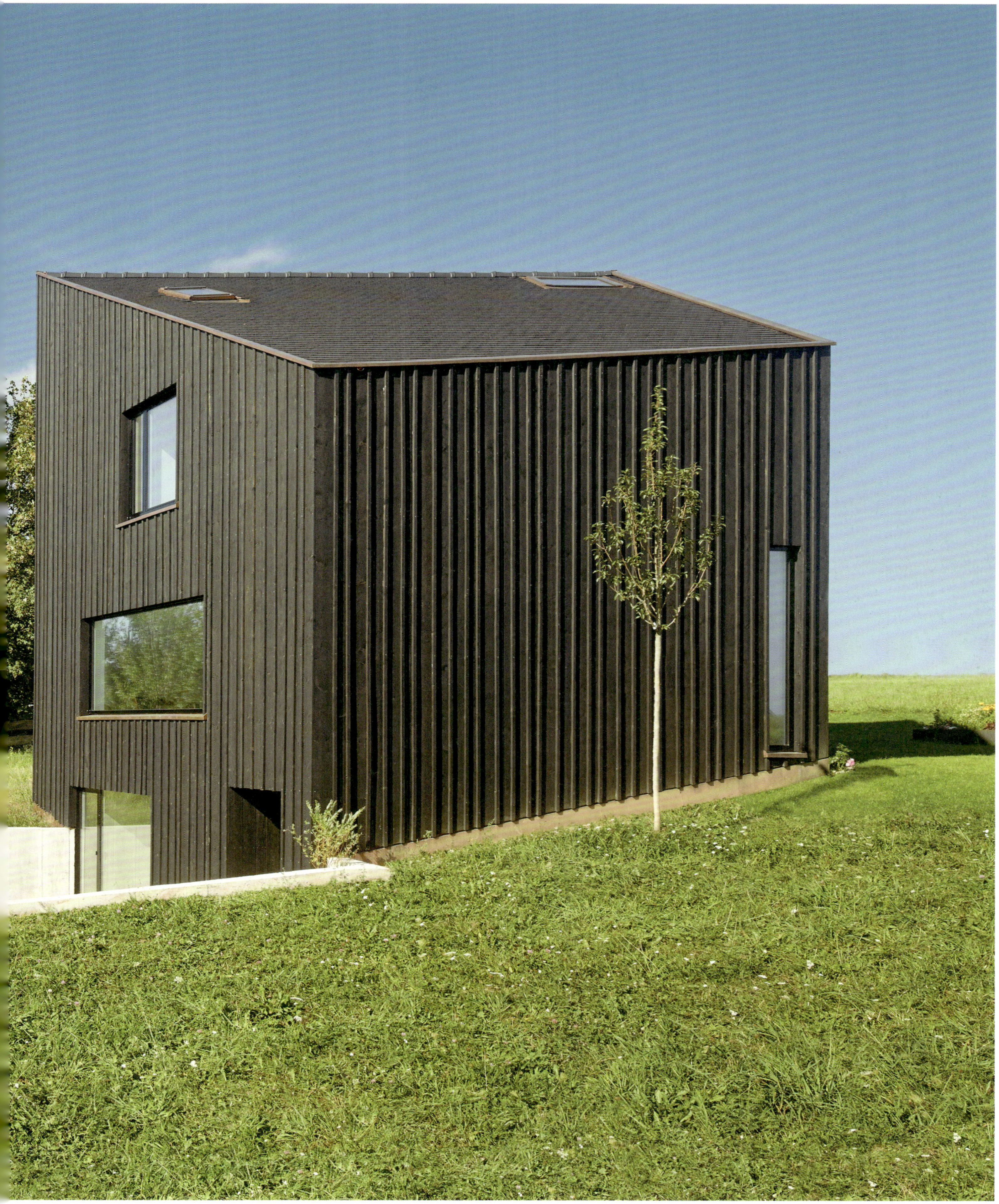

1 Grundlage: Eine glänzende PU-Beschichtung bildet den durchgehenden neutralen Boden für die Funktionen des Wohngroßraums. Der Kamin mit der rückwärtigen Treppe gliedert die Bereiche.

2 Die an anderer Stelle fortgeführte Treppe auf die Schlafebene wirkt mit ihren Holzstufen und Täfern wie eine wohnliche Schleuse ins Private.

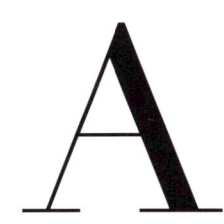

Auch die Gemeinde Denklingen zwischen Landsberg und Schongau hat nun ein schwarzes Haus des Memminger Architekturbüros SoHo. Der Inhaber, Alexander Nägele, erreicht damit, was man sich nur wünschen kann: „...ganz ‚normale' Menschen beteiligen sich plötzlich an der Architekturdebatte". Das heißt aber nicht, dass sich sein Büro mit Herrschaftswissen wichtig machen oder die Bauherren mit Designerambitionen gängeln will – was man bei den Fotos von den akkurat möblierten Innenräumen dieses Hauses zunächst vermuten könnte. Auch mit dem Wunsch nach einem sechseckigen Haus kommt ein Bauherr nicht allein.

Hier ergab sich alles aus naheliegenden Gründen. Der Entwurf weicht keineswegs vom Bebauungsplan ab. Man hat nur den Dachfirst über die kurze Tiefe des Baukörpers gelegt, während die Häuser sonst traufständig auf ihren Grundstücken stehen. So ergaben sich höhere Räume im Obergeschoss. Die unregelmäßige Umrissform entwickelte sich nach den bevorzugten Ausblicken: auf den Kirchturm in der Nähe, auf die Alpen in der Ferne. Innenräumlich wurden mit der Bauherrschaft Bewegungsabläufe, funktionale Verbindungen und Aufenthaltsqualitäten diskutiert – das ließ sich am besten mit polygonalen freien Formen vereinbaren. Auch der Außenraum profitiert davon. Zwischen den Grundstücksgrenzen und den aufragenden Hauswänden entstehen mit der wandernden Sonne merkbare Positionen.

Der Zugangsweg überwindet entlang der Garage den Höhenunterschied und mündet in einen Kieshof. Der Eingang liegt im Untergeschoss, hier gibt es ein helles Büro, Keller, Technik, Treppenhaus reichen in den Hang. Dieses Geschoss ist betoniert, die massiven Stufen lassen nicht vermuten, dass darüber zwei Stockwerke aus Holzständern folgen. Der Beton begleitet einen noch bis in den Wohnraum, wo die Schotten des Treppenschachts in die Skulptur eines offenen Kamins übergehen. Er teilt die Funktionen, so dass der sich über einer glatten PU-Beschichtung ausbreitende Großraum für Wohnen und Kochen/Essen Orte erkennen lässt. Die Einbauten wurden vom Schreiner maßgefertigt. Nach oben zu den Schlafräumen der jungen Familie sieht man noch mehr davon, bereits die Treppe, nun unter dem First weitergeführt, zeigt wie ein Wohnmöbel den Übergang zum Privaten. Dort liegen massive Dielen. Zwei Bäder, eine Ankleide gehören zur komfortablen Infrastruktur.

Ist das Bauen mit Holz dem Genius Loci im Voralpenland geschuldet? Der Architekt winkt ab. Am Ort gibt es ein großes Sägewerk, da lag es nahe, das Unternehmen zu beschäftigen. Als nachhaltig zählen also nicht bloß die Pellets, mit denen das KfW-70-Haus beheizt wird.

Längsschnitt

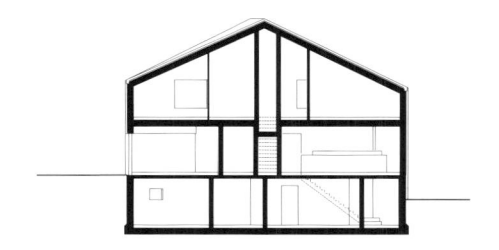

Grundriss
Obergeschoss

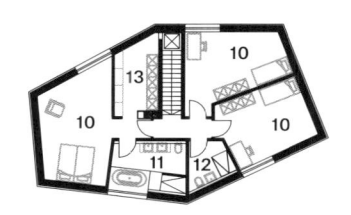

Grundriss
Erdgeschoss

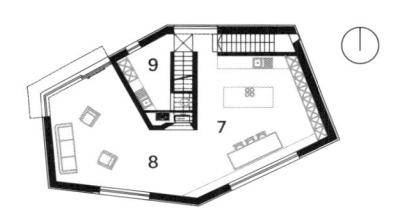

Grundriss
Untergeschoss

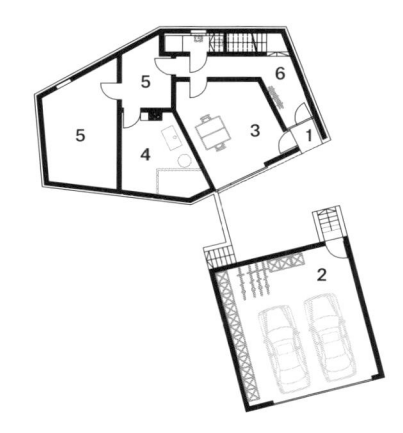

Maßstab
M 1:400

1 Eingang
2 Garage
3 Zimmer
4 Heizung
5 Keller
6 Garderobe
7 Kochen/Essen
8 Wohnen
9 Hauswirtschaft
10 Zimmer
11 Elternbad
12 Kinderbad
13 Ankleide

Standort:
Denklingen

Anzahl der Bewohner:

1–4

Wohnfläche (m²):

183

Grundstücksgröße (m²):

2.109

Zusätzliche Nutzfläche:
225 m²
Energiestandard:
KfW-Effizienzhaus
Fertigstellung:
2013

SoHo Architektur

„Beim Umgang mit dem Material Holz geht es uns vor allem darum, das Holz so zu verarbeiten und einzusetzen, dass seine Eigenschaften zur Geltung kommen. Bei der Umsetzung arbeiten wir am liebsten mit lokalen Handwerkern zusammen. Denn es zeichnet das Handwerk seit jeher aus, das Nützliche mit dem Schönen zu verbinden."

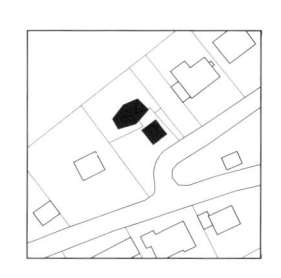

Lageplan

ORTSBESTIMMUNG

VON Wellmann-Ladinger
in Batschuns (A)

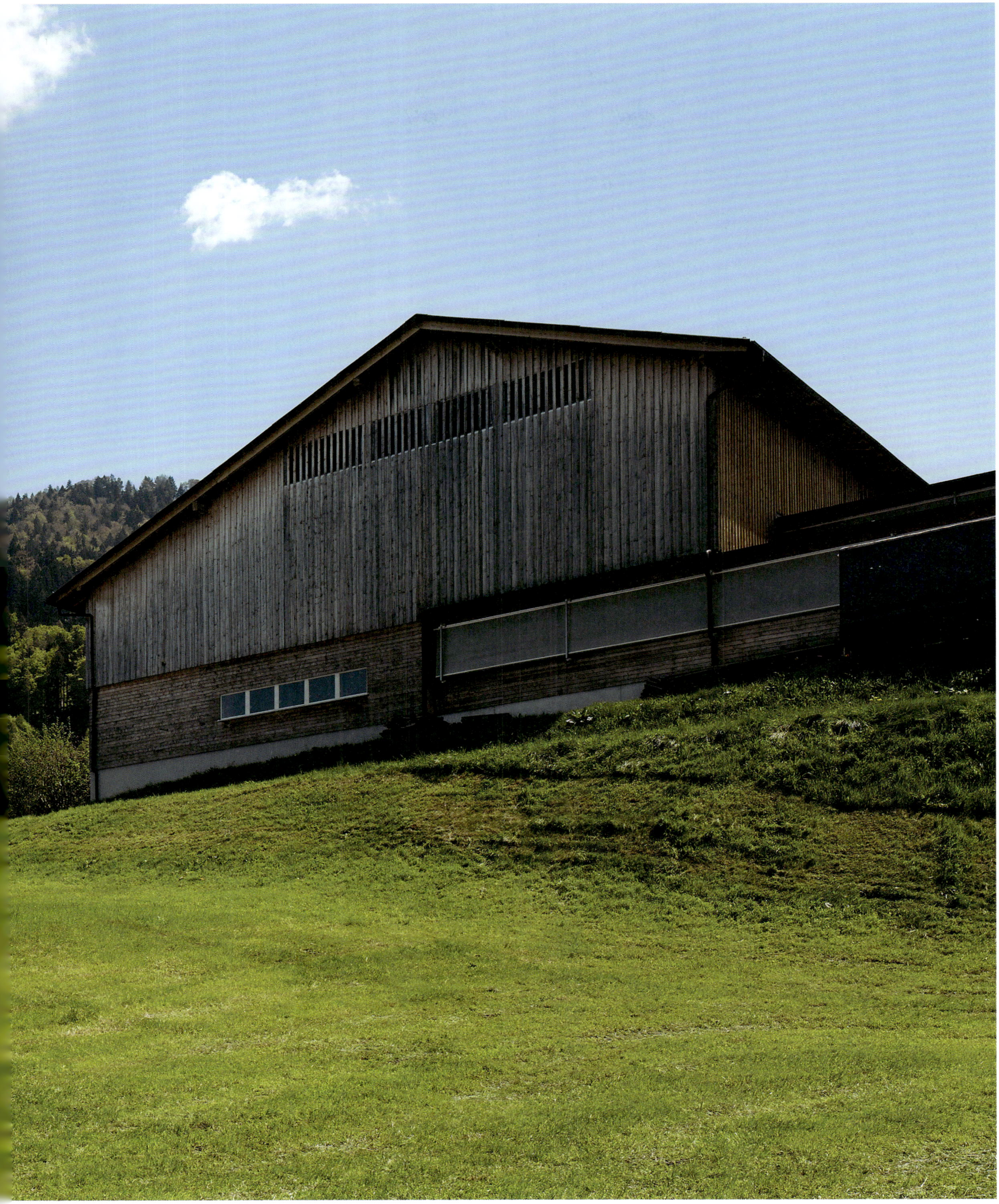

Wenn man die Umgebung ausblendet und nur das viergeschossig aus dem Hang aufragende Bauwerk betrachtet, wird man es dennoch am richtigen Ort vermuten: Solche Häuser mit flachem Dach, gestockter Betonfassade und hellen Holzfenstern, die sich an der Nachbarschaft orientieren und dennoch einer modernen Architektursprache folgen, stehen in der Schweiz oder in Vorarlberg.

Etwas nach Osten vom Dorf abgerückt liegt das Grundstück etwa 300 Meter über dem Rheintal. Von hier reicht der Blick von den Alpengipfeln über Feldkirch bis in das Appenzeller Land. Der Baukörper und seine Ausrichtung reagieren auf die Topografie und die genehmigungsrechtlichen Vorgaben: Das sind im Süden die beherrschenden, höher gelegenen Stallgebäude, die steile Gemeindestraße im Osten und die auf der Nordseite geforderte Erschließung. Diese Bedingungen führten zu einer selbstbewussten Gestaltung, die sich auch durch die Materialwahl behauptet.

Die Grundrisse, die sich neben der seitlich herausgeschobenen Doppelgarage fast turmartig entwickeln, geben einer vierköpfigen Familie eine kompakte, robuste Behausung. Über dem Eingangsgeschoss, das außer Keller, Werkstatt und Technik eine geräumige Garderobe bietet, folgt die offene Wohnebene, auf der die querliegende Treppe nur die Küchenzeile abtrennt. Dieser statische Kern setzt sich nach oben fort, zunächst für die Etage mit Kinder- und Gästezimmer, schließlich unterm Dach für die Eltern, die durch einen Schrankraum ihr eigenes Bad und über dem Treppenlauf eine Sauna erreichen. Eine Terrassenloggia lädt ein, die Umgebung zu genießen.

Während in den unteren Räumen die strapazierfähige Behaglichkeit mit Sichtbeton, geschliffenem Estrich und Weißtannentäfer erreicht wird, nimmt im obersten Geschoss, auf das die jetzt mit Dielen belegte Treppe vorbereitet, die Anmutung eines begehbaren Wohnmöbels an: Es ist wie eine wertvolle Schatulle rundum mit Weißtanne ausgeschlagen. Die mäßig großen Fenster signalisieren Geborgenheit, sie fokussieren das Dorf, nur die hohe Übereckverglasung des Wohnraums und die in der Hauskontur verborgene Öffnung des Elternschlafzimmers unterbrechen die kleinteilige Ordnung.

1 Die Rautenform im Grundriss ergab sich, um das Haus von den Fluchten der benachbarten mächtigen Scheune abzusetzen und einen harmonischeren Übergang in die Hanglinie zu erreichen. (Seite 178/179)

2 Alles im Blick: Durch das über die gesamte Hausbreite reichende Bandfenster kann man bei der Küchenarbeit in die Natur des Berghangs sehen.

Längsschnitt

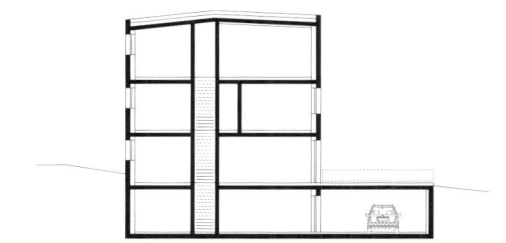

Grundriss
Dachgeschoss

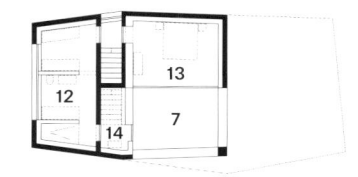

Grundriss
2. Obergeschoss

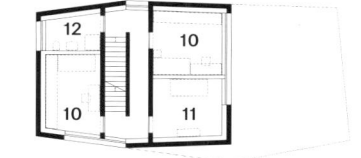

Grundriss
1. Obergeschoss

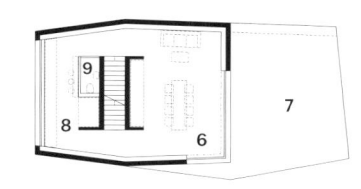

Grundriss
Erdgeschoss

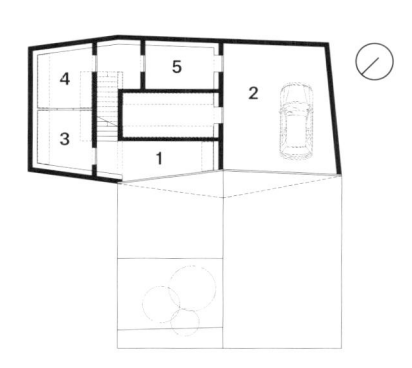

Maßstab
M 1:400

1 Eingang
2 Garage
3 Garderobe
4 Keller
5 Heizung
6 Essen/Wohnen
7 Terrasse
8 Küche
9 WC
10 Kind
11 TV/Gast
12 Bad
13 Schlafen
14 Sauna

Standort:
Batschuns (A)

Anzahl der Bewohner:

4

Wohnfläche (m²):

166

Grundstücksgröße (m²):

657

Zusätzliche Nutzfläche:
63 m² (Garage und Technik)
Bauweise:
massiv
Heizwärmebedarf:
36 kWh/m²a
Fertigstellung:
2015

Wellmann-
Ladinger

„Das Leben einer Familie baulich zu fassen: Herausforderung und Verantwortung zugleich."

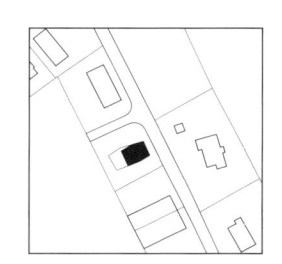

Lageplan

CAMERA OBSCURA

VON Dietrich | Untertrifaller Architekten

in Bregenz (A)

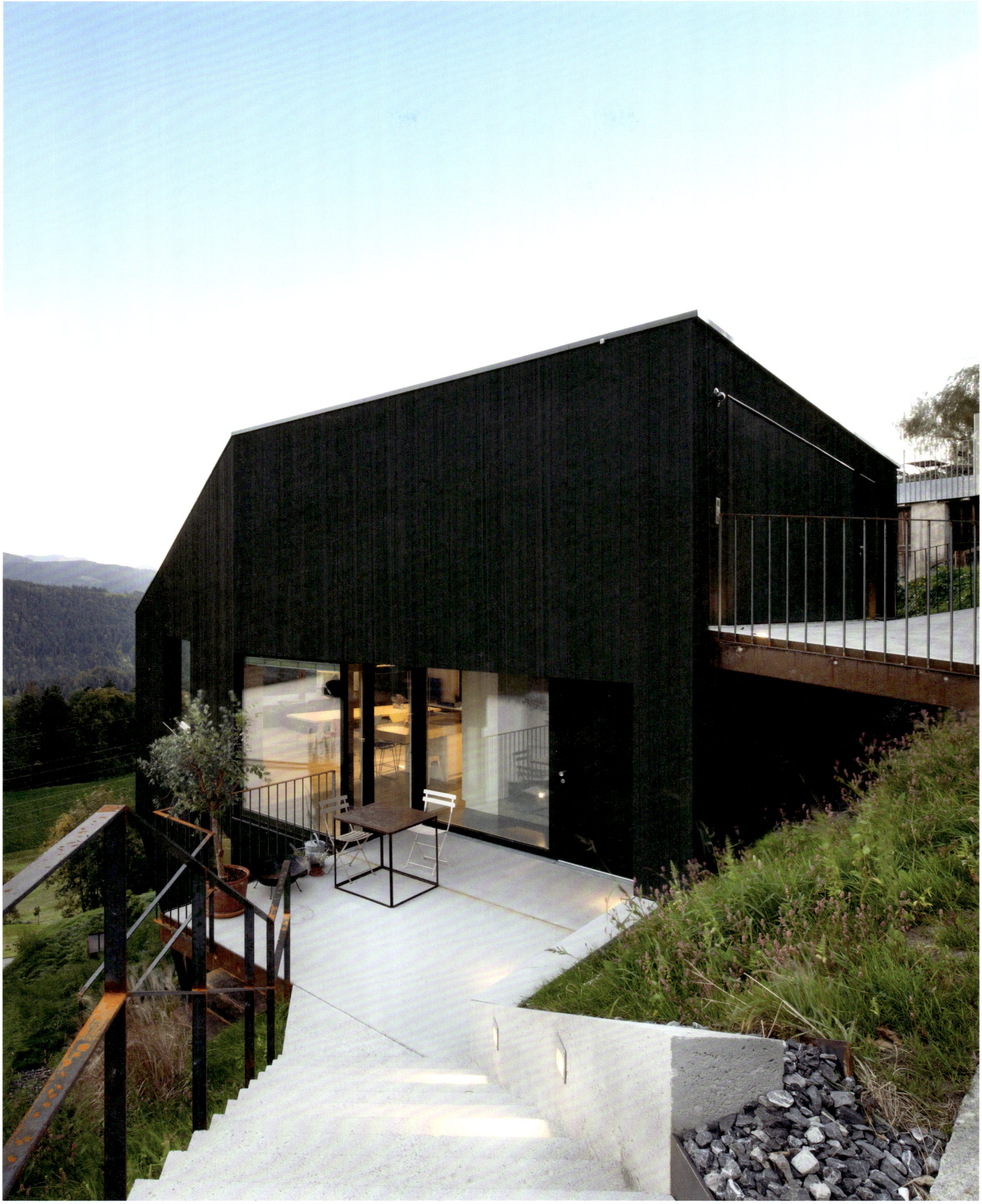

1 Okay, der Ausblick! Aber auch drinnen lohnt das Umsehen: die Auskleidung mit sägerauer Weißtanne, die an den Sichtbeton anschließt, der Stahlkamin, die platzierten Einbauten, die beherrschte Farbigkeit des Mobiliars...

A m Ortseingang von Bregenz-Fluh kragt auf einer steilen Bergparzelle des Pfänderstocks ein rätselhafter schwarzer Baukörper in den weiten Grund des Vorarlberger Rheintals. Auf den ersten Blick könnte man ihn für eine architektonische Grille halten, tatsächlich resultiert die hölzerne Skulptur aus einer ökonomischen Kalkulation, die aus den Bedingungen des Ortes rührt.

Denn nur etwa die obere Hälfte des Grundstücks war bebaubar, realisiert werden sollte aber eine möglichst große Kubatur – eingeschränkt durch die einzuhaltenden Abstandsflächen. Auf die zum Tal fallenden Trauflinien antwortet die gegenläufig ansteigende Fassadenverkleidung des auskragenden Gehäuses, so dass sich im Profil eine Figur ergibt, die an einen Kamerabalg erinnert – als wollte das Haus den Blick der Bewohner auf die einmalige Aussicht fokussieren.

Die Erschließung des Hangs erforderte vier Ebenen, auf denen sich die Funktionen ungewöhnlich verteilen. Auf dem obersten Niveau werden Autos und Fahrräder abgestellt, eine kurze Brücke verbindet mit der Straße. Ein seitlicher Pfad führt abwärts zum Eingang, der an der Ostseite liegt. Zunächst empfängt nach einem Block für Garderobe und Gäste-WC die klassische Trias Kochen/Essen/Wohnen, die in diesem Fall mit einer windgeschützten Terrasse zur weiten Landschaft endet. Eine seitliche Treppe führt zu den intimeren Räumen darunter, das sind Arbeits-, Gäste-, Ankleide- und Schlafzimmer, denen jeweils eigene Badezimmer zugeordnet sind. Nur von außen über den Berggarten zugänglich ist ein Freisitz unter dem auskragenden Baukörper.

Der horizontalen Schichtung der Ebenen entspricht eine vertikale. Konstruktiv bedingt findet das Haus mit einem Stahlbetonkern auf dem Steilhang Halt, an ihn schließt sich als leichteres Tragwerk ein in das Tal ragender Holzbau an. Im massiven Teil sind jeweils die Servicefunktionen eingerichtet, die Aufenthaltszonen kann man auch an der jeweiligen Bekleidung der Oberflächen ablesen: Sichtbeton und Terrazzo werden von Weißtannentäfer und Holzriemen abgelöst. Auf die schwarze Außenansicht antwortet ein warmer, lichtdurchfluteter Innenraum.

Schnitt

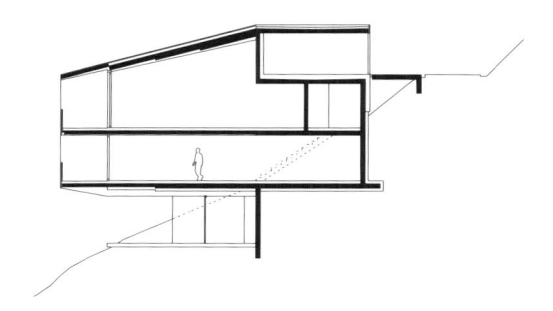

Grundriss
Erdgeschoss

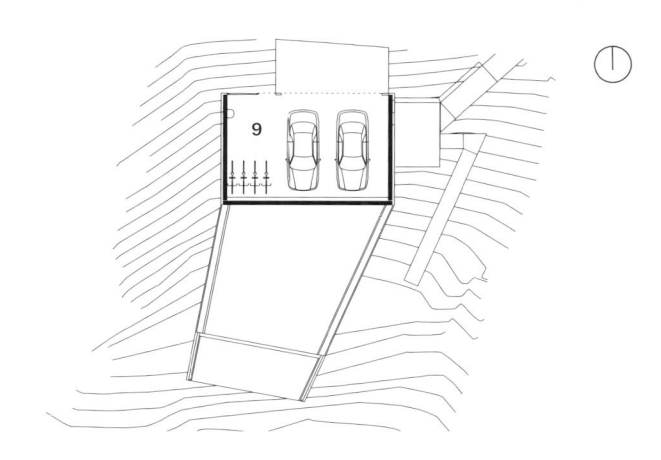

Grundriss
1. Untergeschoss

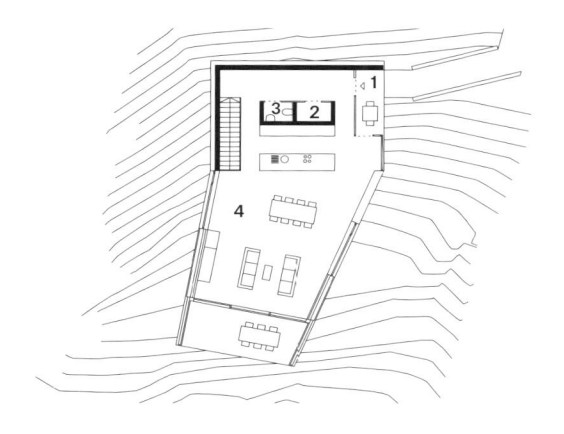

Grundriss
2. Untergeschoss

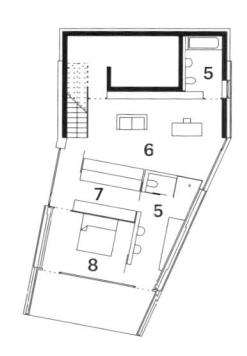

Maßstab
M 1:400

1 Eingang
2 Garderobe
3 WC
4 Kochen/Essen/
 Wohnen
5 Bad
6 Arbeiten
7 Ankleide
8 Schlafen
9 Garage

Standort:
Bregenz (A)

Anzahl der Bewohner:

2

Wohnfläche (m²):

169

Grundstücksgröße (m²):

900

Zusätzliche Nutzfläche:
80 m²
Bauweise:
massiv (Hang),
Holzbauweise
Heizwärmebedarf:
24 kWh/m²a
Primärenergiebedarf:
126 kWh/m²a
Fertigstellung:
2015

Dietrich | Untertrifaller Architekten

„Was auf den ersten Blick wie eine freigeformte Bauskulptur erscheint, ist tatsächlich die Reaktion auf die Bedingungen des Ortes und des Programms: Das steile und sehr schmale Grundstück mit nur 450 Quadratmetern bebaubarer Fläche sowie die beeindruckende Aussicht sind die formgebenden Faktoren."

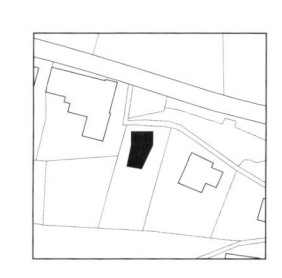

Lageplan

ÜBERBAU

VON pier7 architekten BDA

in Düsseldorf

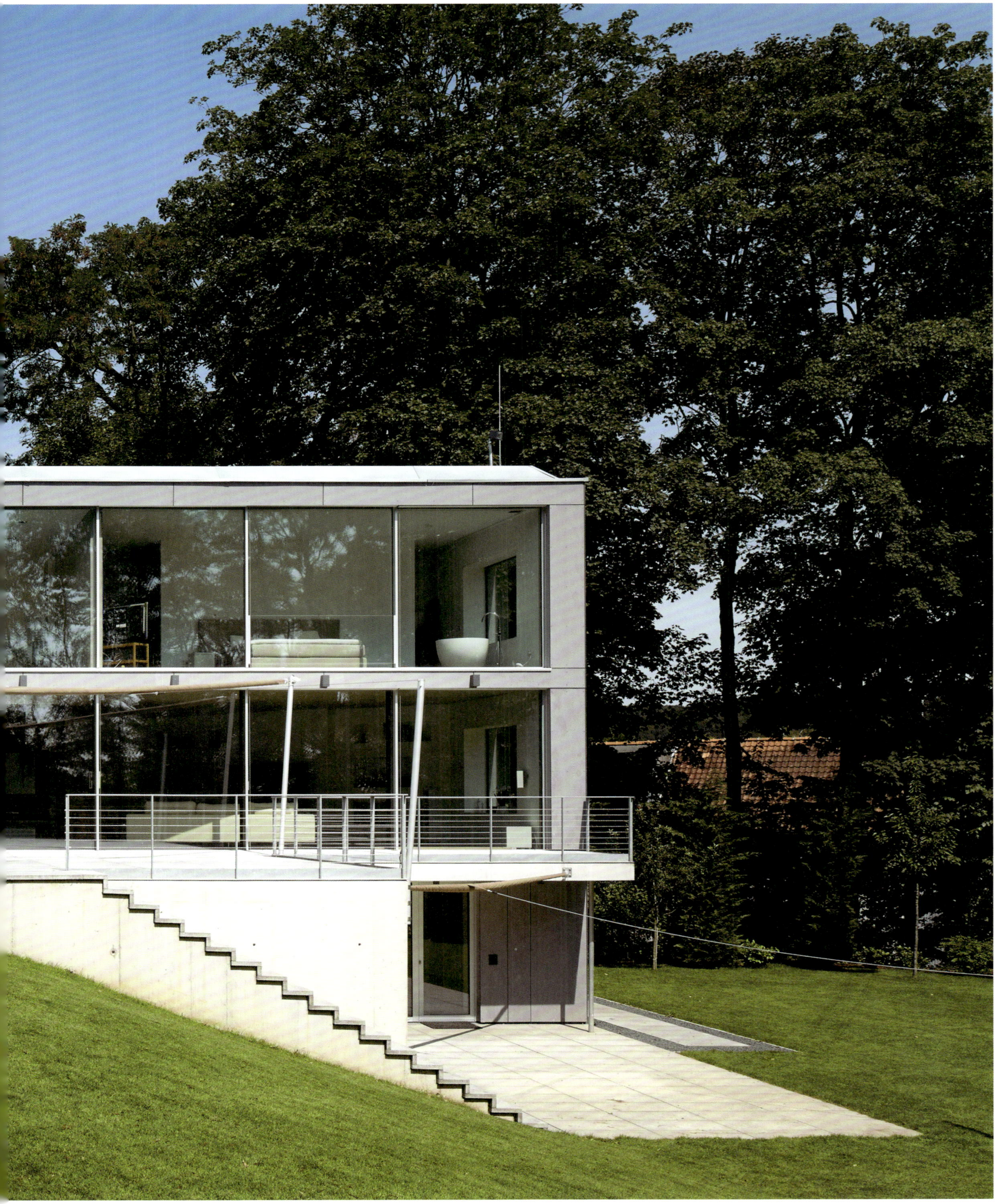

1 **Helle Mitte.** Auf zwei Ebenen entwickelt sich das Wohnen um den zentralen Essplatz. Nach draußen sieht man über eine Terrassenlandschaft und den Pool weit hinaus ins Grüne – ohne von den Nachbarn beobachtet zu werden.

Vom ehemaligen Haus ist nichts mehr zu erkennen, dennoch blieben beim Umbau die zur Straße hin verkanteten Außenwände stehen, weil inzwischen andere baurechtliche Festsetzungen gelten. Dazu zählt auch eine eingeschossige Bauweise, die eingehalten werden konnte, weil das neue Obergeschoss (das abgetragene Gebäude hatte stattdessen ein Satteldach) als Staffelgeschoss mit einem schmalen Balkon zurückweicht.

So ergaben sich zwei Wohnebenen, zur Gartenseite durch das mit einem Studio aus dem Hang herausgeschobene Souterrain sogar drei. Diese Fassade ist vollständig verglast, das große baumbestandene Grundstück uneinsehbar von den Nachbarn. Die Decke im Hauptgeschoss wurde beim Umbau angehoben und bietet jetzt einen drei Meter hohen Freiraum, in dem zwischen Kochen und Wohnen der Essplatz eine exklusive, bis unter das Dach reichende Höhe genießt. Zwei unauffällige, bewusst rostige Stahlstützen, die sich an der Fassade als Tragwerk fortsetzen, markieren den Deckenausschnitt. Zum Foyer schließt die grob holzvertäfelte Kaminwand den Rücken des Wohnbereichs, der sich hell und kaum von Fensterprofilen beeinträchtigt zur Poolterrasse und der anschließenden Natur öffnet. Die geschlossenen Flächen werden von Sichtbeton bestimmt, wobei das Raster der Schaltafeln sich im Format der Terrassenplatten fortsetzt – ein Hinweis auf die hohe Detailqualität der Ausführung. Die Böden schließen mit einem geschliffenen Estrich ab, die Türen reichen raumhoch. So hatten sich Bauherr und Architekt auf eine Entwurfsräson verständigt, die mit glatten Oberflächen, ehrlichen Materialien und ablesbaren Konstruktionen lichtdurchflutete Innenräume erzeugt.

Das Obergeschoss ist über eine Galerie mit dem Essplatz verbunden, eine gläserne Brüstung trennt nicht die beiden Ebenen. Zwei Kinder- und ein Gästezimmer mit einem Bad liegen nächst der Treppe, die Eltern teilen sich in ihrem Bereich ein Wellnessabteil mit Dampfbad und Sauna. Eine Ankleideschleuse bildet den Übergang zum Schlafzimmer, in dem noch eine große Wanne vor der aussichtsreichen Fensterfront steht.

Querschnitt

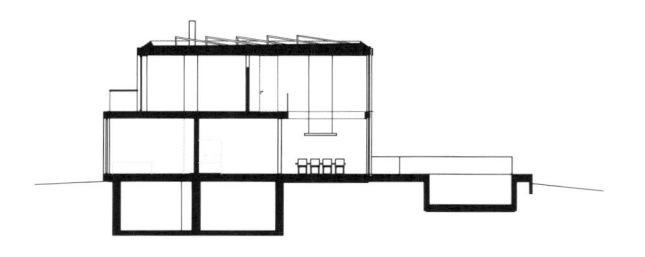

Grundriss Obergeschoss

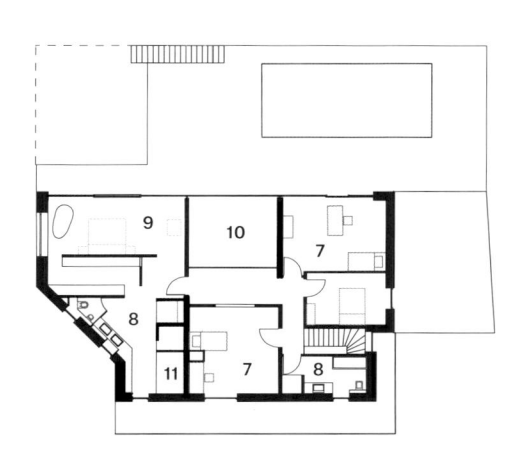

Grundriss Erdgeschoss

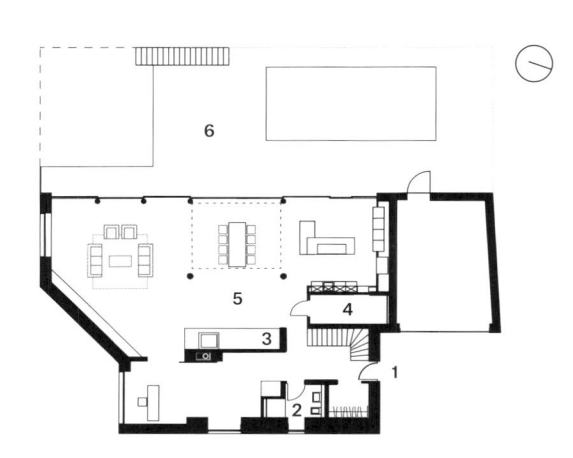

Grundriss Untergeschoss

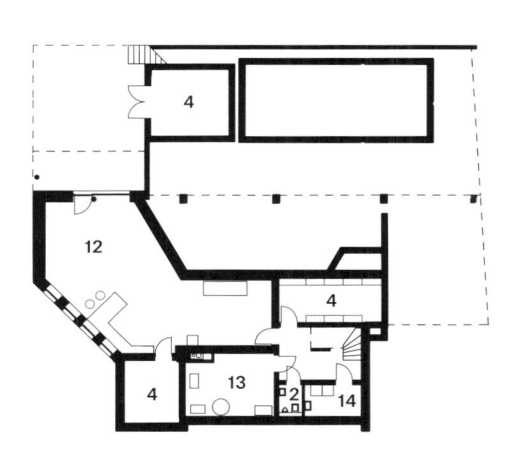

Maßstab
M 1:400

1 Eingang
2 WC
3 Kamin
4 Abstell
5 Kochen/Essen/Wohnen
6 Terrasse
7 Kind
8 Bad
9 Eltern
10 Luftraum
11 Sauna
12 Hobby
13 Technik
14 Hauswirtschaft

Standort:
Düsseldorf

Anzahl der Bewohner:

4

Wohnfläche (m²):

365

Grundstücksgröße (m²):

2.150

Zusätzliche Nutzfläche:
195 m²
Bauweise:
massiv
Heizwärmebedarf:
20 kWh/m²a
Primärenergiebedarf:
44 kWh/m²a
Energiestandard:
KfW-Effizienzhaus
Fertigstellung:
2015

pier7 architekten
BDA

„Bei der Neuauflage des 1950er-Jahre-Satteldachhauses wollten wir die bestehende Bausubstanz selbstverständlich in das neu interpretierte Gebäude integrieren und ein einheitliches Erscheinungsbild erzielen."

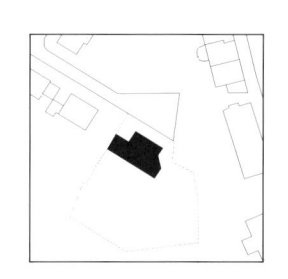

Lageplan

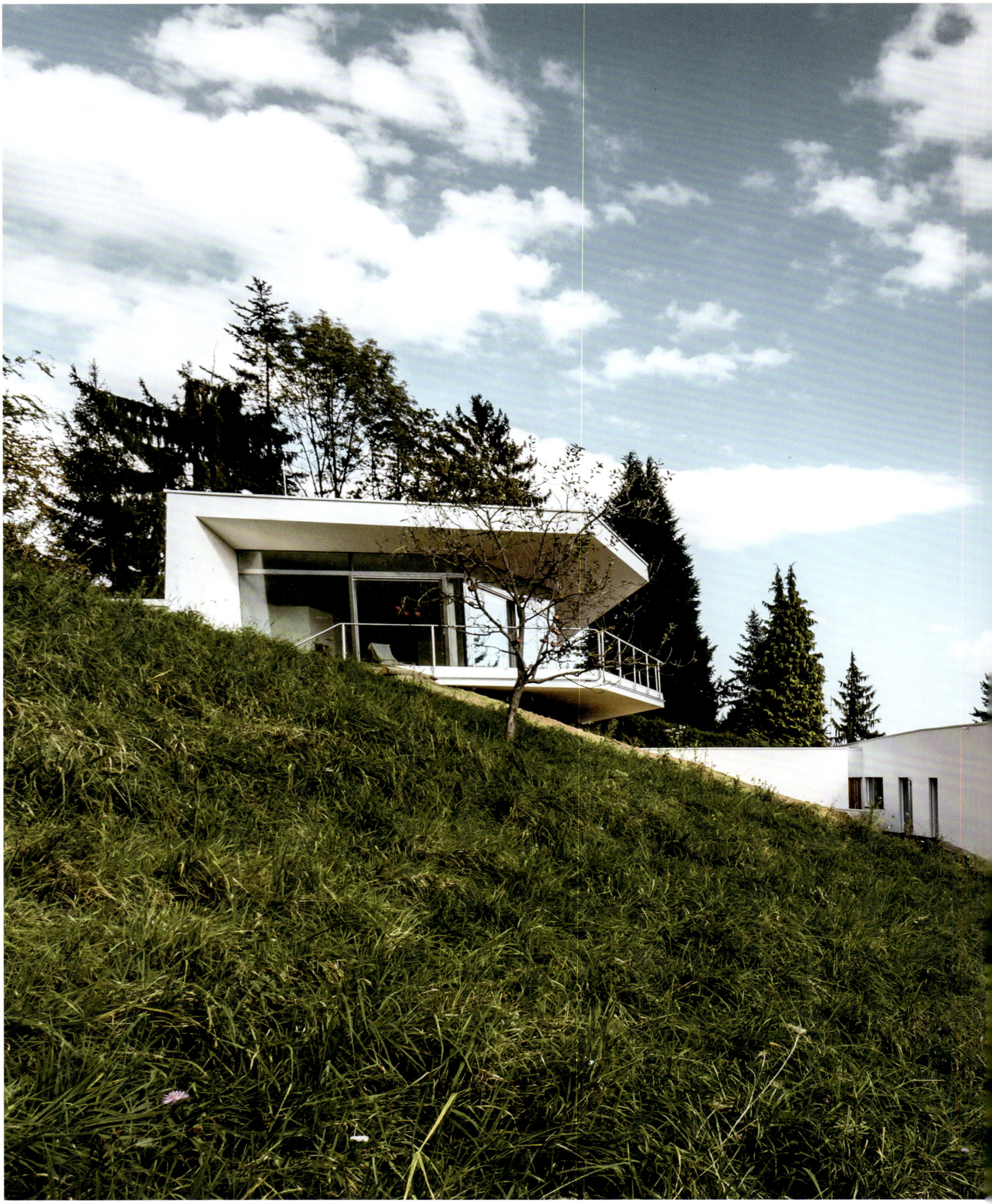

FAMILIENBANDE

VON   LOVE architecture
and urbanism ZT
GmbH

in
Graz (A)

1 Auch 2011 und 2012 hatten LOVE Architekten mit ihren ein wenig an die 1950er Jahre erinnernden Bungalows zu den „Häusern des Jahres" beigetragen. Hier der Blick in das untere der beiden über dem Wiesenhang schwebenden Häuser.

Das Grundstück, das sich die beiden Häuser für Vater und Sohn teilen, liegt in einem idyllischen Tal am Stadtrand von Graz. Die Familien – drei Generationen – wollten zusammen und doch getrennt wohnen: Großeltern, Eltern, Enkel. Der Ort ist geprägt von der steilen Hanglage, die eine grandiose Aussicht auf die Stadt und über die umliegenden Wiesen und Wälder bietet. Das obere Haus für zwei Personen ist etwas kleiner als das untere, aber beide sprechen die gleiche Sprache, sie gehören zur selben „Architekturfamilie" und wirken durch Lage und Bauweise wie in den Berg geschobene Ferienbungalows.

Mit ihren Terrassen und den auskragenden, in der Längsachse leicht ansteigenden Flachdächern staffeln sie sich wie Plattformen übereinander. Im Querschnitt handelt es sich um einhüftige Rahmen, die zur verglasten Talseite auf Stahlstützen aufliegen, der minimale Firstpunkt im Dach akzentuiert den Innenraum mit unterschiedlichen Höhen und ist eine leise Persiflage der regionalen Häuser mit Satteldach. Im Grundriss sind beide Häuser loftartig entwickelt.

Die Großeltern genießen ihre Aussicht aus ihrem nach zwei Seiten verglasten Wohnraum mit Essplatz und Küche, in dem nach einer Nasszelle mit Sauna der Schlafraum als privater Bereich abgetrennt ist. Im Untergeschoss gehört noch ein Büro dazu, hier kann man vorbei an den Garagen das tieferliegende Haus der jungen Familie erreichen.

Dort wiederholt sich der Grundriss ähnlich. Durch die beiden über ein Bad verbundenen, in einen Großraum eingeschobenen Kinderzimmer (die auch einen willkommenen Außenzugang haben) ergibt sich eine deutlichere Zäsur zwischen den Funktionen. Kochen und Essen liegen zusammen beim Eingang, das Wohnen sammelt sich hinter dem nach Südwesten ragenden Terrassenwinkel. Den Elternbereich mit Bad und Schlafraum verbinden Einbauschränke. Auch dieses Haus verfügt über eine Sauna, zu ihr führt die Treppe ins Untergeschoss. Große Schiebetüren erweitern die Wohnfläche zu den Terrassen, innen und außen bilden ein Ganzes. Der Sonnenschutz ist in die auskragenden Vordächer integriert.

Schnitt

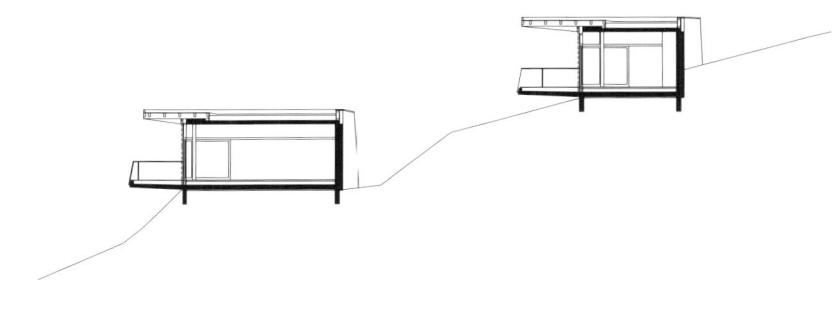

Grundriss Haus 1

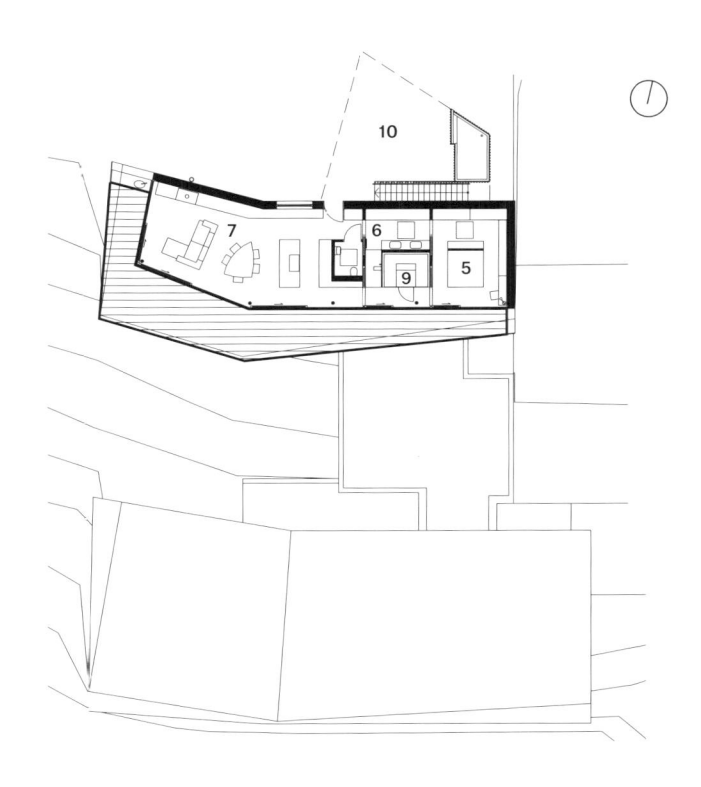

Grundriss Haus 2

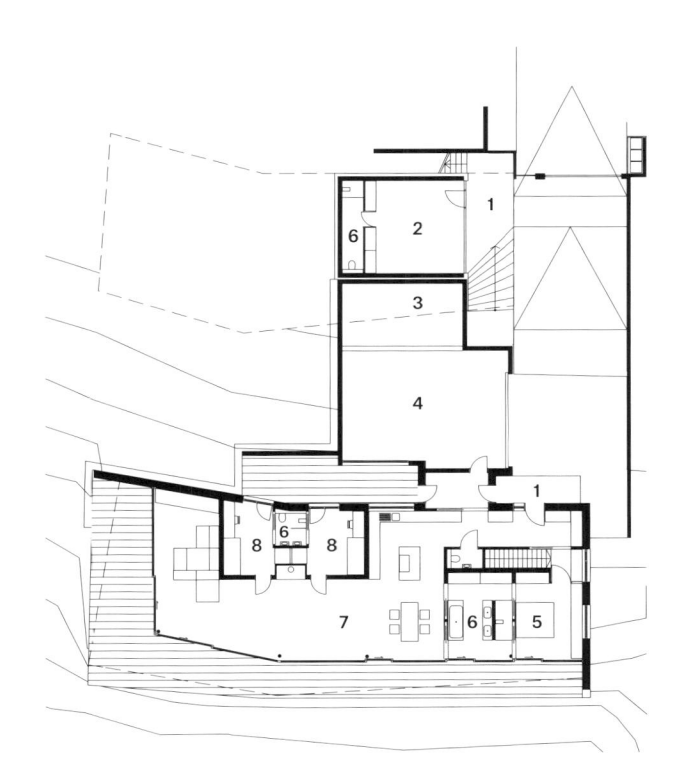

Maßstab
M 1:400

1 Eingang
2 Büro
3 Technik
4 Garage
5 Schlafen
6 Bad
7 Kochen/Essen/Bad
8 Kind
9 Sauna
10 Carport

Standort:
Graz (A)

Anzahl der Bewohner:

2/4

Wohnfläche (m²):

85/211

Grundstücksgröße (m²):

2.403

Zusätzliche Nutzfläche:
Haus 1: 44 m²; Haus 2: 12 m²
Bauweise:
massiv, Ziegel und Stahlbeton
Baukosten:
793.000 Euro
Heizwärmebedarf:
41,4 kWh/m²a
Energiestandard:
Niedrigenergiehaus
Fertigstellung:
2014

LOVE
architecture and
urbanism ZT
GmbH

„In und mit der Landschaft wohnen, die grandiose Aussicht und der Bezug zum Grundstück sind die bestimmenden Themen dieser Häuser."

Lageplan

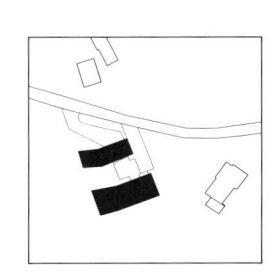

DISKRETER RÜCKZUG

VON **NIEBERG ARCHITECT**
atelieraxelnieberg

in
Celle

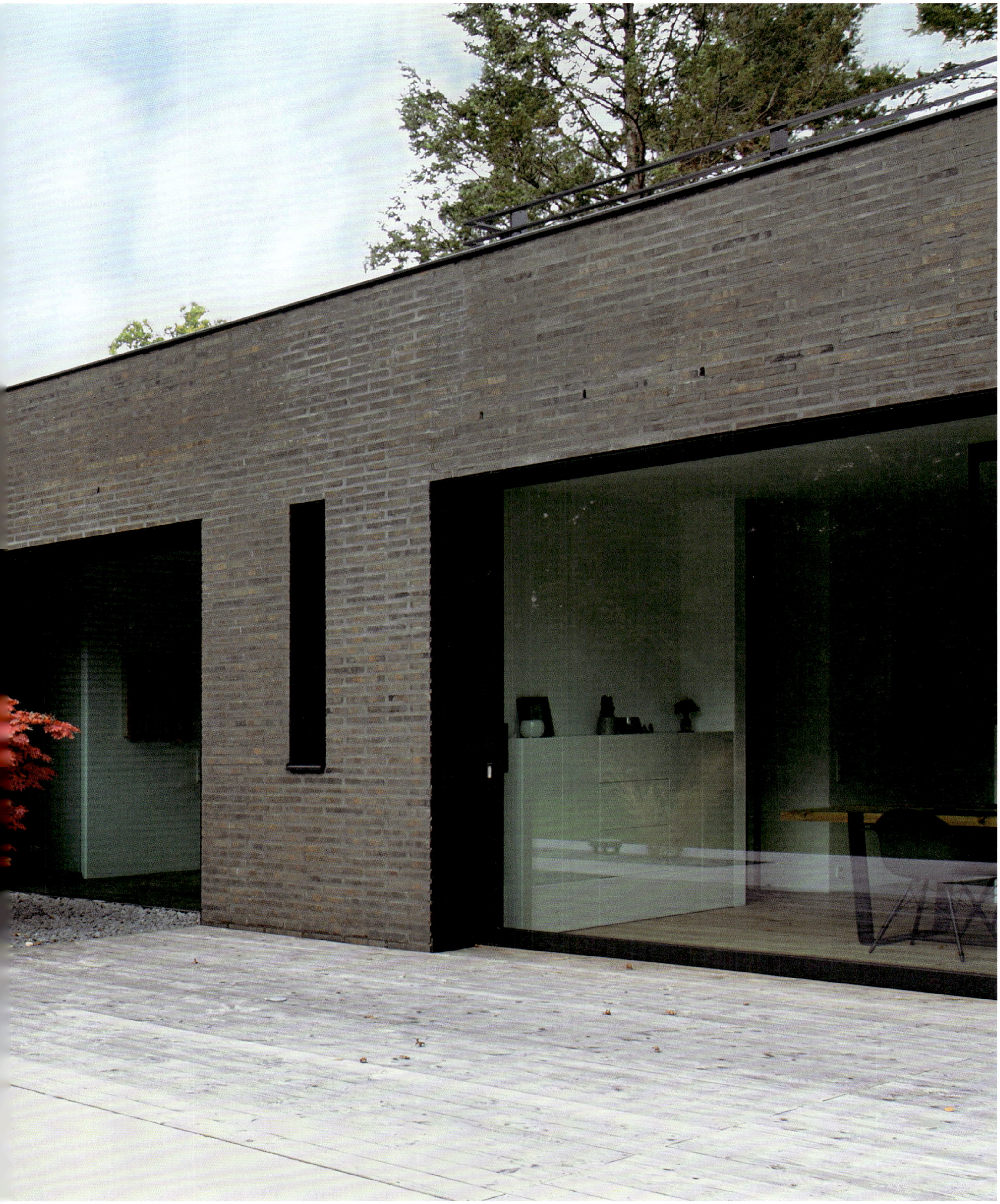

1 Essplatz und Küche als Lebensmittelpunkt, nach beiden Seiten schließen Terrassen an. Auf dem Boden liegen Eichenholzdielen, die Innenwände sind aus Ziegeln gemauert und mit einem Kalkzementputz versehen.

2 Hinter der mit einer Rauspundschalung betonierten Kaminscheibe verbirgt sich die Treppe zum Elternbereich, dem das komplette Obergeschoss vorbehalten ist.

Man kann das Haus durchaus als einen Klassiker bezeichnen. Erst der Blick auf bestimmte Details gibt einen Hinweis auf seine Entstehungszeit. Das baumbestandene Grundstück grenzt im Osten an einen Wald, für seine leichte Hanglage wurde die Topografie nicht neu modelliert. Die Terrassen zur Südseite bilden einen Sichtbetonsockel, von dem Stufen in den Garten führen. Die Wahl des Fassadenmaterials, ein anthrazitfarbener rauer Ziegel, der mit seinen breiten Mörtelfugen Handwerklichkeit demonstriert, ist eine behutsame Reaktion auf die Lage. Das dunkle Haus wirkt dadurch kleiner und konkurriert mit seiner reduzierten Farbigkeit nicht mit der Vielfalt des Laubwalds. Der Baukörper erreicht vor der hohen Baumkulisse zwei Geschosse, ansonsten lagert die reliefartige Kubatur pavillonartig in der Landschaft. Im Grundriss ergibt sich ein reliefartiger Umriss, der mit neuen Baumpflanzungen erkennbar an den gewachsenen Bestand anschließt, ein Spiel von Licht und Schatten prägt den Außenbereich.

Man erreicht das Haus über eine 30 Meter lange Auffahrt, der Zugang liegt nicht einsehbar in einem Atrium, das mit einem Ahornbaum und einer Bank kontemplative Ruhe verspricht. Nach diesem introvertierten Auftakt bietet die verglaste Diele mit Aus- und Einblicken in alle Richtungen eine Überraschung. Garderobe, Arbeitszimmer und die Treppe ins Untergeschoss liegen seitlich, geradewegs geht es in den Wohnbereich. Die Küche wird nur von einer brüstungshohen Wand vom Essplatz getrennt, sonst gibt es Bewegungsraum entlang der Glasfront zur Südterrasse, er endet in einem Kaminwinkel mit bequemen Polstern. Die Kinder haben zur anderen Seite ihren eigenen Bereich. Dieser Trakt kann später auch für Gäste separiert werden.

Hinter der betonierten Kaminwand führt eine Treppe in die privaten Elternräume. Das Schlafzimmer öffnet sich auf eine breite, sonnengeschützte Loggia gartenwärts, davor spannt sich zwischen die beiden Flure an den Außenwänden die Ankleide; zur Straßenseite folgt das Bad, aufgewertet von einer Sauna, ergänzt von einem Wäscheraum. Ein großer Teil des Flachdachs über den eingeschossigen Pavillons ist mit Holzbohlen als Dachterrasse angelegt – zur Fortsetzung der Wellness unter freiem Himmel.

Schnitt

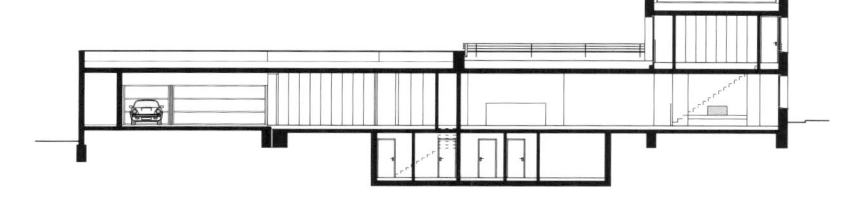

Grundriss
Obergeschoss

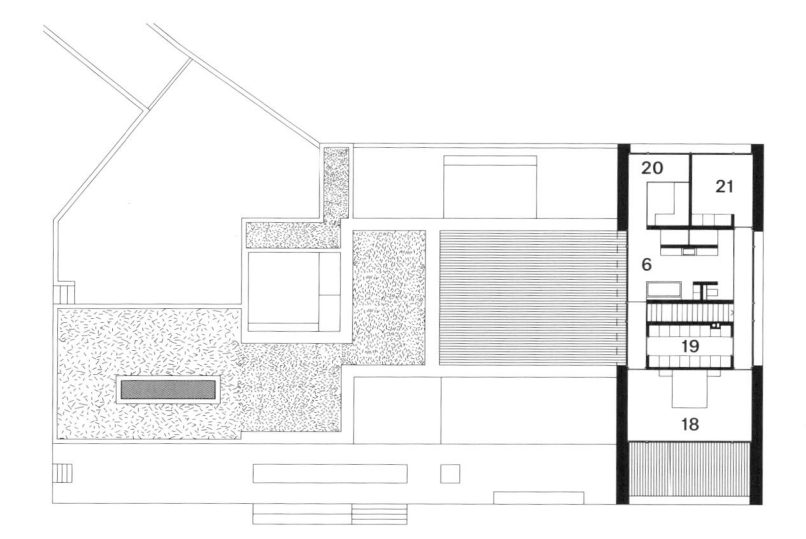

Grundriss
Erdgeschoss

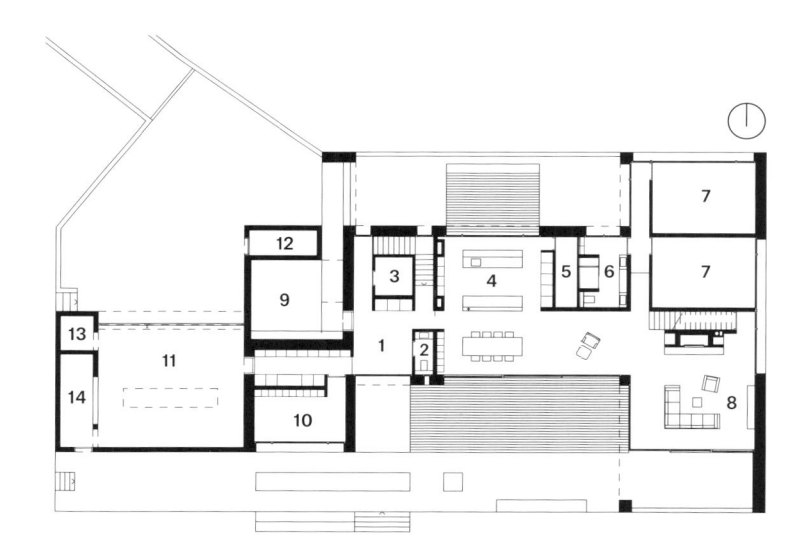

Kellergeschoss

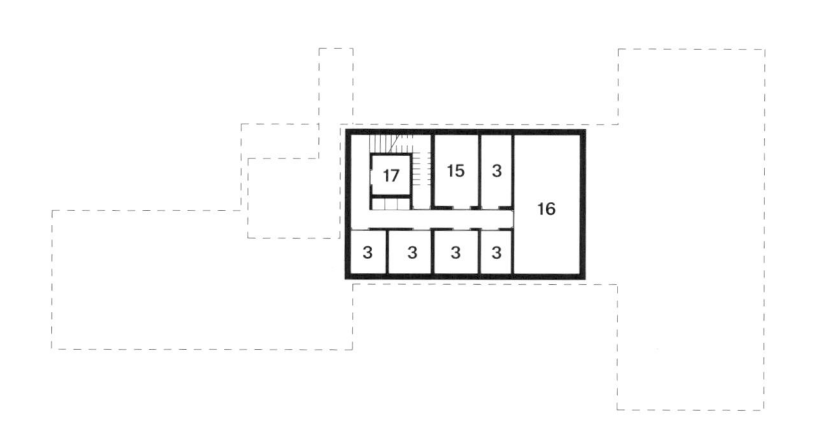

Maßstab
M 1:400

1 Eingang
2 WC
3 Abstell
4 Kochen/Essen
5 Speisekammer
6 Bad
7 Kind
8 Wohnen
9 Atrium
10 Arbeiten
11 Garage
12 Räder
13 Müll
14 Geräte
15 Technik
16 Freizeit
17 Wein
18 Schlafen
19 Ankleide
20 Sauna
21 Wäsche

Standort:
Celle

Anzahl der Bewohner:

4

Wohnfläche (m²):

397

Grundstücksgröße (m²):

1.998

Zusätzliche Nutzfläche:
148 m²
Bauweise: massiv
Heizwärmebedarf:
59 kWh/m²a
Primärenergiebedarf:
45 kWh/m²a
Energiestandard:
KfW 55
Fertigstellung:
2016

NIEBERG
ARCHITECT
atelieraxelnieberg

„Das Gebäude reagiert mit großem Respekt auf die bewaldete Umgebung. Durch seine Einfachheit und die Wahl von natürlichen und klassischen Materialien wirkt es zeitlos."

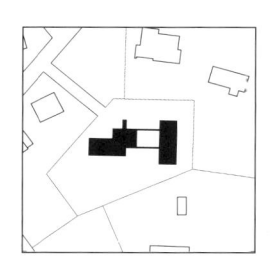

Lageplan

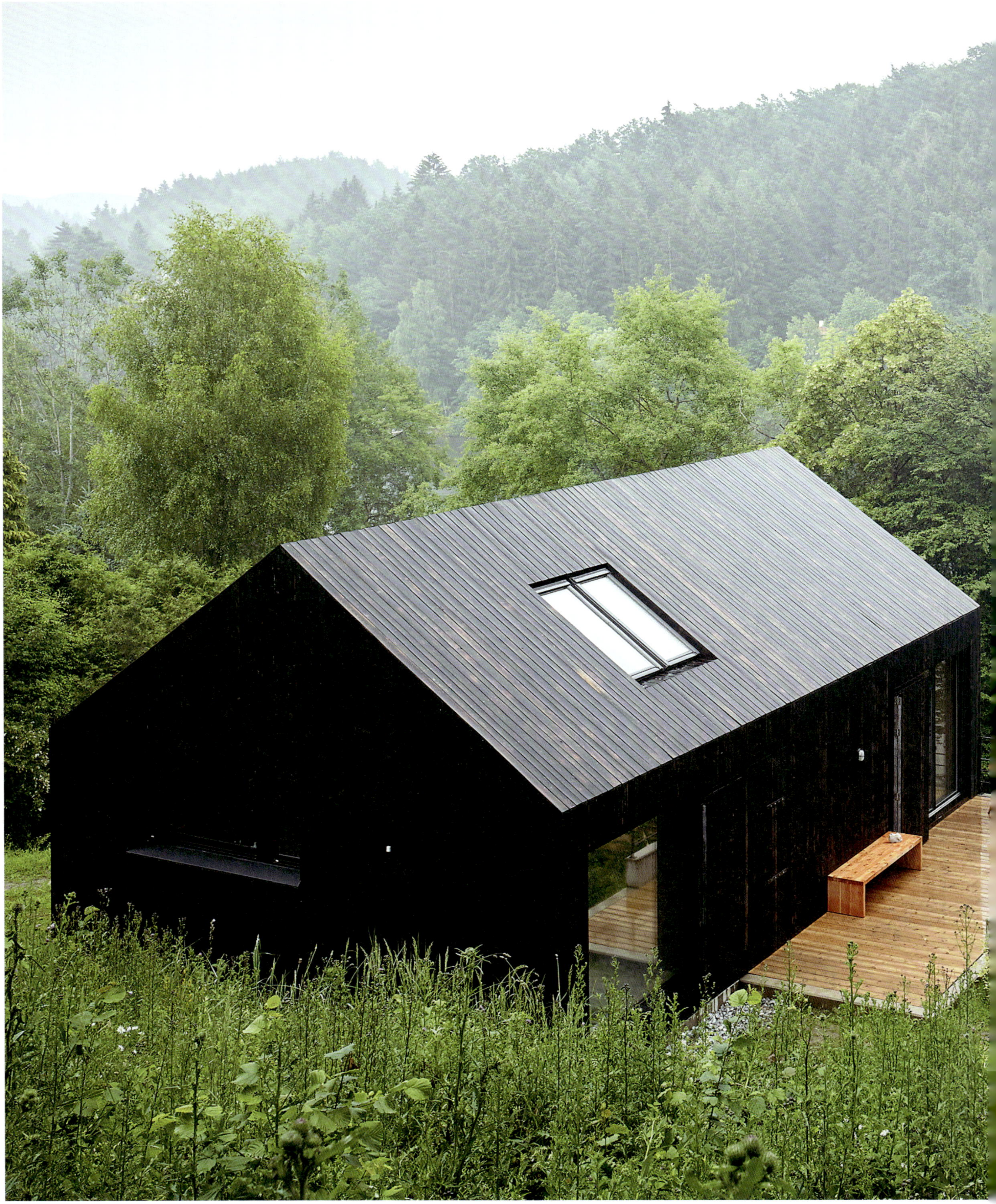

BRANDZEICHEN

VON Backraum Architektur

am Thurnberger Stausee,
Waldviertel (A)

1

1 Wegen der hohen Bäume ringsum wird zusätzlich Licht über das Dach eingeholt. In die glatte Bretterhülle wurden Rinnen, Fallrohre und selbst der Steg für den Rauchfangkehrer versenkt.

2 Die kleine Zweiraum-Wohnfläche wird durch eine zauberhafte Terrasse erweitert, sie liegt wie ein Adlerhorst über dem See.

Zufälle: Die Bauherren spazierten am Büro des Architekten vorbei. Der hat sich in einer ehemaligen Backstube niedergelassen und präsentiert im Schaufenster Materialmuster von den Projekten, an denen er gerade arbeitet. Das machte die bauwilligen Passanten neugierig, so kam es zu dem Auftrag für das kleine Ferienhaus im Waldviertel am Thurnberger Stausee. Das Grundstück war steil und mit hohen Bäumen bewachsen, aber tatsächlich gab es dort im „ungeregelten Baulandbereich" eine Genehmigung. Die Behörde sollte lediglich beurteilen, ob die Planung „in ausgewogenem Verhältnis zu den charakteristischen Gestaltungsmerkmalen der Umgebung steht". Die Bauherrschaft selbst präsentierte dem Architekten Stimmungsbilder von einsamen skandinavischen Holzhäusern.

Als Vorlagen aus der Region dienten bäuerliche Scheunen und Stallungen. Sie prägen die Landschaft mit ihren schwarz verwitterten Fassaden, die oft mit einem Anstrich aus Ochsenblut, Sumpfkalk und Leinöl versehen waren. Ihr kompakter, fensterloser Baukörper ist mit einem Satteldach abgeschlossen. Daran orientiert sich dieses kleine Holzhaus, das sich auf einem Betonsockel mit einer auskragenden Terrasse über das Seeufer reckt. Die gedämmten Massivholzwände und auch das Dach sind mit schwarz angekohlten, Öl imprägnierten Lärchenbrettern verschalt. Dieses mittelalterliche Rezept wurde bei der Dachkonstruktion mit moderner Bautechnik kombiniert. Unter den Brettern liegt eine Flachdachfolie, wobei die Befestigung aus der wasserführenden Ebene herausgehoben ist (Mono Cover). Auch eine Rinne ist in der Dachfläche verborgen.

Bis auf ein separates Schlafzimmer mit Badausstattung und Toiletten gibt es nur einen Großraum, der sich mit Kochzeile, Essplatz und Polstersesseln zum See orientiert. Ein gemauerter Holzofen liefert nicht nur Strahlungswärme, sondern versorgt auch die Fußbodenheizung. Eine Galerie, die über Dachflächenfenster belichtet wird, erweitert die Nutzfläche. Bis auf eine Sichtbetonwand mit dem Abdruck der horizontalen Brettschalung sind alle Flächen mit geölten Fichtenbrettern ausgeschlagen.

3 Seebühne. Bei mäßiger Witterung kann man die Landschaft auch von innen erleben, die sprossenlosen großformatigen Scheiben sind festverglast.

4 Der Holzscheitofen liefert nicht nur direkte Wärme, sondern versorgt auch die Fußbodenheizung und den Warmwasserboiler.

Querschnitt

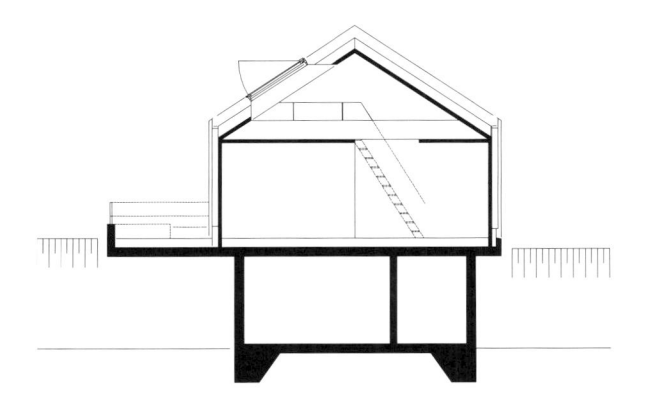

Grundriss
Erdgeschoss

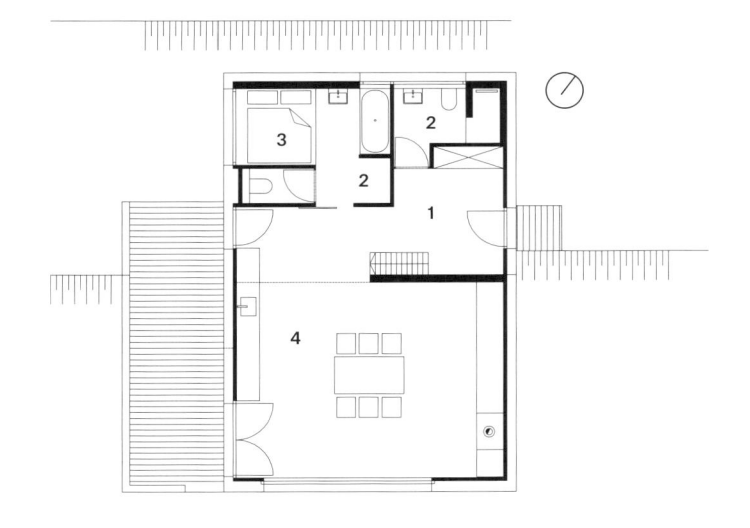

Maßstab
M 1:400

1 Eingang
2 Bad
3 Schlafen
4 Kochen/Essen/
Wohnen

Standort:
Thurnberger Stausee,
Waldviertel (A)

Anzahl der Bewohner:

1

Wohnfläche (m²):

73

Grundstücksgröße (m²):

1.300

Zusätzliche Nutzfläche:
36 m²
Bauweise:
Holzmassivbauweise
Baukosten:
220.000 Euro
Heizwärmebedarf:
30 kWh/m²a
Energiestandard:
Niedrigenergiehaus
Fertigstellung:
2015

Backraum
Architektur

„Außen: pechschwarz und verkohlt. Innen: freundlich und hell, behaglich und warm, Holz duftet und Kaminfeuer knistert."

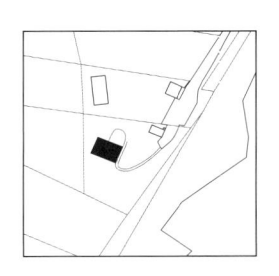

Lageplan

WINKEL-
FUNKTION

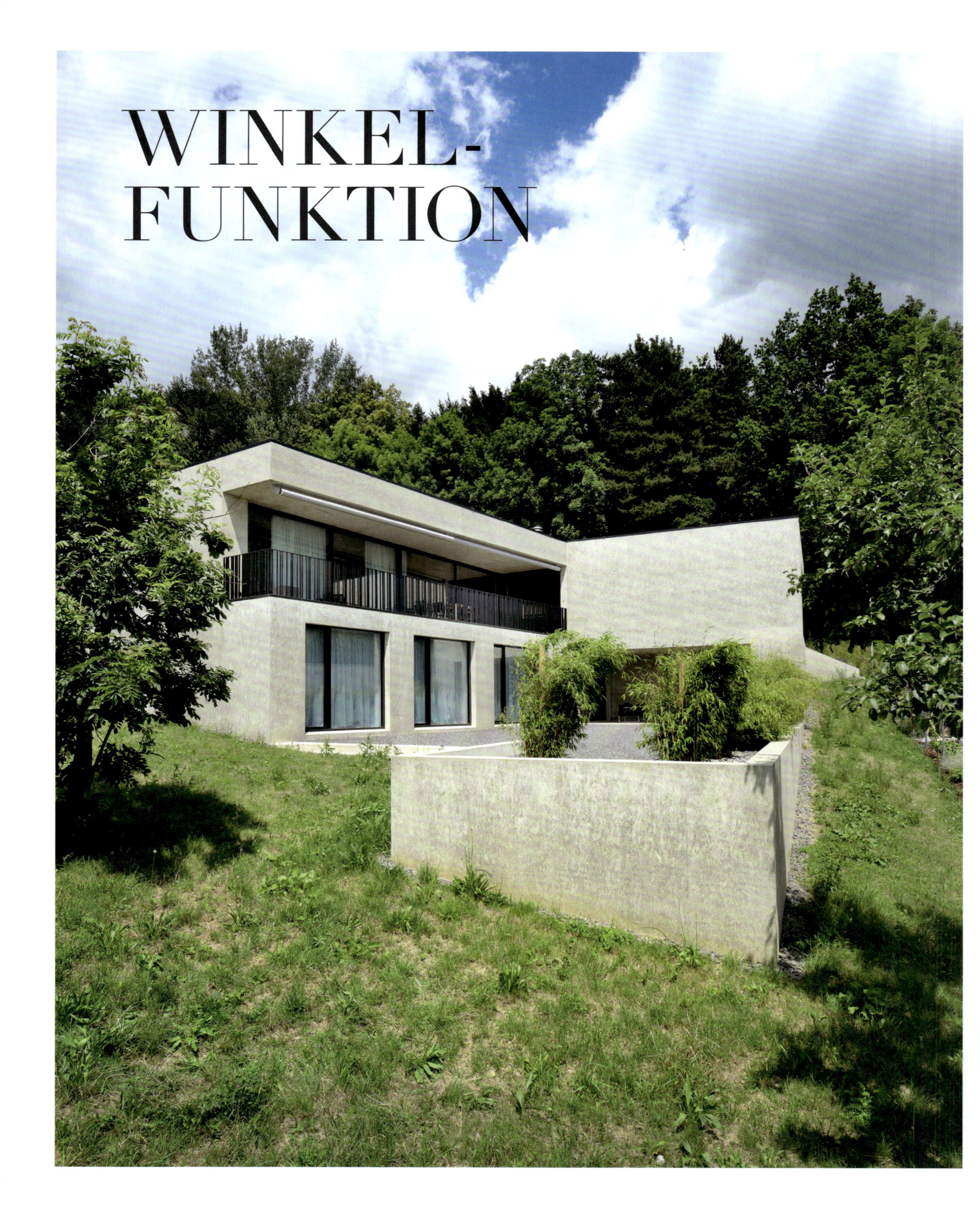

VON Katrin und
     Marc Spirig-Friedrich
     Architekten

     in
     Oberdorf (CH)

1 Die Betonwände mit ihren unregelmäßigen Grobspanabdrücken kommen der Struktur der Jurakalkfelsen in der Region nahe (Seiten 204/205). Innen empfängt dagegen die elegante, fugenlose Glätte des peniblen Ausbaus.

2 Hier verteilen sich zeitlose Möbelklassiker, mit Farben blieb man zurückhaltend.

Der Beton ist rau, er zeigt die unregelmäßige Struktur der Grobspantafeln, die zur Schalung verwendet wurden. Mit dieser Matrix und seiner Pigmentierung ist er den Jurakalkfelsen der Umgebung nicht unähnlich. Auch die extensive Dachbegrünung trägt zur Tarnung bei. Das sind die unveränderlichen Kennzeichen dieses Hauses, das neben seinen weißen Nachbarn fast unscheinbar unterhalb des Waldgürtels am Weißenstein im Kanton Solothurn steht. „Wenn man der Landschaft schon ein Gebäude abringt, sollte man ihr wenigstens ein Gründach zurückgeben", sagt die Architektin. Sie hat es erst einige Jahre nach dem Erwerb des Grundstücks zusammen mit ihrem Mann gebaut, da konnte man schon absehen, was die eiligere Bauherrschaft in der Umgebung anstellte. Von Einblicken wollte das Architektenpaar verschont bleiben, aber selbst den „verführerischen Ausblick auf Mittelland und Alpen" genießen.

So ergab sich die Lösung, dem Haus eine Winkelform zu geben. Der Schenkel parallel zur Straße birgt nur Carport und einen breiten Abstellraum, darunter einen Keller, an den talwärts eine vom Badezimmer zugängliche breite Loggia anschließt. Der Flügel mit den Haupträumen wendet seinen geschlossenen Rücken dem Nachbarn zu, alle Öffnungen des in den Hang eingeschobenen Gebäudes weisen nach Südosten, hier wahrt ein Kiesplatz vor einem wuchernden Bambussaum die gewünschte Privatheit.

Um den bestmöglichen Blick in die Landschaft zu erhalten, wurde der Hauptraum auf der Erschließungsebene angelegt. Bis auf ein Gästezimmer und dienende Ausstattung erstreckt sich hinter der voll verglasten Terrassenfront der Wohnbereich, wobei die offene Küche mit ihren kastenartigen Elementen zwischen Flur und Essplatz eine räumliche Zäsur setzt und auch den Abgang ins Untergeschoss versteckt. Die Treppe mündet in einen L-förmigen Raum, der im Grundriss mit Bibliothek/Spielen/Büro deklariert ist. Nach einem weiteren Zimmer und dem Schlafzimmer, das man über eine Ankleideschleuse betritt, folgt das Bad mit Dampfkabine.

Die Wände sind zweischalig, innen mit verputzten Backsteinen gemauert, die Böden schließt fugenlos ein schwarzer mineralischer Gussbelag. Die Fenster zeichnen Öffnungen mit schwarzen Aluminiumprofilen nach.

Schnitt

Grundriss Erdgeschoss

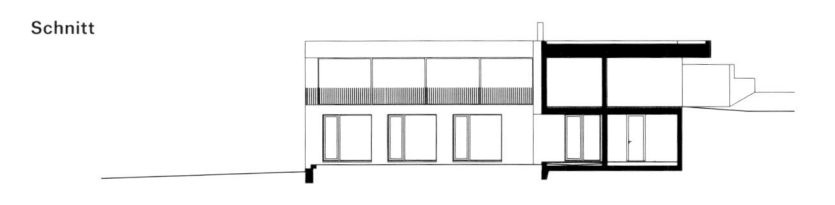

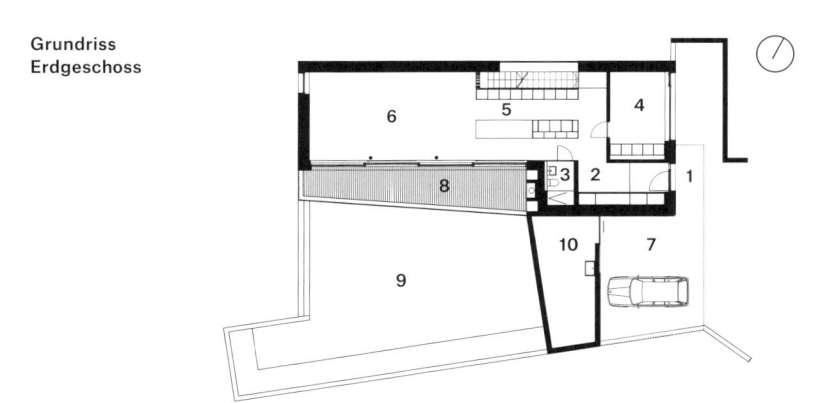

Grundriss Untergeschoss

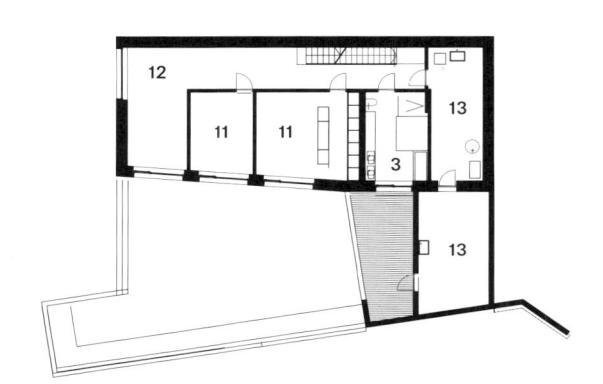

Maßstab
M 1:400

1 Eingang
2 Garderobe
3 Bad
4 Gäste
5 Kochen
6 Essen/Wohnen
7 Carport
8 Terrasse
9 Kiesplatz
10 Reduit
11 Zimmer
12 Bibliothek/Spielen/Büro
13 Keller/Technik

Standort:
Oberdorf (CH)

Anzahl der Bewohner:

2

Wohnfläche (m²):

215

Grundstücksgröße (m²):

739

Zusätzliche Nutzfläche:
65 m² + 44 m²
(gedeckte Terrasse)
Bauweise:
massiv, zweischalig mit außen Sichtbeton
Baukosten:
1.280.000 CHF
Heizwärmebedarf:
34 kWh/m²a
Primärenergiebedarf:
43 kWh/m²a
Energiestandard: Minergie
(Nr. SO-687)
Fertigstellung:
2013

Katrin und Marc Spirig-Friedrich Architekten

„Architektur ist Geben und Nehmen. Jedes Projekt soll sich in die Landschaft einfügen und eine Symbiose mit ihr eingehen."

Lageplan

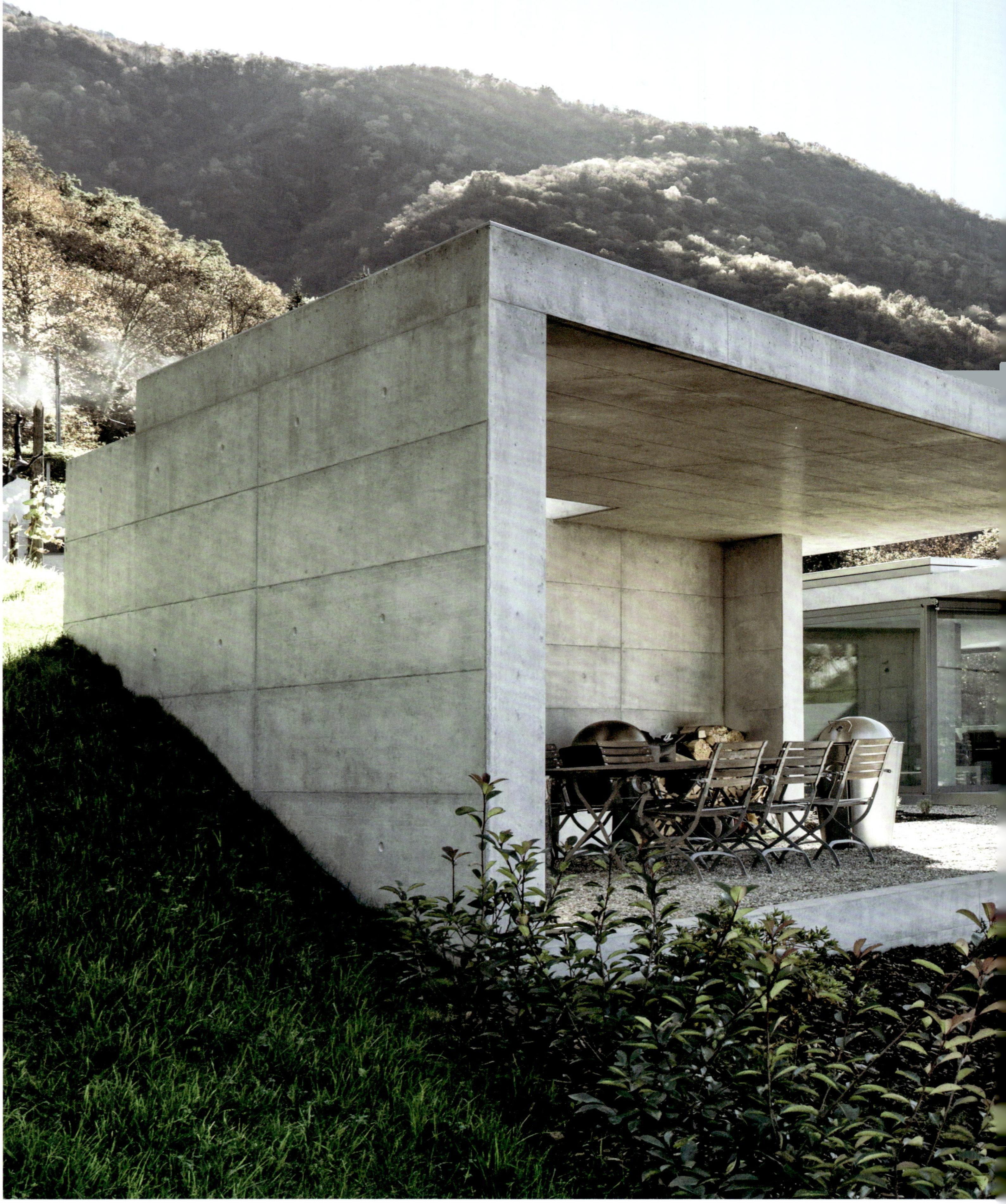

SCHICHTWECHSEL

VON   **MICHELE ARNABOLDI ARCHITETTI**
in
Gerra Gambarogno (CH)

1 Außen und innen bilden sich die Stöße der Schaltafeln auf dem Beton wie die Schatten eines Spaliers ab. Die kurzen, massiven Wandscheiben behindern nicht den sensationellen Ausblick.

2 Die Schlafebene nimmt das Zwischengeschoss ein. Schränke und Bücherborde begleiten den Flur. Außer der Treppe gibt es einen Aufzug.

Vis-à-vis auf dem anderen Ufer des Lago Maggiore hatten die Architekten vor zwei Jahren ein Haus mit vergleichbarem Charakter gebaut („Häuser des Jahres 2014"). Bei solchen Villen könnte man viel falsch machen, ohne dass die Besitzer es bemerken, weil sie vor allem den zauberhaften Ausblick über den See genießen.

Anders Michele Arnaboldi. Er fügt seine Nobelhäuser als massive, felsgraue Schichten in die steile Landschaft. Flachdach und Geschossdecken liegen als horizontale Platten, raumhoch verglast, gestützt auf wenige Scheiben und Pfeiler vor einem in den Berg greifenden Betonrücken. Die Erschließung richtet sich nach den Möglichkeiten des Grundstücks.

Hier in Gerra Gambarogno fand sich eine freie Parzelle in der Biege einer Haarnadelkurve. Die Erschließung erfolgt von der Talseite. Neben den Garagen bohrt sich nur die Technik in den Berg, ein tiefes, helles Entree, einige Stufen höher gelegen, gibt dennoch Bewegungsraum, nach oben entführen Treppe und Lift. Zunächst kommt man auf der privaten Ebene an. Sie liegt auf dem Niveau des Gartens, man kann von der eigenen Wellness-Station mit Sauna und Turngeräten seine Übungen im Pool vor der Glasfassade fortsetzen. Ein Gästezimmer, ein Büro und ein Musik-/Wohnraum mit Medienausstattung setzen die Enfilade fort.

Gegenüber am Bergrücken wird die Treppe als einläufige Himmelsstiege weitergeführt, sie verbindet die beiden sichtbaren Volumen. Ein großzügiger Wohn-/Essbereich mit einer peripheren, doch offen angeschlossenen Küche nimmt die Hauptfläche ein. Der Schlafraum – „Master Bedroom" heißt das bei Häusern dieser Leistungsklasse – schließt daran an. Weit auskragende Dächer schützen vor der Sonne, die weitläufigen Balkone und Terrassen bieten einen atemberaubenden Ausblick. Ein gedeckter Außensitzplatz wiederholt das Architekturmotiv, von hier sieht man bis zur Maggia-Mündung. Oberhalb endet das Grundstück mit einem Obstgarten.

Querschnitt

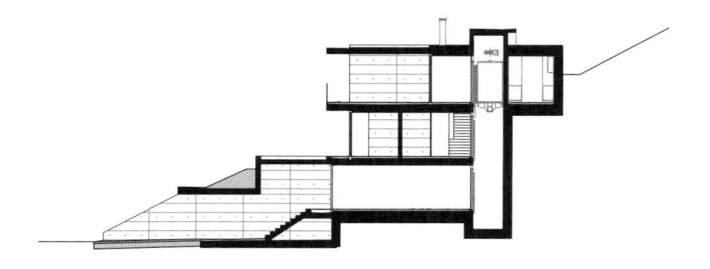

Erdgeschoss

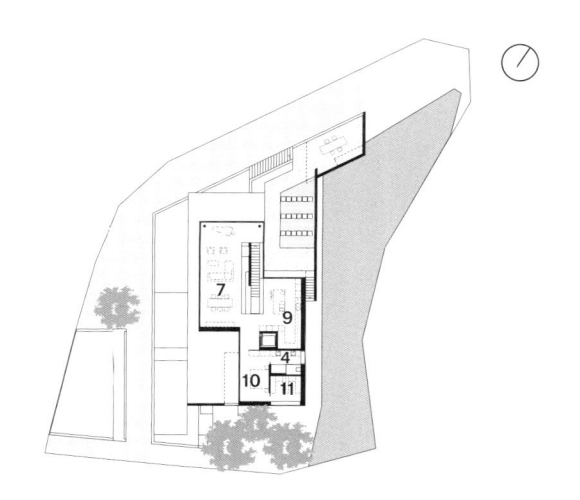

Untergeschoss

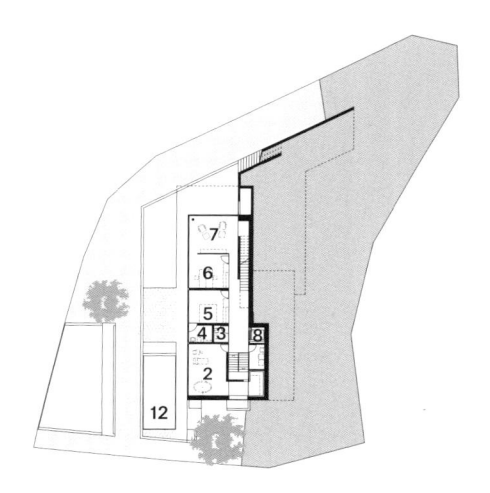

Garage

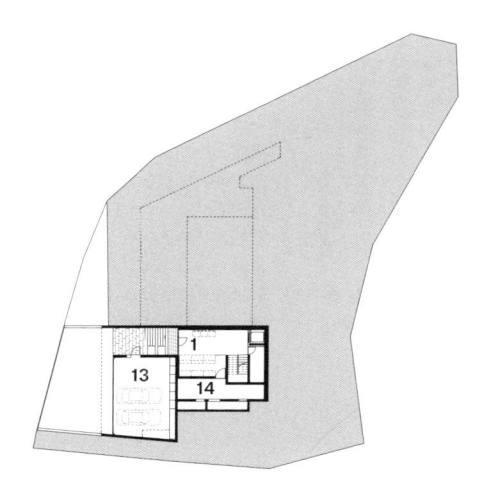

Maßstab
M 1:400

1 Eingang
2 Wellness
3 WC
4 Bad
5 Gast
6 Arbeiten
7 Wohnen
8 Aufzug
9 Kochen/Essen
10 Schlafen
11 Ankleide
12 Pool
13 Garage
14 Technik

Standort:
Gerra Gambarogno (CH)

Anzahl der Bewohner:

2

Wohnfläche (m²):

359

Grundstücksgröße (m²):

1.260

Zusätzliche Nutzfläche:
34 m²
Bauweise:
massiv
Baukosten:
2.139.586 CHF
Energiestandard:
Ruen
Fertigstellung:
2015

MICHELE
ARNABOLDI
ARCHITETTI

„Der Entwurf nutzt die Topografie und verleiht den Gebäudeebenen einen spezifischen Charakter. Die Wegeführung ermöglicht eine differenzierte Wahrnehmung der Landschaft. Das Licht, das gefiltert in den in den Hang eingegrabenen Eingang fällt, entwickelt sich in der Höhe zu einer Lichtexplosion."

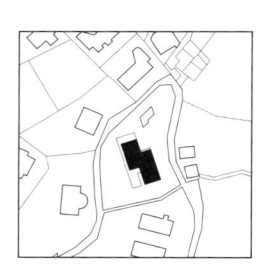

Lageplan

LINIENTREU

VON +studio moeve architekten bda

in Mühltal/Trautheim

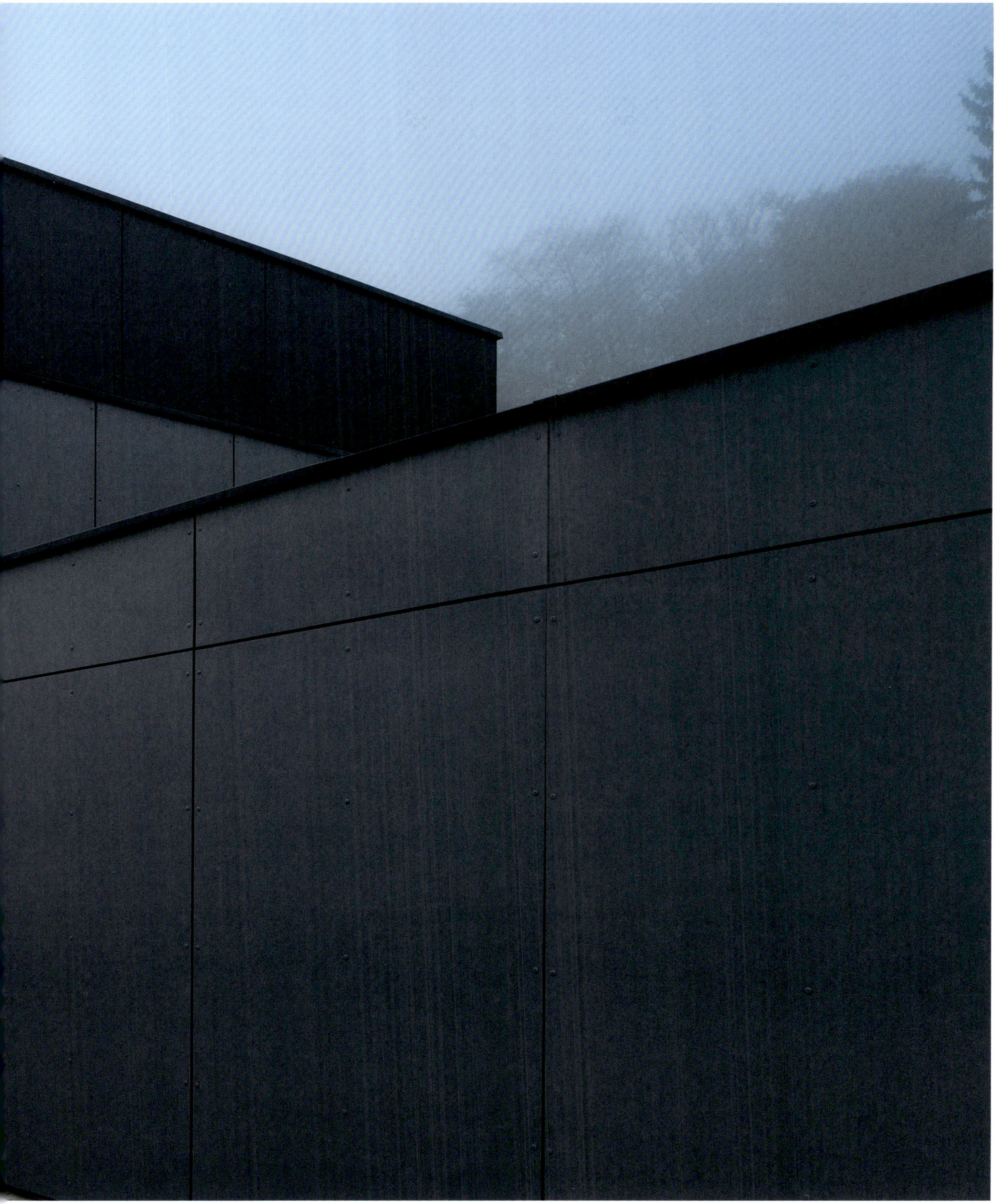

Eine Familie mit zwei Kindern wünschte sich ein Haus in Holzkonstruktion. Wichtig waren ihnen Lufträume, unterschiedliche Geschosshöhen und Blickbeziehungen zwischen den miteinander verknüpften Ebenen. Die Architekten boten eine klassische Holzrahmenbauweise an, eine leichte, flexible, zumal umweltfreundliche Konstruktion. Zum Leitbild ihres Büros gehört es, Häuser zu entwickeln, „die atmosphärisch und emotional erfahrbar sind und in Erinnerung bleiben".

Dieses Haus wird durch seine gestapelten Kuben unverwechselbar. Statt gewachsenes Holz zeigt die Fassade anthrazitfarbene Faserzementtafeln, die feldweise das Erdgeschoss mit schmalen Lamellen schraffieren. Sie sind auf einer eigens entwickelten Unterkonstruktion montiert. Jeder Streifen steckt zur Stabilisierung in einem U-Profil, ein darunterliegendes schwarzes Lochblech glättet die Windfolie auf den Holzfaserdämmplatten, die auf die gedämmten Ständer montiert sind. Die wechselnd grau pigmentierten Profile betonen die unterschiedlichen Volumen, die im Obergeschoss und vor dem Gartenerker von einer Staffel schmalhoher Fenster rhythmisiert werden.

Im Innenraum setzt sich das Spiel mit Raum und Körper fort, wodurch Nutzungszonen definiert werden. Das überhohe Foyer schließt offen an einen niedrigeren Wohnraum an, dessen Mittelpunkt eine aus Holz- und Corian-Elementen gefertigte Kücheninsel bildet. Sie endet als weißer, begehbarer Schrankwürfel unter der Decke. Bevor man die zwischen Duschbad und Kinderzimmern eingeschobene Treppe sieht, hat man bereits durch einen Deckenschlitz Blickkontakt nach oben. Dort erreicht man zwei als Ankleide und Büro genutzte Zimmer und den Elternbereich, der an der Seite der Deckenaussparung vollständig verglast ist, aber durch Jalousien abgedunkelt werden kann. Das großzügige Bad en suite hat einen Austritt zur bekiesten Dachterrasse.

Alle Flächen zeichnen sich durch ihre glatte, fugenlose Ausführung aus. Raumhohe Türen mit unauffälligen Stahlzargen ergeben ein homogenes Bild, das der geschliffene Gussasphaltestrich aufnimmt. Im Obergeschoss wird er durch Feinsteinzeugfliesen in Dielenoptik abgelöst. Maßgefertigte Einbauten setzen die angestrebte Präzision der Innenräume fort.

1 Das aus gestapelten Kuben addierte Gebäudevolumen ergibt in den Innenräumen unterschiedliche Höhen, wodurch ohne trennende Wände Nutzungszonen definiert werden.

2 Die weiße Kücheninsel bildet als begehbarer Schrankwürfel den Mittelpunkt des Wohnbereichs. Sie ist aus Holz- und Corian-Elementen gefertigt und steht auf einem dunklen Gussasphaltestrich.

Längsschnitt

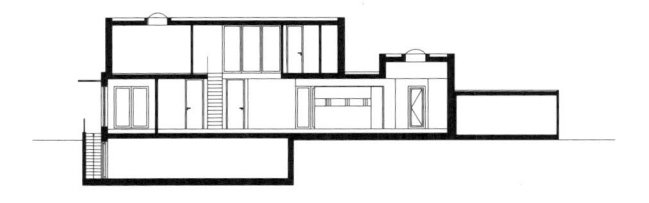

Grundriss
Obergeschoss

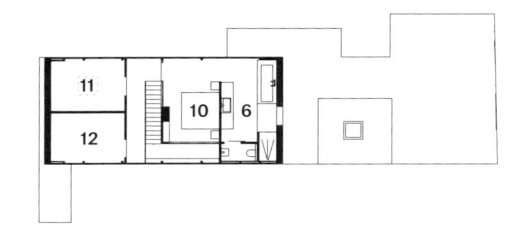

Grundriss
Erdgeschoss

Grundriss
Untergeschoss

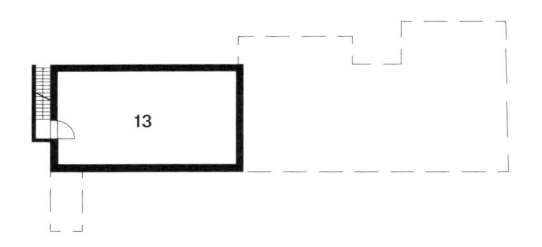

Maßstab
M 1:400

1 Eingang
2 Kammer
3 Kochen
4 Essen
5 Wohnen
6 Bad
7 Kind
8 Lager
9 Garage
10 Schlafen
11 Ankleide
12 Arbeiten
13 Technik

Standort:
Mühltal/Trautheim

Anzahl der Bewohner:

4

Wohnfläche (m²):

138

Grundstücksgröße (m²):

456

Zusätzliche Nutzfläche:
50 m²
Bauweise:
Holzrahmenbau
Baukosten:
500.000 Euro
Heizwärmebedarf:
67 kWh/m²a
Primärenergiebedarf:
12,6 kWh/m²a
Energiestandard:
EnEV 2009
Fertigstellung:
2015

+studio moeve
architekten bda

„Gute Architektur bedeutet für uns: Sinnliche Authentizität im Einfachen finden. Räume, die Erleben und Fühlen zulassen."

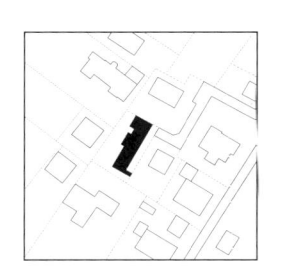

Lageplan

REGELRECHT

VON FORMAT ELF ARCHITEKTEN

in
München-Aubing

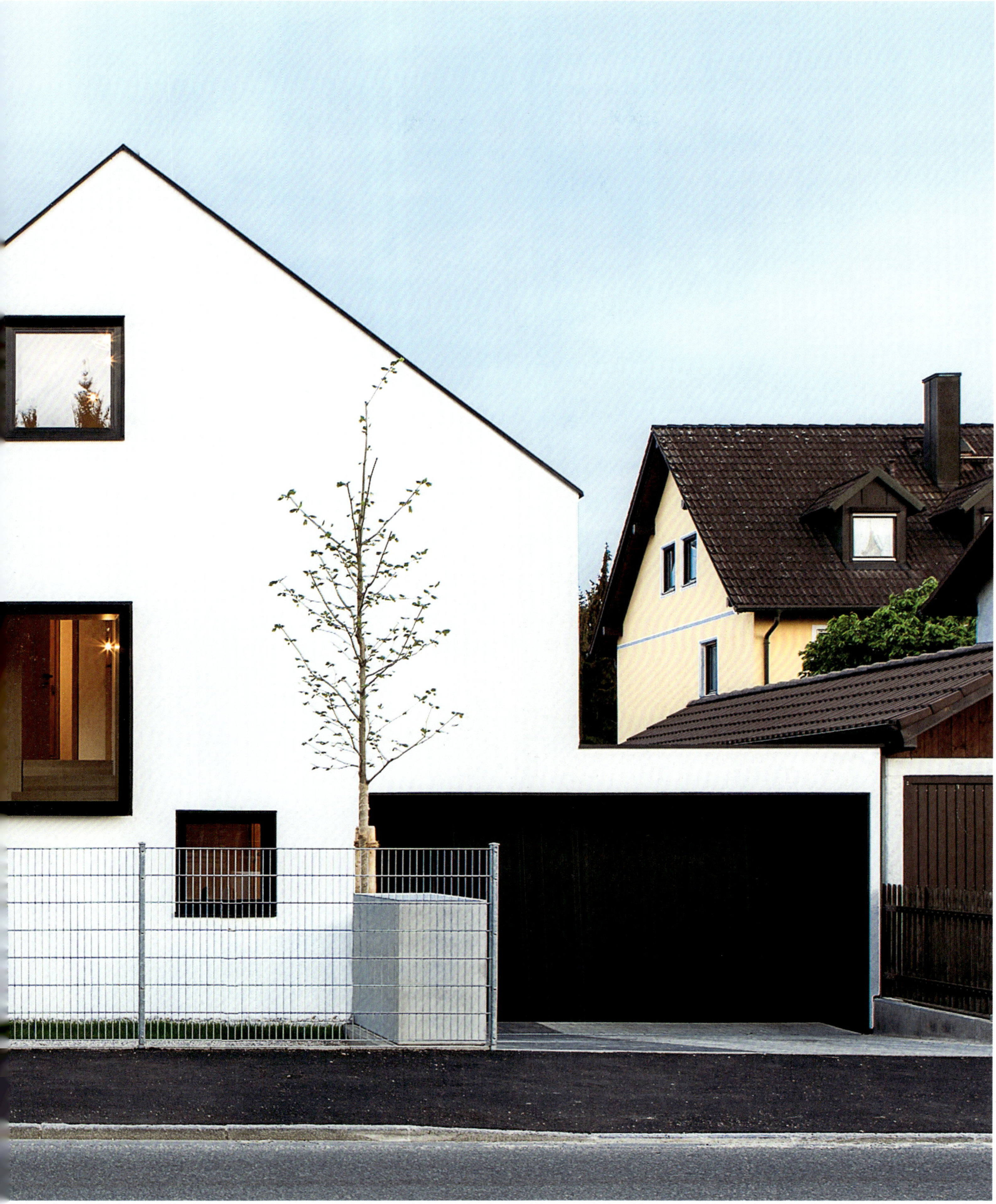

Das Haus steht in einer nach dem Krieg entstandenen Münchner Siedlung. Das Grundstück mit 250 Quadratmetern ist sehr klein, zusätzlich erschweren die festgelegten Grenzabstände – fünf Meter zur Straße und drei Meter zu den Nachbarn – die Bebauung, weil ein Drittel der knappen Parzelle damit verloren ging. Auch die Höhe des Hauses war reglementiert. Das führte zur Asymmetrie der Giebel und zur Absenkung im Erdgeschoss, aber selbst die Brettstapeldecken, Holzständerwände und sogar die Anordnung der Installationen mussten bei der Dimensionierung berücksichtigt werden. „Es war ein Fuchsen um Millimeter", sagen die Architekten, denn andererseits verlangte die EnEV eine solide Wärmedämmung.

Aber schließlich ließ sich das Bauwerk trotz der Zwänge im Rhythmus der benachbarten Siedlungshäuschen aufstellen. Es entstand ein Haus mit einer charakteristischen Silhouette, das glatt und scharfkantig, ohne Dachüberstand, Rinnen, Rohre und angehängten Sonnenschutz größer wirkt als es tatsächlich ist. Die Straßenansicht persifliert die gerasterte Strenge der Umgebung durch eine freie Anordnung der Öffnungen. Das Treppenhausfenster kragt als wärmegedämmte Vitrine mit einer geklebten Scheibe aus der Fassade – ein Motiv, das das rahmenlose Hubfenster im blechgedeckten Dach wiederholt. Nach Süden reichen die verglasten Öffnungen zum schmalen Garten bis unter die Decke. Neben dem an die Garage anschließenden Geräteraum ergab sich ein geschützter Freisitz.

Innen setzt sich die Räson der platzsparenden, schnörkellosen Architektur fort. Viele Einbauten, dunkle, raumhohe Schränke und die helle PU-Beschichtung der Böden reduzieren die Palette der Farben und Formen. Über der Wohnebene teilen sich Eltern und Kinder das Obergeschoss, unterm Dach wird ein großer weißer Raum als Büro genutzt. Das fertige Haus repräsentiert den Anspruch der interdisziplinär arbeitenden Planer „im Spannungsfeld zwischen Architektur, Grafik und Design".

1 Endlose Auflagen und Einschränkungen reglementierten die Planung auf dem winzigen Grundstück. Präzise Einbauten und ein zurückhaltendes Material- und Farbkonzept geben den Innenräumen dennoch Ruhe und Größe.

2 Vom Essplatz sieht man zur Terrasse und einen überdeckten Freisitz. Die deckenhohe Verglasung sorgt für viel Tageslicht und Transparenz.

Längsschnitt

Grundriss Obergeschoss

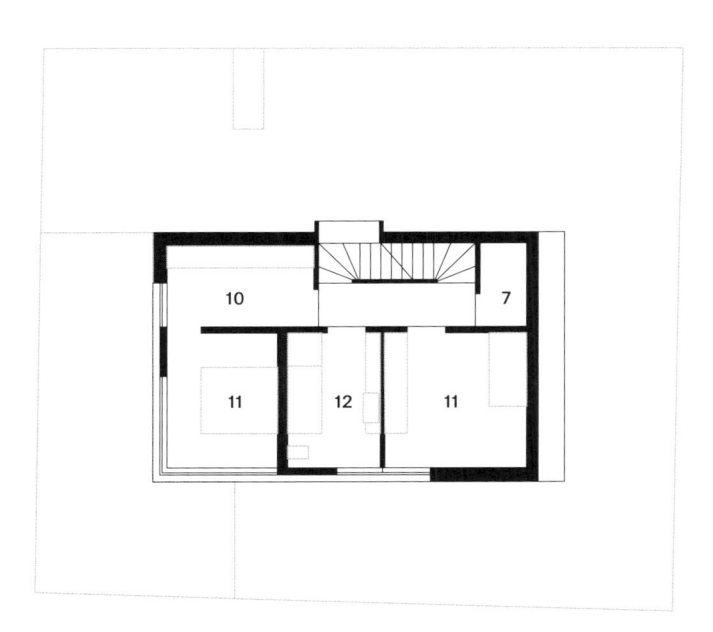

Grundriss Erdgeschoss

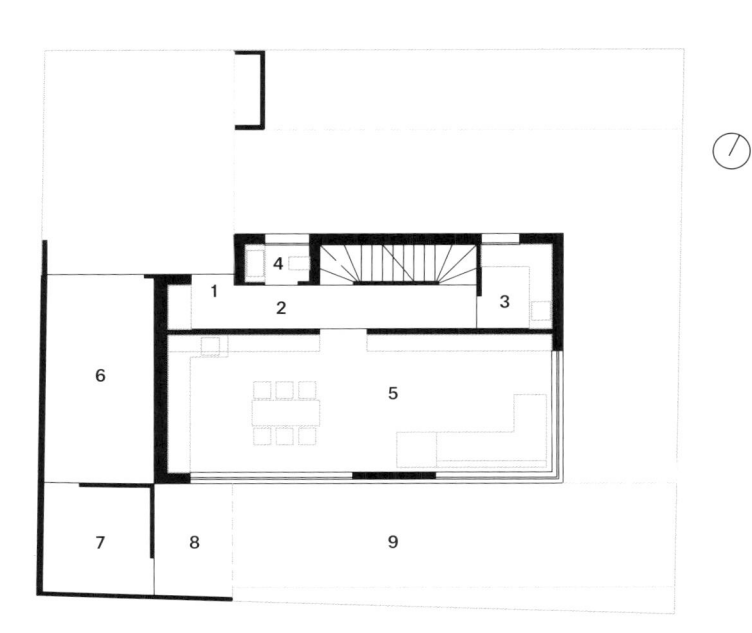

Maßstab
M 1:200

1 Eingang
2 Garderobe
3 Hauswirtschaft
4 WC
5 Kochen/Essen/Wohnen
6 Garage
7 Abstell
8 Freisitz
9 Terrasse
10 Ankleide
11 Schlafen
12 Bad

Standort:
München-Aubing

Anzahl der Bewohner:

4

Wohnfläche (m²):

133

Grundstücksgröße (m²):

250

Zusätzliche Nutzfläche:
24 m²
Bauweise:
Holzrahmenbau
Fertigstellung:
2015

FORMAT ELF ARCHITEKTEN

„Dank klarer Strukturen und einer minimalistischen Gestaltung entstand auf kleinstem Grundstück ein unkonventionelles Haus mit viel Raum."

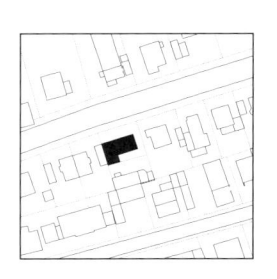

Lageplan

ARBEITSTEILUNG

VON bünck ARCHITEKTUR in Pulheim

1   Im Innenraum setzt sich das Spiel aus Addition und Subtraktion von Volumen, aus Lagern, Stapeln, Kragen und Schweben fort.

Der Bebauungsplan sah eine eingeschossige Bauweise vor, das Baufenster gestattete eine Hausbreite von 8,50 und eine Tiefe von 16 Metern. Dennoch ließ sich durch eine geschickte Interpretation der Vorgaben ein passables Gebäude verwirklichen. Es wird von einem einfachen rechtkantigen Baukörper umschrieben, der durch Rücksprünge, Einschnitte und Überstände gegliedert ist und sich mit seinen drei Geschossen in das Grundstück schmiegt.

Statt eines Kellers ist das Erdgeschoss abgesenkt, es zählt damit nicht als Vollgeschoss. Durch Geländeabtreppungen an den Stirnseiten erhalten die Schlafräume für Eltern und Tochter genügend Licht. Zwei Badezimmer und eine Ankleide, dazu der individuelle Innenausbau nehmen der hellen Eingangsebene zwischen den eingeschnittenen Terrassen die Anmutung eines Souterrains. Über frei auskragende Stahlstufen erklimmt man das Wohngeschoss. Die verglaste Gartenfront, von der eine Brücke nach unten führt, bietet Fernsicht über die unbebauten Felder. Außer einem WC-Kabinett zonieren schwarze Möbelboxen, die frei stehen, schweben oder Nischen schließen, die Funktionen Kochen, Essen, Wohnen. Eine fast raumhohe Brüstung vor der Glasfassade schützt die Küche vor Einblicken von der Straße. Auch zu den Nachbarseiten gewährt die Absenkung die nötige Privatheit.

Die Außenwand an der Nordwestseite birgt außerdem in einem Fassadenschlitz die Außentreppe, die das Architekturbüro auf der Dachebene erschließt. Es ist ein Stück zurückgesetzt und gilt als Staffelgeschoss. Bis auf eine umbaute Toilette ist der Großraum nur durch das Mobiliar gegliedert. Wegen der großen Tiefe holt eine Dachverglasung neben der Besprechungszone Tageslicht herein.

Die außen gedämmten Fassaden sind mit keramischen Platten verkleidet. Die Böden sind innen überwiegend mit hellem Feinsteinzeug, in den Schlafräumen mit Teppich ausgelegt. Den Kontrast bilden die maßgefertigten Einbaumöbel und Innentüren aus Räuchereiche. Blickfang des kleinen Gartens ist ein schmaler Pool.

Längsschnitt

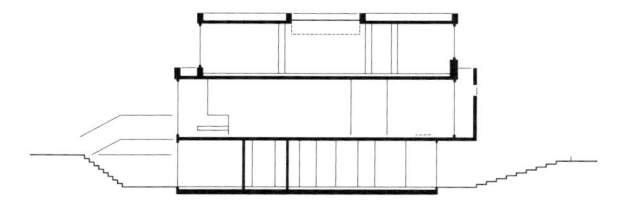

Grundriss Obergeschoss

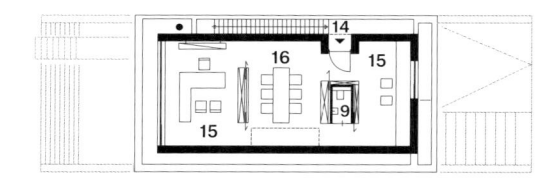

Grundriss Erdgeschoss

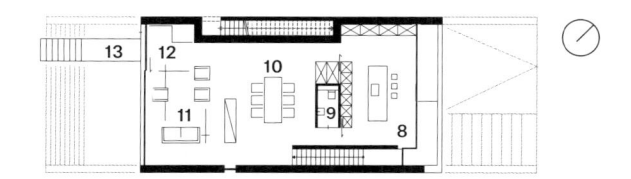

Grundriss Untergeschoss

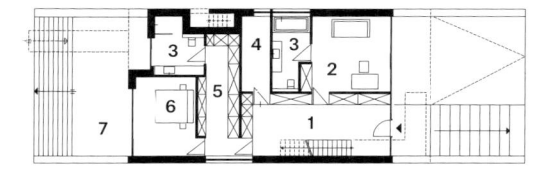

Maßstab
M 1:400

1 Eingang
2 Kind
3 Bad
4 Technik
5 Ankleide
6 Schlafen
7 Hof
8 Kochen
9 WC
10 Essen
11 Wohnen
12 Kamin
13 Brücke
14 Eingang Büro
15 Arbeiten
16 Besprechen

Standort:
Pulheim

Anzahl der Bewohner:
3

Wohnfläche (m²):
170

Grundstücksgröße (m²):
680

Zusätzliche Nutzfläche:
8 m²
Bauweise:
massiv
Baukosten:
648.000 Euro
Heizwärmebedarf:
41,12 kWh/m²a
Primärenergiebedarf:
53,68 kWh/m²a
Energiestandard:
KfW 70
Fertigstellung:
2015

bünck
ARCHITEKTUR

„Die baurechtliche Situation der Eingeschossigkeit erwies sich für das Raumprogramm samt Architekturbüro als Prüfstein. Doch die neue und besondere Herausforderung bestand bei diesem Projekt für mich darin, für mich und meine eigene Familie zu planen."

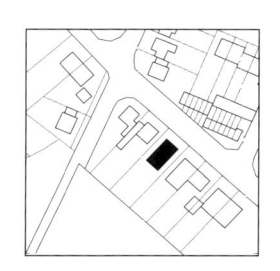

Lageplan

DOMUS ALPINA

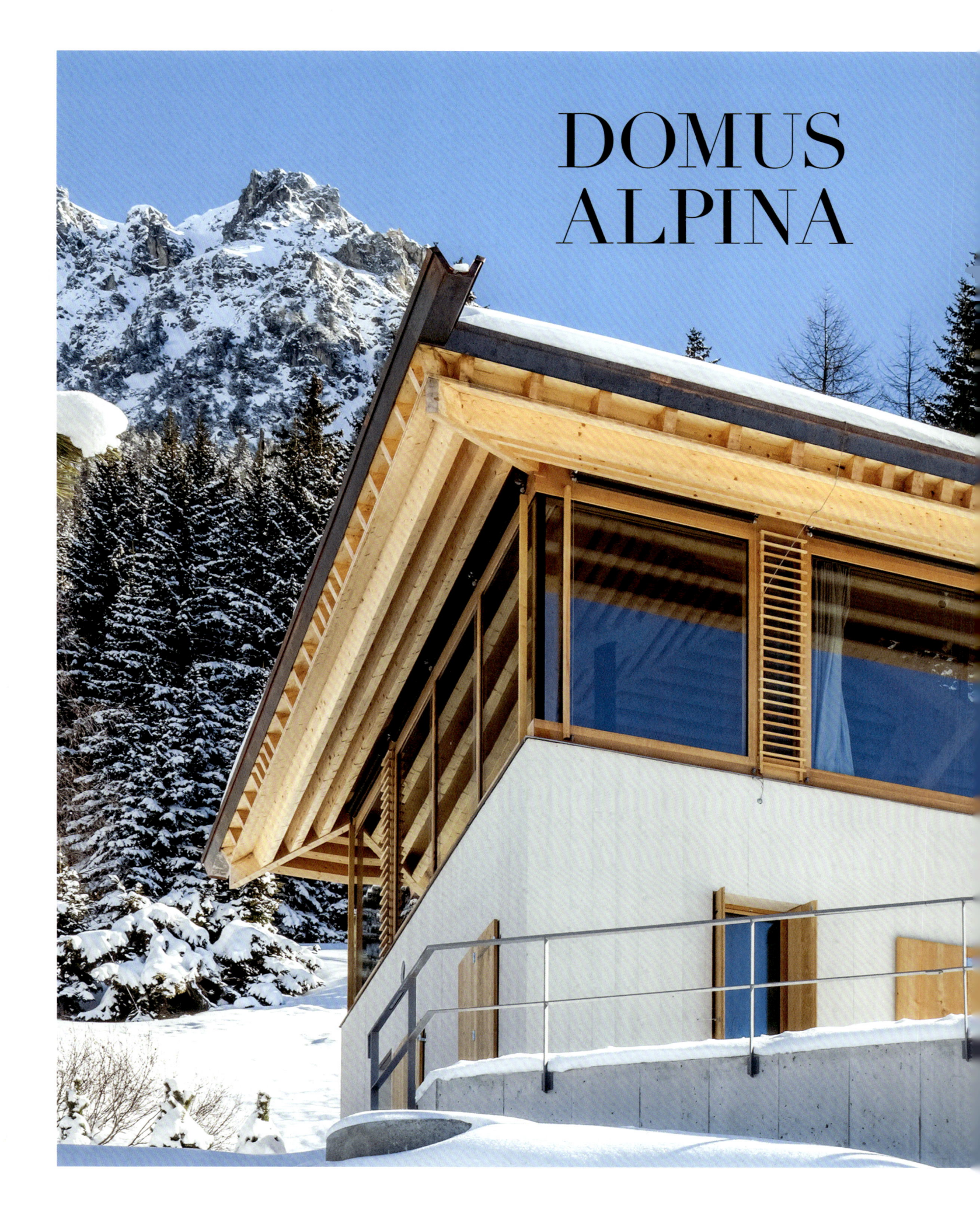

VON SAM Architekten und
      Partner AG

      in
      Lenzerheide Vaz/Obervaz (CH)

1 Einzelpfosten an der Fassade und Strebenböcke über der Treppenöffnung stützen Trägerrost und Faltwerk des weit auskragenden Dachs.

2 Die kräftige Dimensionierung und die solide Materialität wirken vertrauenerweckend, sie zeigen bis nach innen, wie sich das Haus dem steilen Berghang mühelos entgegenstemmt.

Architekten bauen nicht auf Teufel komm raus. Diesem Haus schicken sie eine sensible Erläuterung voraus. Sie besagt, das alpine Bauen dokumentiere „die Auseinandersetzung mit den örtlichen Eigenschaften der Natur und aus der Vernunft hergeleitete lokale Technologien." Ein Haus aus den 1940er Jahren, das ein einfühlsamer Baumeister mit genau diesen Talenten errichtet hatte, stand zuvor auf dem Grundstück. Er hatte alles richtig gemacht und „das atemberaubende Panorama, die Lage im steilen Gelände, den Lauf der Sonne und die Hauptwindrichtungen" berücksichtigt – aber häufige Besitzwechsel, mit denen wachsende Raumansprüche einhergingen, hatten das Bauwerk bis zur Unkenntlichkeit verändert. Deshalb entschied man sich für den Abriss.

Für den Neubau galten damit besondere Bedingungen, denn er sollte ein „respektvolles Andenken" an das abgetragene Berghaus bewahren, sagt die Architektin. Deshalb versicherte sich ihr Büro der Zusammenarbeit mit Jürg Conzett, einem Tragwerksplaner, der mit dem Bauen in den Alpen vielfältige Erfahrungen gesammelt hat. Er vertritt die Auffassung, dass moderne Ingenieurbauten auch die „Erwartungen von Touristen und Einheimischen an eine intakte Landschaft" erfüllen müssen. So lagert dieses große Chalet als robustes, aus Weißbeton gegossenes Bauwerk am Hang, dem es sich kraftvoll entgegenstemmt. Das mehrfach abgewalmte Dach ist als Holzkonstruktion ablesbar, stabilisiert durch Einzelstützen entlang der Fassade bzw. Einzelpfosten und Strebenböcke im Zentrum. Die Aussicht wird durch einen Trägerrost, der tragende Wände entbehrlich macht, zur Sensation im Dachgeschoss, hier breitet sich ein einziger großer Wohnraum mit verschiedenen Sitzgruppen, einem drehbaren Stahl-Kamin, Essplatz und Küche aus.

Im Erdgeschoss verteilen sich um eine rautenförmige, von oben belichtete Treppenöffnung Schlafräume und Bäder für die Familie und Gäste, ein Saunahaus liegt unter dem Sonnendeck verborgen. Die schiefwinklig geschnittenen Zimmer haben alle einen rechten Winkel, die Innenwände mit den zahlreichen Schrankeinbauten sind aus Holz. Der höhlenartige Zugang liegt im steinernen Sockel, hier schieben sich Garderobe und Serviceräume in den Berg. „Tgiesa Crapera": Selbst der erhaltene alte Name gehört zur Wiedergutmachung.

Schnitt

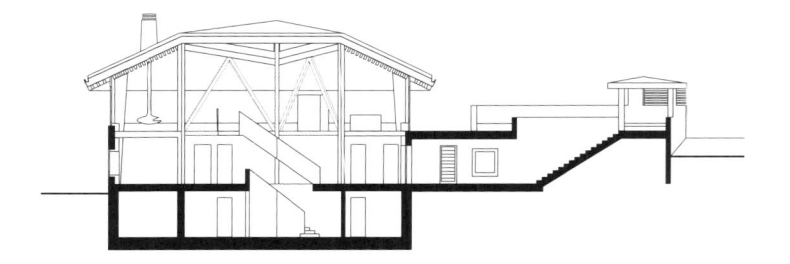

Grundriss Obergeschoss

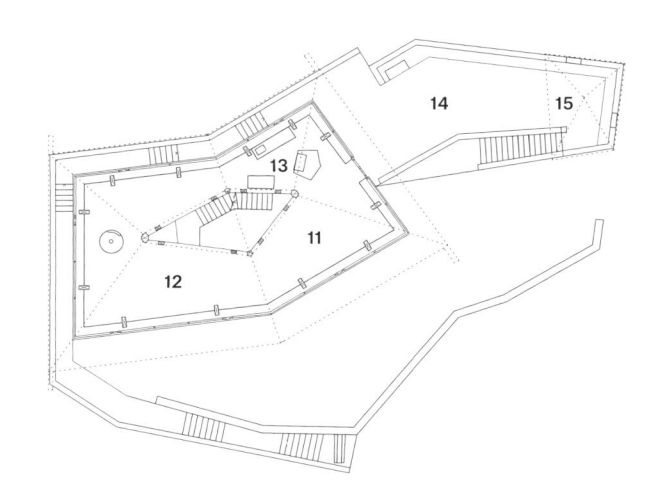

Grundriss Erdgeschoss

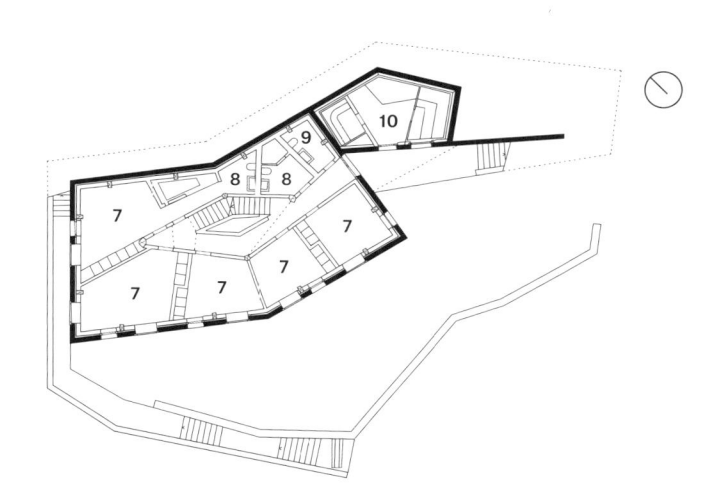

Grundriss Untergeschoss

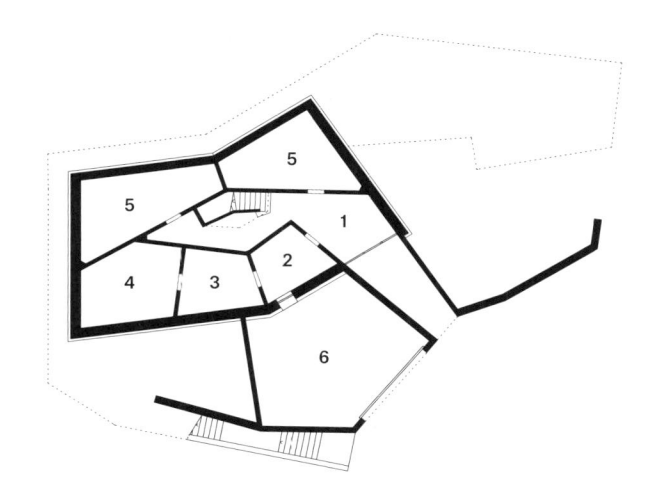

Maßstab
M 1:400

1 Eingang
2 Garderobe
3 Waschen
4 Technik
5 Lager
6 Garage
7 Zimmer
8 Bad
9 WC
10 Badehaus
11 Essen
12 Wohnen
13 Kochen
14 Terrasse
15 Pavillon

Standort:
Lenzerheide
Vaz/Obervaz (CH)

Anzahl der Bewohner:

6–9

Wohnfläche (m²):

470

Grundstücksgröße (m²):

1.266

Zusätzliche Nutzfläche:
85 m²
Bauweise:
massiv/Glas
Heizwärmebedarf:
102 kWh/m²a
Primärenergiebedarf:
74 kWh/m²a
Energiestandard:
Norm SIA 180, 382/1, 382/2, 380/4
Fertigstellung:
2015

SAM Architekten und Partner AG

„Die Geschichte des alpinen Bauens dokumentiert die Auseinandersetzung mit den örtlichen Gegebenheiten der Natur und die Umsetzung lokaler Technologien, die sich aus der Vernunft herleiten. In diesem Sinn ist die ‚Tgiesa Crapera' ein alpines Experiment."

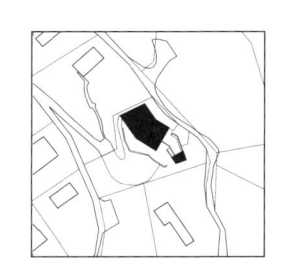

Lageplan

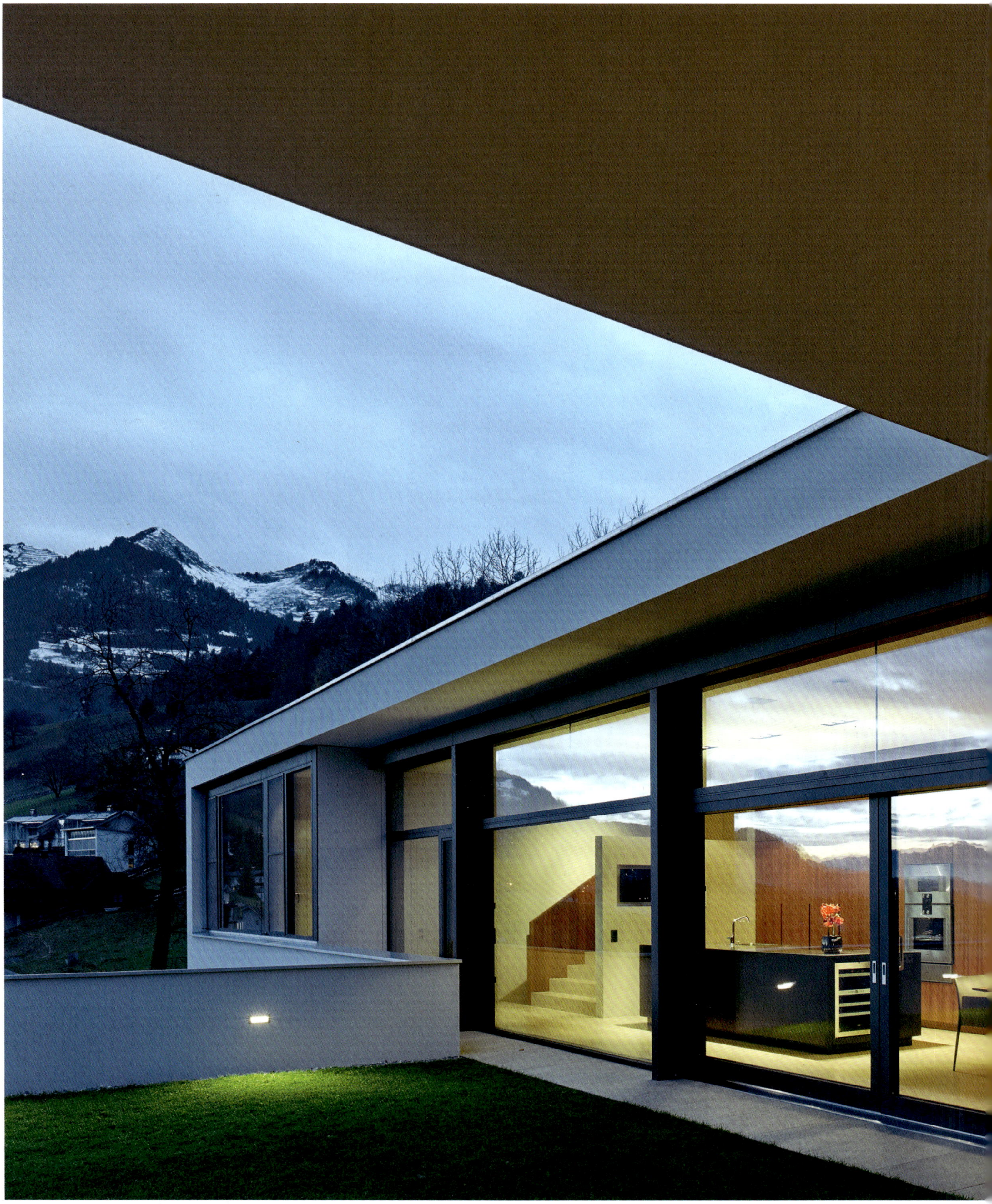

GUCKKASTEN

VON architektur.
terminal hackl
und klammer

in
Ludesch (A)

1 Am Katzentisch? Naturstein, dunkles Holz und Lederpolster sorgen für gediegene Wohnlichkeit.

2 Showtime: Am Küchentresen entlang, vorbei am Essplatz bis zum Wohnbereich genießt man die unverstellte Aussicht durch die gläserne Fassade. Ein niedriges Medienmöbel (Seite 229) dient als Raumteiler.

E in weißes Haus, das sich vor einem dunklen Märchenwald in die Landschaft reckt. Raumhohe Verglasungen und eine breite, teilweise überdeckte Terrasse bestimmen die Fassade und lassen keinen Zweifel, wo die Musik spielt: Von hier hat man den unverstellten Blick ins Rätikon, in die Schweiz und nach Liechtenstein. Schon beim Eintreten an der Bergseite im Nordosten genießt man den Panoramablick über die einige Stufen tiefer liegende hohe Wohnebene. Schwarze, verstellbare Lamellen draußen unter dem Terrassendach schützen die Bewohner des weißen Hauses vor dem Wind.

Mit Sensibilität wurde auf das wasserführende Hanggrundstück reagiert. Mit minimalen Eingriffen in die Topografie entstand ein altersgerechtes Haus, bei dem sich alle wesentlichen Einrichtungen auf einer Ebene erreichen lassen. Es ist teilweise unterkellert, talwärts ergaben sich ein Arbeits- und ein Gästezimmer, die beide über die gesamte Höhe belichtet werden. Von hier hat man Zugang zum Garten.

Die Hauptebene darüber teilt sich in einen großzügigem Wohn- und privaten Rückzugsbereich, in dem das Schlafzimmer noch von einem Winkel aus Bad und Ankleide abgeschirmt wird. Eine Schiebewand sorgt für Diskretion, auf dem Boden liegt weiß geöltes Eichenparkett. Einladend offen ist dagegen der Wohnbereich, in dem jenseits von Küche und Essplatz hinter einem niedrigen Raumteiler mit Medienausstattung eine Polstergruppe wartet. Ein Kamin ergänzt die Fußbodenheizung unter dem Natursteinboden. Die Rückwand des Großraums wird durchgehend von Einbauten aus dunklem Nussbaumholz begleitet.

Das mit einem Wärmedämmverbundsystem isolierte Haus nutzt die Speicherfähigkeit von Innenwänden und Decken. Die Holz-Alu-Fenster sind dreifach verglast. Die Heizanlage wird von einer Erdsonde über eine Wärmepumpe versorgt. Eine kontrollierte Be- und Entlüftung reduziert den Verbrauch, womit man die Qualität eines Niedrigstenergiehauses erreicht.

Längsschnitt

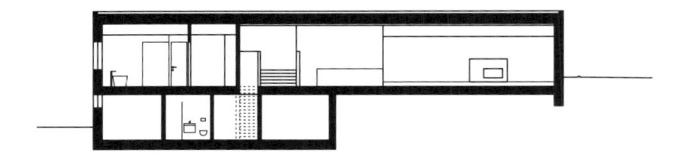

Grundriss Erdgeschoss

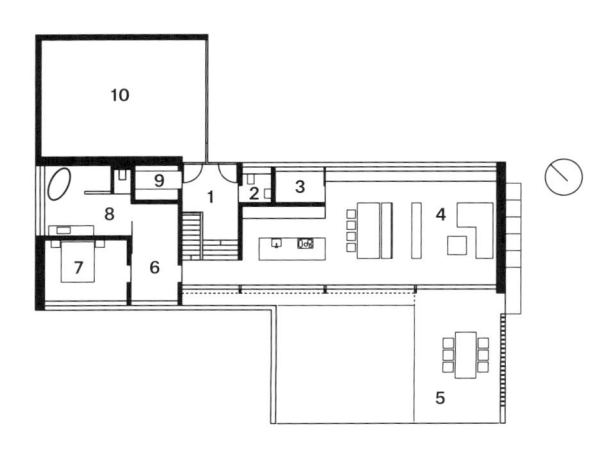

Grundriss Untergeschoss

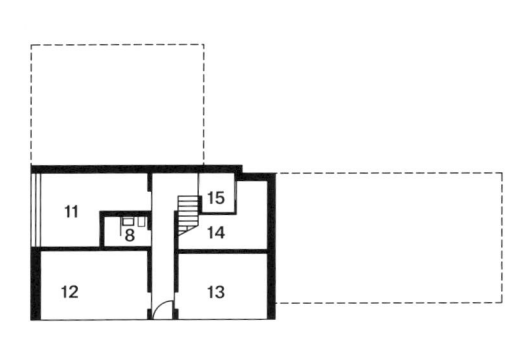

Maßstab
M 1:400

1 Eingang
2 WC
3 Speis
4 Kochen/Essen/Wohnen
5 überdachte Terrasse
6 Ankleide
7 Schlafen
8 Bad
9 Garderobe
10 Garage
11 Hauswirtschaft/Technik
12 Arbeiten
13 Gast
14 Keller
15 Wein

Standort:
Ludesch (A)

Anzahl der Bewohner:

1

Wohnfläche (m²):

213

Grundstücksgröße (m²):

1.246

Zusätzliche Nutzfläche:
78 m²
Bauweise:
massiv
Heizwärmebedarf:
22 kWh/m²a
Energiestandard:
Niedrigstenergiehaus
Fertigstellung:
2014

architektur.
terminal
hackl und
klammer

„Ausgehend vom Ort, seinem Umfeld, den Anforderungen und Wünschen entsteht Unverwechselbares. Architektur ist Individualität, ist Öffentlichkeit, ist bewusst gestalteter Raum!"

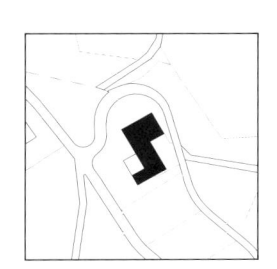

Lageplan

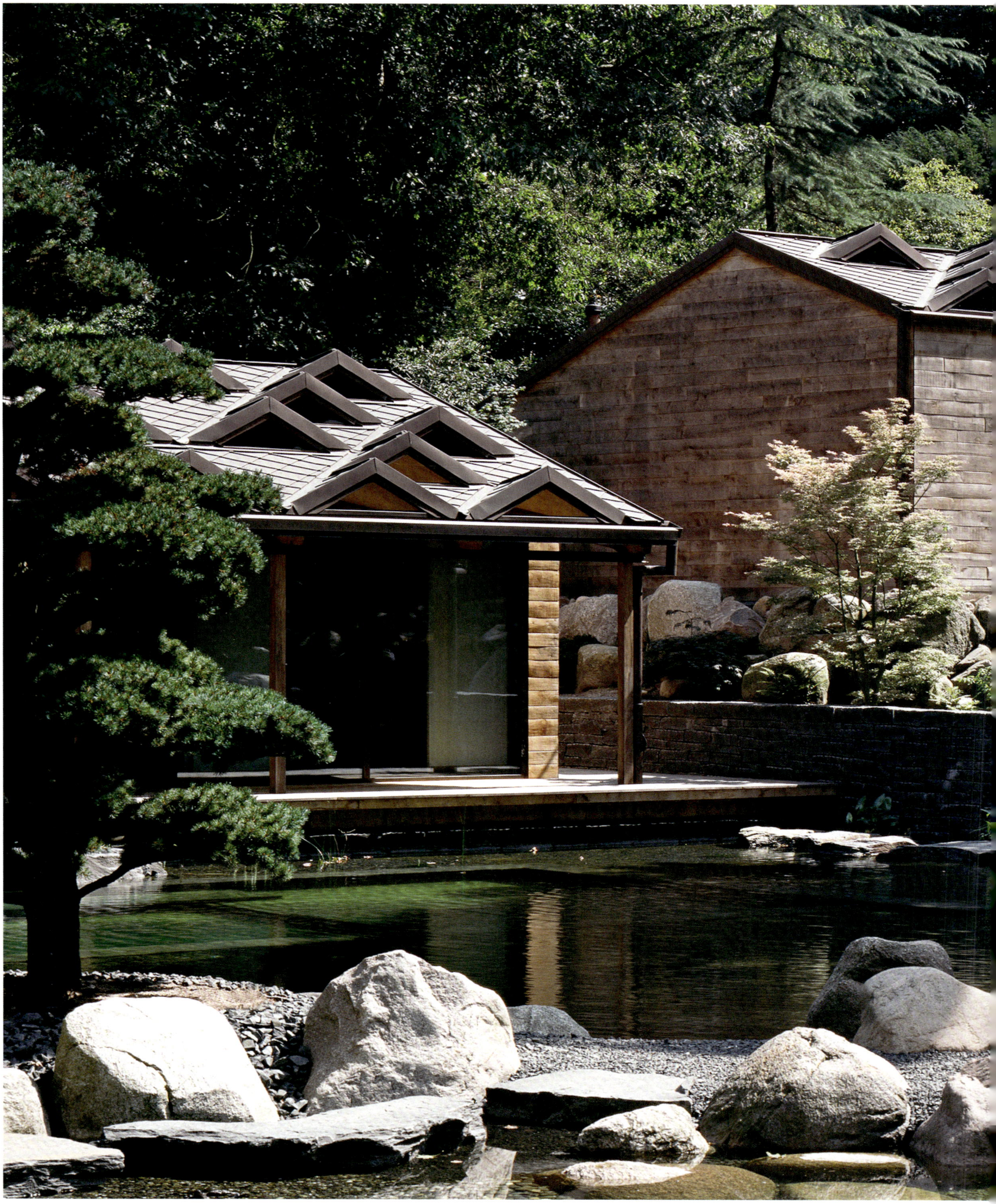

KULTUR-AUSTAUSCH

VON   Picciotto Architekt BDA

in Hamburg-Falkenstein

1 Leerraum. Ein spannungsvolles Zusammenspiel ergibt sich durch die massiv wirkende Eichenholzkonstruktion und die fragilen, transluzenten Schiebewände aus Reispapier.

2 Ein Holzpodest setzt den meditativen Raum nach draußen fort, hier schließt ein Schwimmteich an.

Man könnte hier wohnen, gut wohnen. Darum hat das Haus Eingang in dieses Buch gefunden. Es gehört einem Hamburger, der sein Faible für die japanische Lebensweise mit diesem hölzernen Pavillon verwirklicht, wozu er ein Grundstück neben seinem Anwesen arrondieren konnte. Ursprünglich als Gästehaus gedacht und als solches zu nutzen, dient er doch dem Eigentümer als veritabler Rückzugsraum, als Refugium für Meditation und Teezeremonie.

Das Bauwerk besteht aus drei abgeschlossenen Räumen unter einem gemeinsamen Dach. Der Weg vom Schlafbereich in den Hauptraum und zu Bad und Sauna führt auf einem durchgehenden Holzpodest durchs Freie. An die Veranda schließt zur einen Seite ein Schwimmteich an. Separat steht einige Meter höher ein zweites Gebäude, das als Garage und Remise für Gartengeräte, Pflanzen und die Utensilien für die vom Bauherrn gepflegte Bienenzucht taugt.

Für die japanische Kultur wäre ein Gartenhaus mit Reetdach etwas abwegig gewesen. Der Architekt hat deshalb zusammen mit seinem Auftraggeber nach der Geometrie der Tatami-Matten ein Holzgehäuse entworfen, das sich zwar großzügig verglast zum Garten öffnet, mit dem auskragenden Dach und Wandschirmen aus Reispapier aber die Konzentration auf den Innenraum lenkt. Diffuses Licht kommt zusätzlich über die zahlreichen Gauben, die sich wie eine Reptilienhaut aus der geschuppten Kupfereindeckung kräuseln. Die innen sichtbaren Sparren setzen das Spiel der trigonometrischen Teilung fort, sie kreuzen sich diagonal, ausgeklinkt in einer Ebene. Dort falten sich die Gauben senkrecht nach oben, während die Dachflächen innen mit Pappelholz verkleidet sind. Das Gesparre liegt auf einer Pfettenkonstruktion aus schwarzen Stahlträgern. Innen und außen ist das wandbildende Holzständerwerk mit Eichenbrettern verschalt.

Statt lästiger Möbel ist der Hauptraum lediglich mit einem an Donald Judd erinnernden Küchenblock ausgestattet. Eine mittige Vertiefung im Boden lädt zur Teestunde auf dem Mattengeviert. Statt offenem Feuer tut es in Hamburg auch ein Stövchen.

Längsschnitt

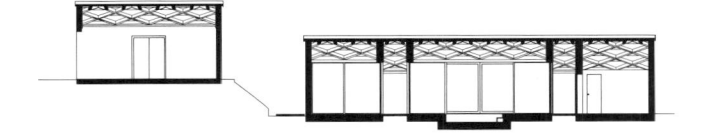

Grundriss
Erdgeschoss

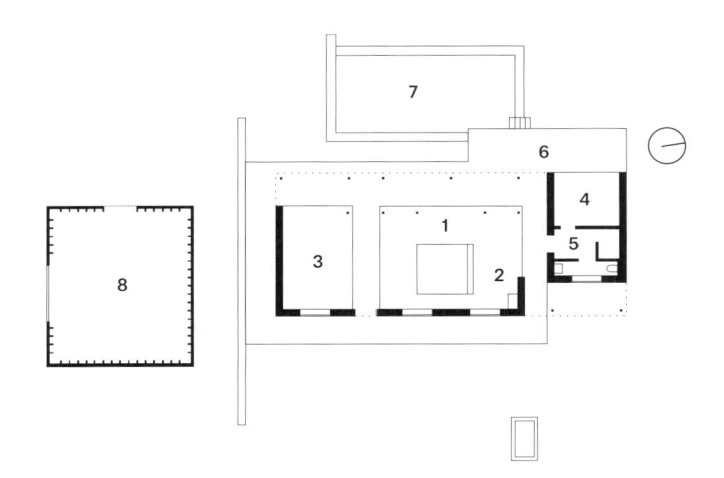

Maßstab
M 1:400

1 Wohnen
2 Küche
3 Schlafen
4 Sauna
5 Bad
6 Terrasse
7 Wasserbecken
8 Remise

Standort:
Hamburg-Falkenstein

Anzahl der Bewohner:

2

Wohnfläche (m²):

80

Grundstücksgröße (m²):

2.000

Zusätzliche Nutzfläche:
40 m²
Bauweise:
Holzständerbauweise
Fertigstellung:
2015

Picciotto
Architekt
BDA

„Die Energie aus dem Ort, der Anforderung und der Vision verwandelte sich in ein solides, belastbares Konzept, zeitlos und zeitgemäß."

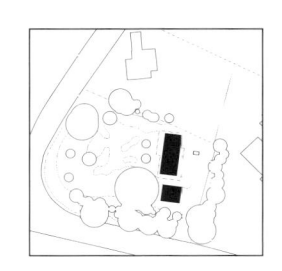

Lageplan

SPITZEN-ARCHITEKTUR

VON   Falke Architekten BDA

in
Troisdorf

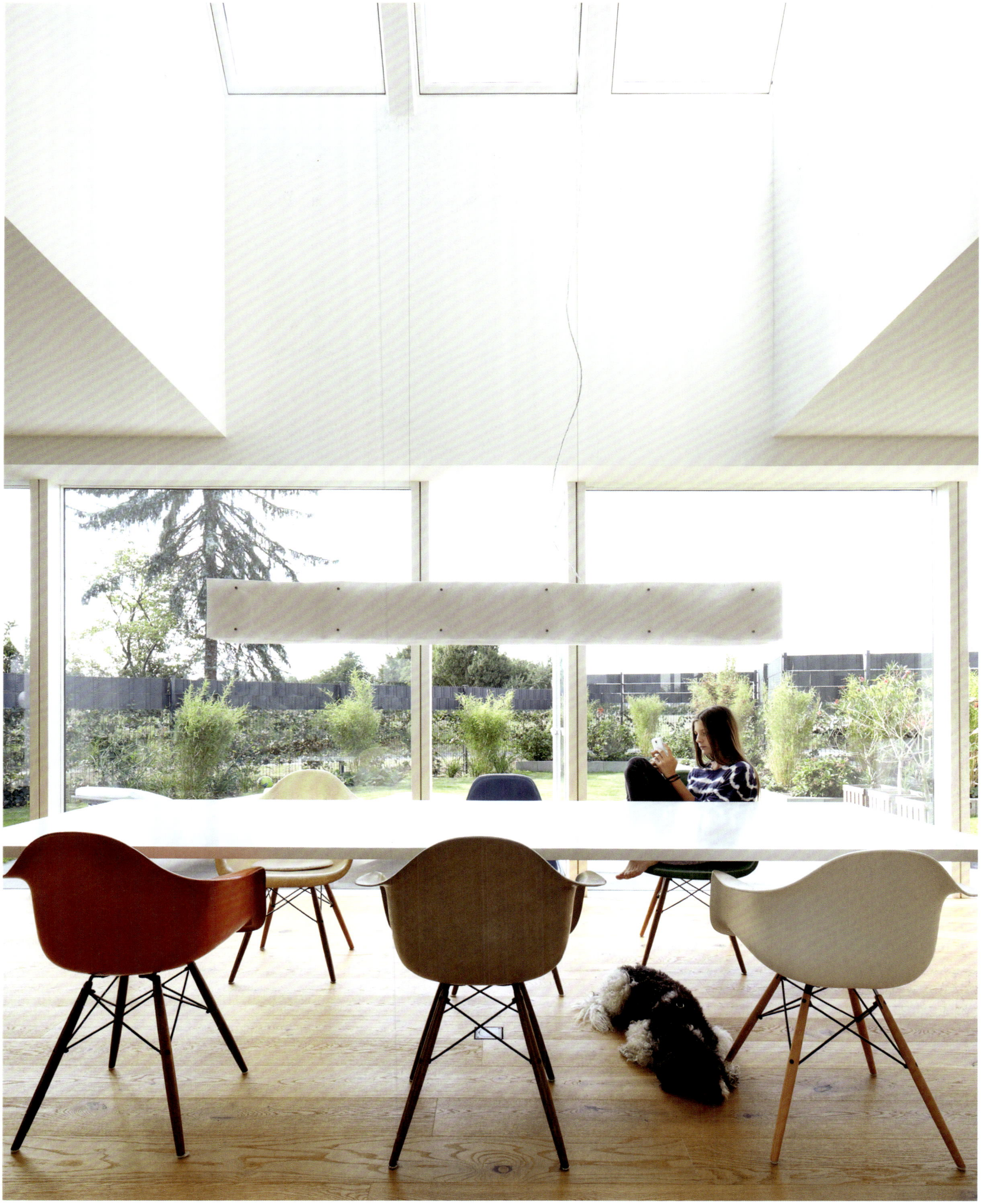

1 Neben der unsichtbaren Wärmeerzeugung durch die Entnahme latenter Energie aus einem Wasserspeicher (bis zu dessen Vereisung) trägt ein Kamin zur atmosphärischen Heizung bei.

Wenn Architekten ein Haus für sich selbst bauen, zeichnet es sich gewöhnlich nicht durch ein Mehr an dekorativer Ausstattung aus, sondern durch den Verzicht auf die Unruhe von Vor- und Rücksprüngen, Gauben, Fensterleibungen, Dachüberständen und ein Sammelsurium an Baumaterialien. So ein schlichtes Haus entstand hier zwischen Köln und Bonn, es hebt sich vom schmucken Einerlei seiner Umgebung ab wie ein maßgebendes Urmeter. Der Bebauungsplan gestattete nur eine eingeschossige Bauweise mit Satteldach auf einem Baufenster von 9 x 13 Metern – Standardfestsetzungen für eine kleinbürgerliche „Vorstadtidylle".

Im Gegensatz zu einem Kölner Haus des Architekten („Häuser des Jahres 2015") fällt dieses Beispiel nicht durch seine Objekthaftigkeit auf, sondern orientiert sich an der Figur des klassischen Siedlungshauses. Die nach außen öffnenden, fassadenbündig eingesetzten Fenster unterstreichen die formale Einfachheit des Baukörpers, lediglich die vitrinenartig hervortretende Verglasung zur Straße durchbricht das strenge Konzept. Im Inneren überrascht die lichte Größe. Vom Eingang, der noch statthaft schräg in die Fassade schneidet, führt der Weg durch eine Dielenschleuse ins Zentrum eines offenen Wohnraums, im Mittelpunkt neben der Küchennische der helle Essplatz, über dem der Luftraum bis unter die verglaste Dachschräge reicht. Die Polster arrangieren sich um einen Kamin. Die Podesttreppe führt auf die Kinderebene mit Bad und Ankleide, die Eltern steigen über schmale Stufen bis unter den Spitzgiebel, wo sie ihren Schlafraum mit einer kleinen Nasszelle finden.

Bemerkenswert ist die Beheizung des Hauses. Dafür wird ein zehn Kubikmeter großer unterirdischer Wassertank genutzt. Ihm entzieht eine Wärmepumpe Energie, bis er Ende des Winters vereist. Dabei gibt er bei der Umwandlung seines Aggregatzustands zusätzlich Kristallisationswärme ab. Um das Eis zu tauen, transportiert die Pumpe von einer Solarthermieanlage auf dem Garagendach Wärme in den Eistank. Im Sommer funktioniert das Kreislaufsystem umgekehrt, dann wird über die Fußbodenheizung die Raumwärme abgeführt. Auf eine Lüftungsanlage wurde zugunsten einer natürlichen Fensterlüftung verzichtet.

Querschnitt

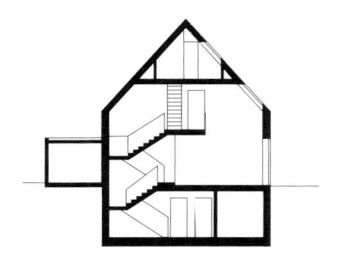

Grundriss
Dachgeschoss

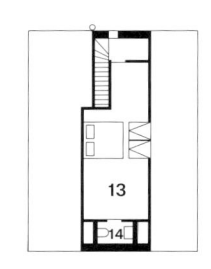

Grundriss
Obergeschoss

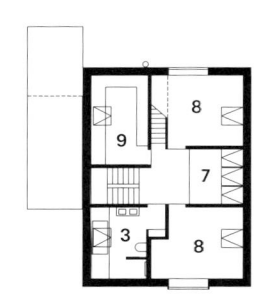

Grundriss
Erdgeschoss

Grundriss
Untergeschoss

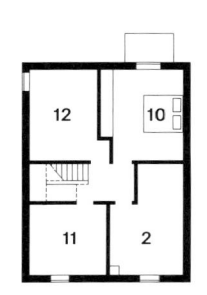

Maßstab
M 1:400

1 Eingang
2 Abstell
3 Bad
4 Kochen/Essen/Wohnen
5 Terrasse
6 Garage
7 Luftraum
8 Kind
9 Ankleide
10 Gast
11 Hauswirtschaft
12 Fitness
13 Schlafen
14 WC

Standort:
Troisdorf

Anzahl der Bewohner:

4

Wohnfläche (m²):

200

Grundstücksgröße (m²):

447

Zusätzliche Nutzfläche:
35 m²
Bauweise:
massiv
Baukosten:
345.000 Euro
Primärenergiebedarf:
49 kWh/m²a
Fertigstellung:
2014

Falke
Architekten
BDA

„Innerhalb der Grenzen eines standardisierten Bebauungsplans sprengt das Haus mit heterogenem Raum und Lichtszenarien den Rahmen des Gewöhnlichen."

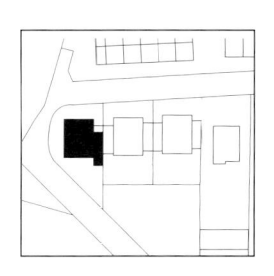

Lageplan

WIE EIN FINDLING

VON KREN Architektur AG
 in Seltisberg (CH)

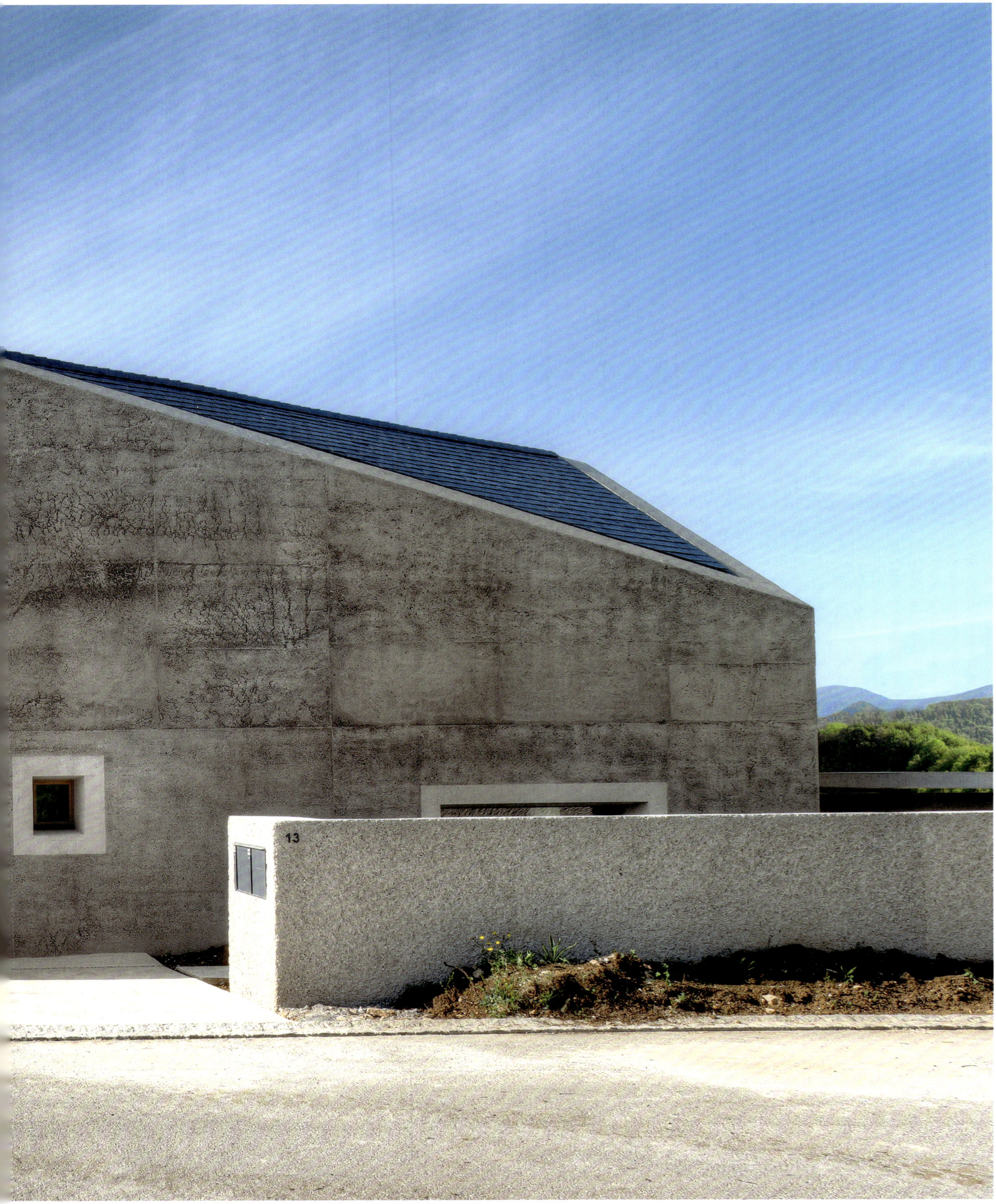
13

1 Rohbau ist Ausbau. Die zwischen 60 bis 100 Zentimeter dicken Wände aus Dämmbeton formen Nischen und Räume. Der durchgehend monochrome Linoleumboden bildet eine neutrale klare Fläche.

2 Fensteröffnungen, dort, wo sie der Innenraum benötigt, durchbrechen die sandgestrahlten Außenwände. Die hellen Laibungen wurden bei der Behandlung ausgespart.

Die Architekten tauften ihr Projekt „Trovatello", Findelkind also. Das spielt an auf die introvertierte, erratische Anmutung, mit der das Wohnhaus auf seinem großen Grundstück am südlichen Ortsrand der kleinen Gemeinde lagert. Die Vaterschaft, um beim gewählten Begriff zu bleiben, ist allerdings nicht umstritten, das Gebäude stammt mit seiner massiven einschaligen Bauweise aus der ruralen Kultur. Die Konstruktion aus Dämmbeton, in Stärken zwischen 60 und 100 Zentimetern, bestimmt seinen Charakter, sie erinnert an frühe historische Beispiele. Statt wie heute üblich die Außenhülle in technische Ebenen zu zerlegen, für die jeweils ein anderer Fachplaner verantwortlich ist, übernehmen die Betonwände gleichzeitig tragende und umhüllende Funktionen, regulieren durch ihre träge Masse das Innenraumklima und erfüllen mit ihren rauen Oberflächen hohe gestalterische Ansprüche.

Fenster und Türen sind tief eingeschnitten. Dort, wo die innere Organisation sie benötigt, verleihen sie dem Haus eine vertrauenerweckende, fast burgartige Präsenz. Ihre Gewände wurden beim Sandstrahlen der Oberflächen ausgespart und rahmen als helle Passepartouts die Öffnungen.

Im Grundriss, der vom obligatorischen rechten Winkel abweicht, wirkt das Haus wie aus einem Felsen geschlagen, die keilförmigen Wandscheiben, ausgesparten Nischen und verstärkten Kanten lassen die Wandtiefe spüren. Folgerichtig setzt das schiefergedeckte Dach mit seiner mehrfachen Faltung, die dennoch dem restriktiven Genehmigungsrahmen folgt, die besondere Geometrie des Gehäuses fort, das heißt, es entstehen individuelle, unverwechselbare Innenräume. Vom rohen Beton der Wände und Decken setzen sich die glatten weißen Trockenbauwände, unbehandelten Eichenholzfenster und Einbauten ab. Auf dem Boden liegt überwiegend ein monochromer Linoleumbelag.

Die Funktionsteilung ist klassisch, Küche/Essplatz und Wohnraum sind separiert, verbunden durch Diele und Loggia. Ein taghelles Studio im Untergeschoss ist durch eine zweite Treppe auch von außen erreichbar, unterm Dach gehört zu den drei Schlafzimmern ein Block mit Bädern und Stauräumen, am Flurfenster ergab sich ein Arbeitsplatz.

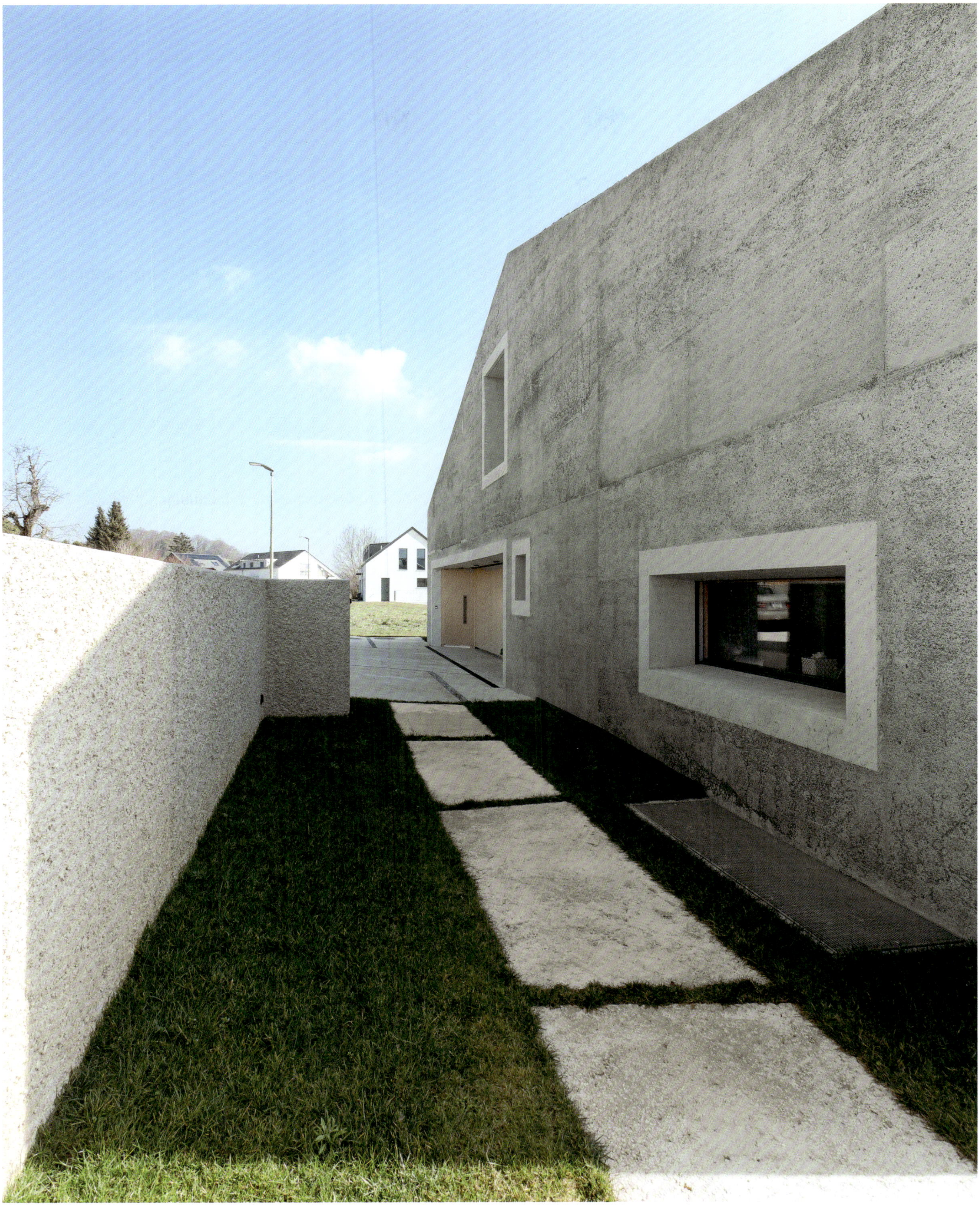

2

3

4

Schnitt

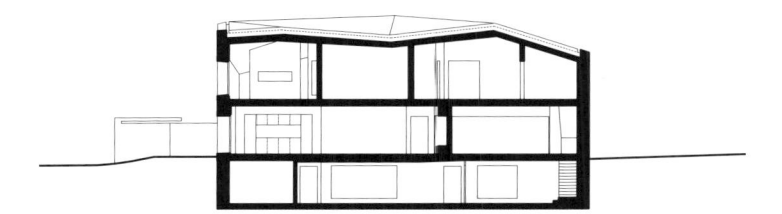

Grundriss
Dachgeschoss

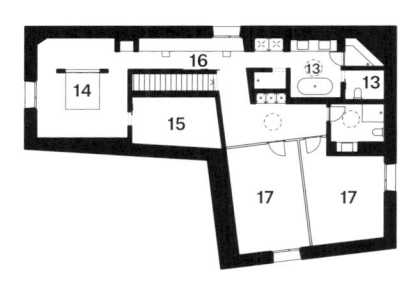

Grundriss
Erdgeschoss

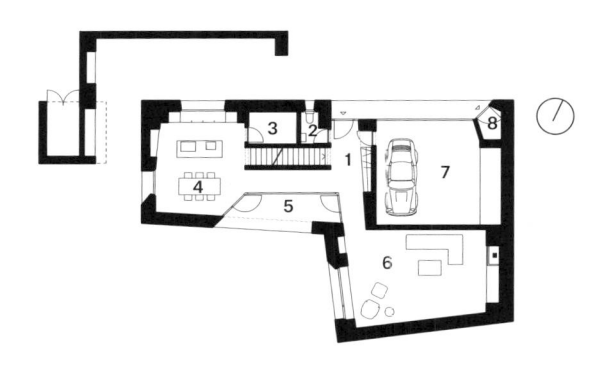

Grundriss
Untergeschoss

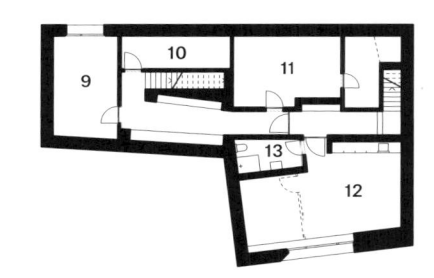

Maßstab
M 1:400

1 Eingang
2 WC
3 Speis
4 Kochen/Essen
5 Terrasse
6 Wohnen
7 Garage
8 Eingang Studio
9 Hobby
10 Keller
11 Hauswirtschaft/
 Technik
12 Studio
13 Bad
14 Schlafen
15 Ankleide
16 Arbeiten
17 Zimmer

Standort:
Seltisberg (CH)

Anzahl der Bewohner:

3

Wohnfläche (m²):

254

Grundstücksgröße (m²):

812

Zusätzliche Nutzfläche:
70 m²
Bauweise:
massiv, Dämmbeton
Baukosten:
1.850.000 CHF
Heizwärmebedarf:
134 kWh/m²a
Primärenergiebedarf:
54 kWh/m²a
Energiestandard:
Minergie
Fertigstellung:
2015

KREN
Architektur
AG

„Ein Haus, gebaut aus einem Material: Beton bildet Wände und Räume, umhüllt, schützt und wärmt diese und ist die innere Oberfläche an Decke, Wand und Boden."

3   Hausaltar. Hinter der als Kopfende des Betts dienenden schlanken Betonwand liegt ein Stauraum, der sich als Flur mit Arbeitsplätzen fortsetzt. Die gefaltete Dachfläche ergibt an jedem Ort ein spezielles Raumgefühl.

4   Mit dem haptischen Beton kontrastieren die Fenster und schwarzen Einbauten aus Eichenholz.

Lageplan

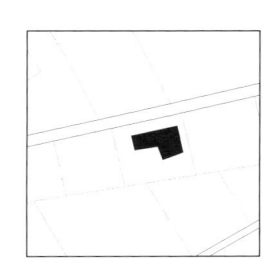

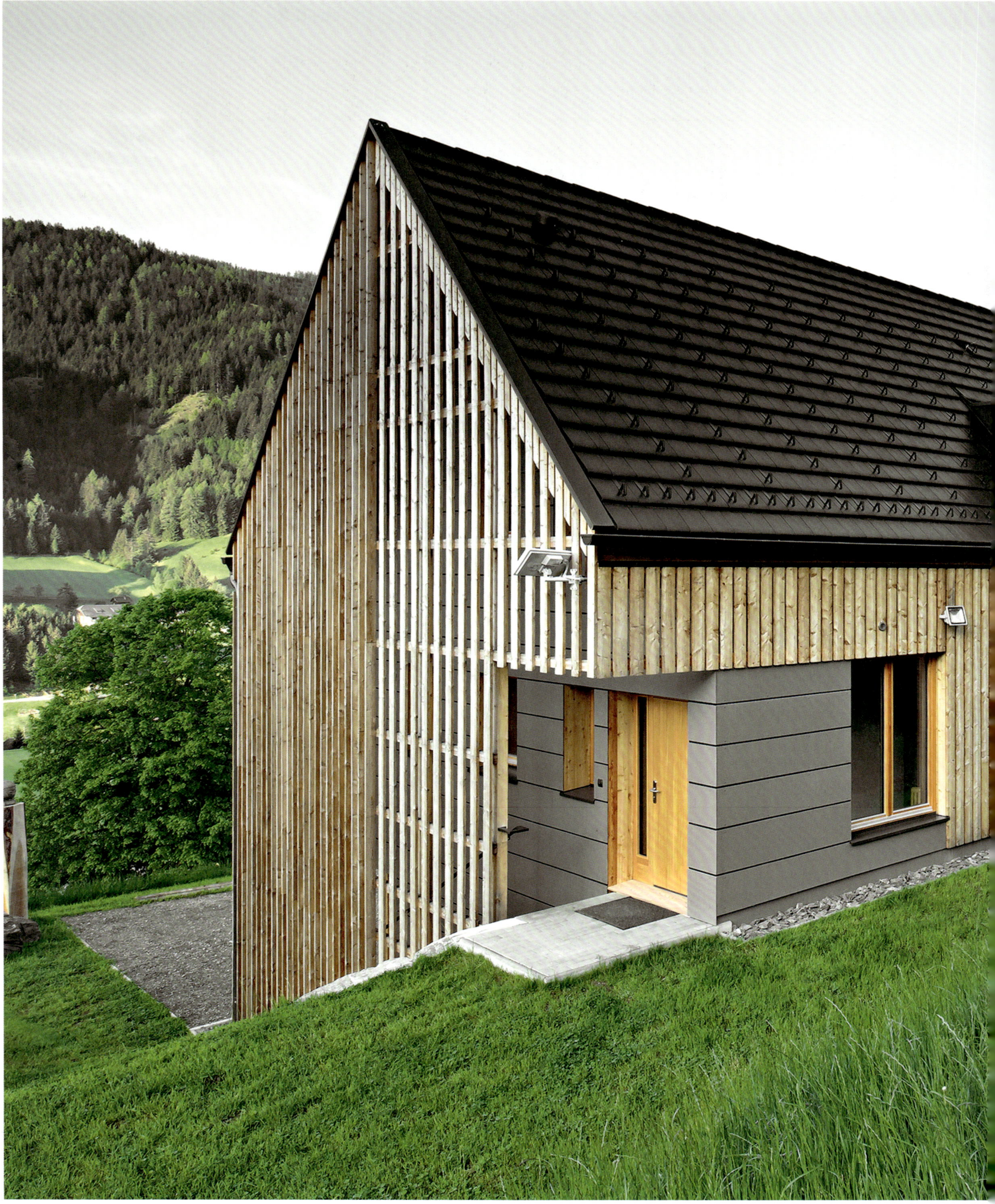

GEHEN SIE NICHT ÜBER LOS!

VON Madritsch Pfurtscheller

in
Gnesau (A)

Dass sie eine neue Hofstelle bauen können, also einen landwirtschaftlichen Betrieb, haben die beiden Architekten im Pustertal schon bewiesen („Häuser des Jahres 2012"). Aber als dieser Bauherr sich für seinen Wohnsitz eine typische Scheune wünschte, eine Nachempfindung dieser mächtigen, walmgedeckten Gebäude mit ihren weiß geschlämmten Ziegelpfeilern, wie sie im Gurktal noch zu finden sind, ging das den Planern doch zu weit. Auch das Grundstück mit der unbezahlbaren Aussicht half mit, dass der Bauherr seine ursprüngliche Idee zugunsten eines „scheunenartig modernen Holzhauses" aufgegeben hat.

Von außen betrachtet, wurde mit den holzverschalten Fassaden, die sich dort, wo man weniger Einblicke wünschte, taktvoll über die Öffnungen ziehen, so dass sich wie bei bäuerlichen Remisen eine luftige Schraffur ergibt, kein Fremdkörper in die Landschaft gestellt. Innen überrascht aber eine Wohnstatt, die sich räumlich wahrnehmbar jeden Winkel der 400 Quadratmeter großen Fläche erobert. Das betonierte Sockelgeschoss birgt nur Keller und Garagen. Darüber beginnt, nun von der Bergseite erschlossen, das eigentliche Zuhause. Abgesehen von dem mit Einbauschränken abgetrennten Schlafraum nebst Bad wird das Haus bis unter das Dach von einem offenen, ganz mit Holz ausgeschlagenen Wohnraum beherrscht. Im hohen Teil korrespondieren Küche und Essplatz, unter einer Galerie mit einem mächtigen Feuerplatz kann man sich in einen Polsterwinkel zurückziehen. Diese Empore ist ohne Stützen oder Zugbänder in Längsrichtung gespannt, dafür wurden größere Balkenquerschnitte benötigt, was die Anmutung einer dunkleren, gemütlichen Wohnhöhle betont. An die obere Ebene schließt eine Gästewohnung an, sie reicht mit einer weiteren Treppe bis unter das Juchhe.

Das symmetrische Dach, das alles überdeckt, besteht aus einem raffinierten asymmetrischen Tragwerk: Nach Norden spannt über die Giebelwände eine Brettschichtholzscheibe, auf die von Süden ein Gespärre aus Leimbindern trifft, das sich wiederum als Gaube über der Galerie fortsetzt. Als eiferten rustikale Scheune und moderne Konstruktion um die Wette…

1 Die Tragbalken der Galerie spannen stützenfrei in Längsrichtung, dadurch erhielten sie solide Abmessungen, was den Charakter einer gemütlichen Wohnhöhle in der darunterliegenden Sofaecke verstärkt.

2 Das Satteldach darüber setzt die raffinierte Statik fort. Hier lehnt sich von der Nordseite eine Brettschichtholzscheibe gegen eine Leimbinderkonstruktion auf der Südseite.

Längsschnitt

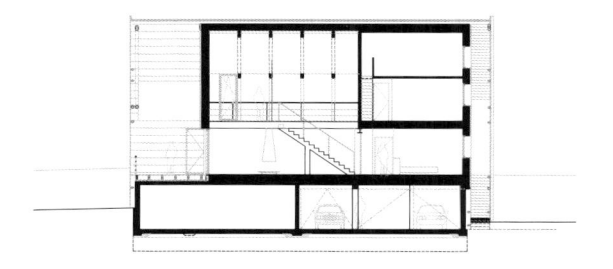

Grundriss
Dachgeschoss

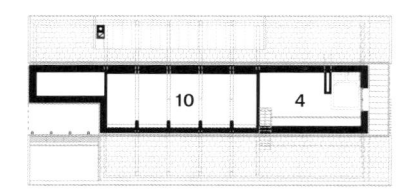

Grundriss
1. Obergeschoss

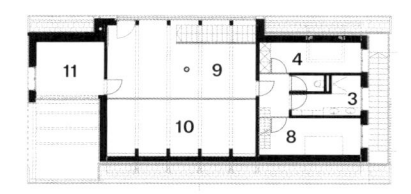

Grundriss
Erdgeschoss

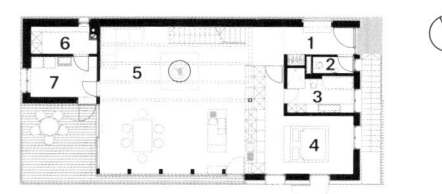

Grundriss
Kellergeschoss

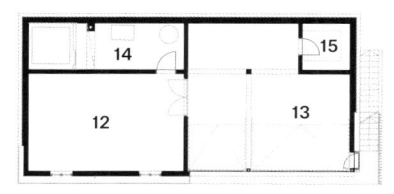

Maßstab
M 1:400

1 Eingang
2 WC
3 Bad
4 Schlafen
5 Kochen/Essen/
 Wohnen
6 Speis
7 Waschen
8 Wohnen
9 Galerie
10 Luftraum
11 Adlerhorst
12 Keller
13 Garage
14 Technik
15 Wein

Standort:
Gnesau (A)

Anzahl der Bewohner:

1

Wohnfläche (m²):

405

Grundstücksgröße (m²):

830

Zusätzliche Nutzfläche:
156 m²
Bauweise:
Stahlbau und
Holz-Massivbau
Heizwärmebedarf:
45,5 kWh/m²a
Fertigstellung:
2014

Madritsch
Pfurtscheller

„Die Typologie der Gurktaler Scheune als Bauidee vermittelt ein archaisches Lebensgefühl. Die Umsetzung erfolgt jedoch mit moderner Architektur, zeitgemäß und technisch auf dem neuesten Stand."

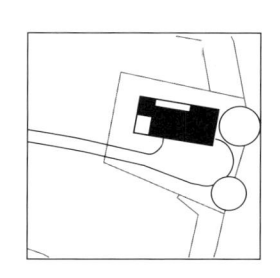

Lageplan

GEBAUTER WEITBLICK

VON Hurst Song Architekten

in Morissen (CH)

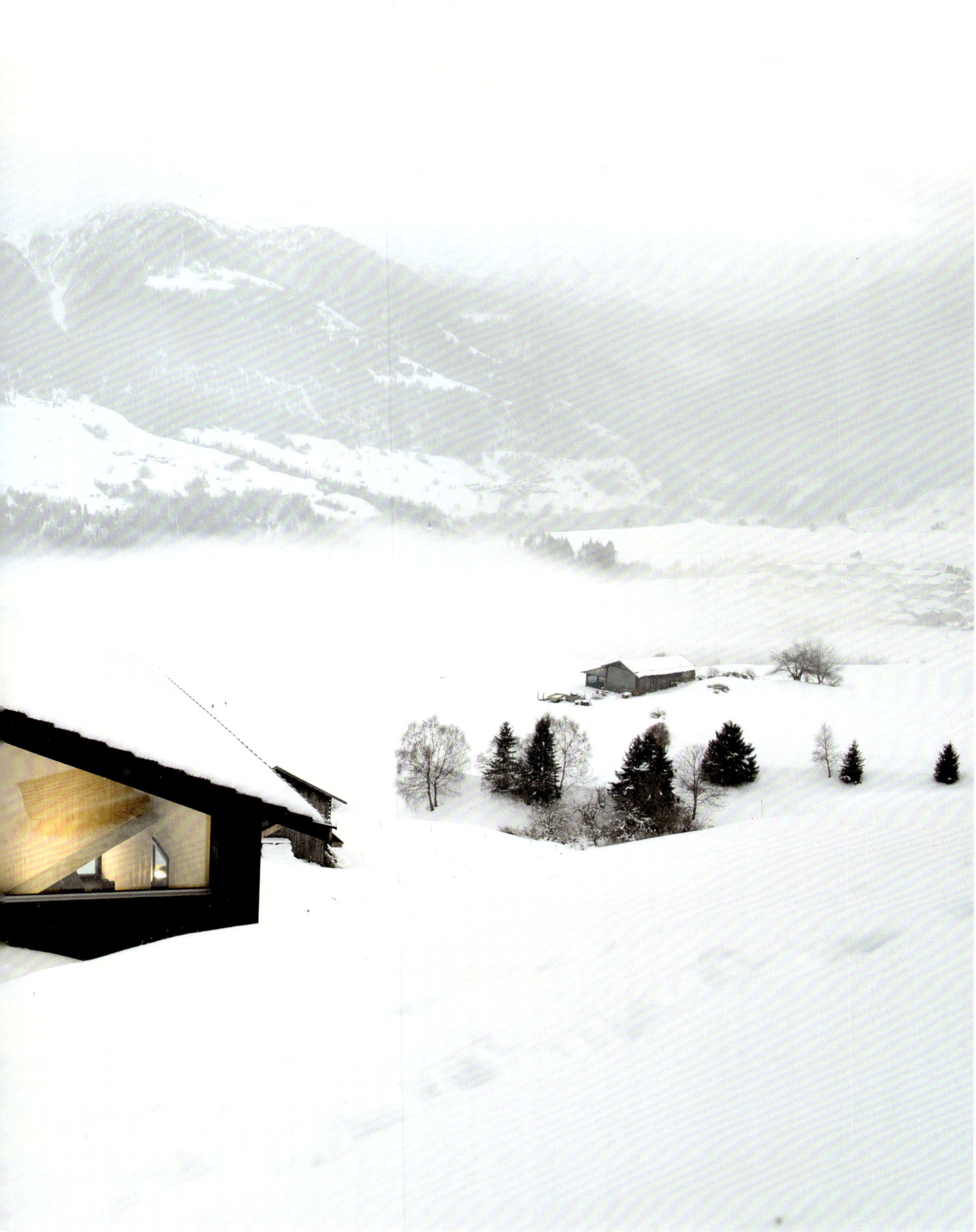

1 Der Ortbeton zeigt sich allseitig ungeniert, die Betonböden sind geschliffen. Erst unterm Dach empfängt eine Holzverschalung.

2 Senkrechte Holzlamellen am Giebel schützen vor zu viel Sonne in den Lichtkaminen der Hausecken.

Wie bei ihrem in derselben Region entstandenen Berghaus aus Dämmbeton („Häuser des Jahres 2014") haben sich die Architekten auch bei diesem Projekt an das Bild der dörflichen Bebauung gehalten, ohne dass deshalb eine folkloristische Wohnscheune entstanden wäre. Außen und Innen halten eine spannende Balance.

Das steile Grundstück liegt auf 1360 Metern Höhe im Val Lumnezia, der Weitblick ist einmalig. Die Hangneigung des giebelständigen Hauses ergab nach Süden zur Talseite drei Geschosse, zum Berg ist es ein Geschoss. Im Quer Zschnitt sieht man, wie sich die Ebenen der holzverschalten Betonkonstruktion mit der Topografie arrangieren. Die großen Fensterfronten richten sich zum Tal, die Seiten sind geschlossen. Die sägerauen Fichtenbretter sind mit einer dunklen Leinöl-Lasur behandelt. Im Dachgeschoss modulieren senkrechte Lamellen das zeitweise grelle Tageslicht, außerdem versöhnen sie das Haus mit der traditionellen Bauweise.

Über dem Keller- und Garagengeschoss liegen drei Wohnebenen. Eine offene Treppe, die die unterste Stiege ablöst, verbindet als offene Mitte die in den Berg geschobenen Stockwerke, so dass auf Türen weitgehend verzichtet werden kann. Das schützend zurückgesetzte Erdgeschoss hat noch einen zweiten Eingang zu einem separaten Gästeapartment. Über dem Eingangsfoyer erreicht man die Hauptebene, wobei die betonierten Treppenwände der schwarz ausgeschlagenen Küche eine Nische bilden. Essplatz und Wohnen teilen sich den unverstellten Ausblick, die felsig wirkenden Betonoberflächen von Wänden, Decken und Böden lenken von nichts ab. Eine Besonderheit sind die diagonalen Deckenaussparungen in allen vier Hausecken. Sie bringen indirektes Licht von oben, ohne die Privatheit des Schlafgeschosses zu stören.

Es gibt also keine Galerie mit Blick nach unten, in den Dachzwickeln liegen Stauflächen und Toilette. Am Fußende des Betts breitet sich wieder das weite Panorama aus, das Bad liegt im Rücken zum Bergmassiv. Aus jeder Ebene gibt es Ausgänge ins Freie für zwei Bewohner, zwei Hunde und eine Katze.

Querschnitt

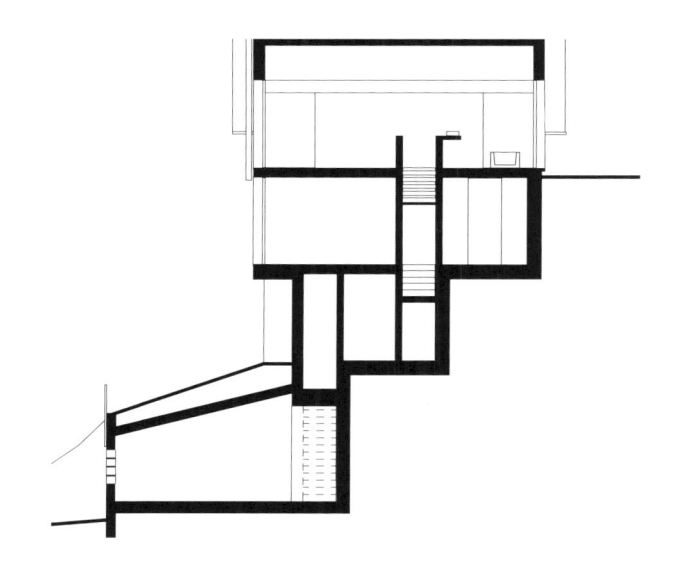

Grundriss Dachgeschoss

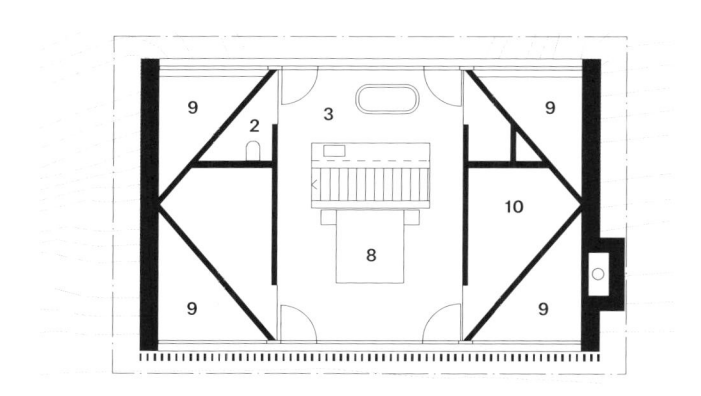

Grundriss Obergeschoss

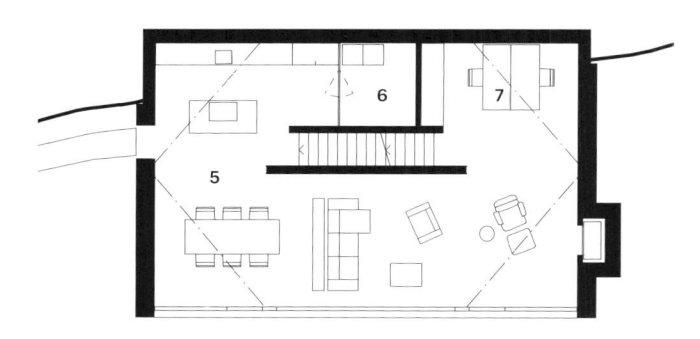

Grundriss Erdgeschoss

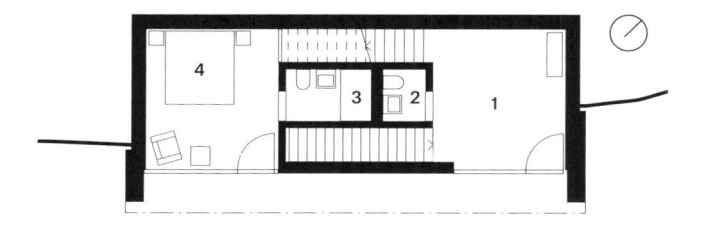

Maßstab
M 1:200

1 Eingang
2 WC
3 Bad
4 Gast
5 Kochen/Essen/Wohnen
6 Reduit
7 Arbeiten
8 Schlafen
9 Luftraum
10 Ankleide

Standort:
Morissen (CH)

Anzahl der Bewohner:
2

Wohnfläche (m²):
180

Grundstücksgröße (m²):
658

Zusätzliche Nutzfläche:
60 m²
Bauweise:
Mischbauweise:
massiv, Holzbauweise
Baukosten:
850.000 CHF
Fertigstellung:
2015

Hurst Song
Architekten

„Die Auseinandersetzung mit der Topografie und den umliegenden, traditionellen Bauten war maßgebend für den Entwurf."

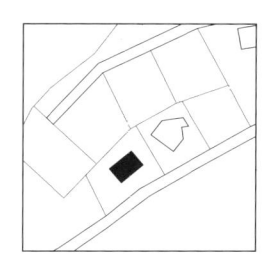

Lageplan

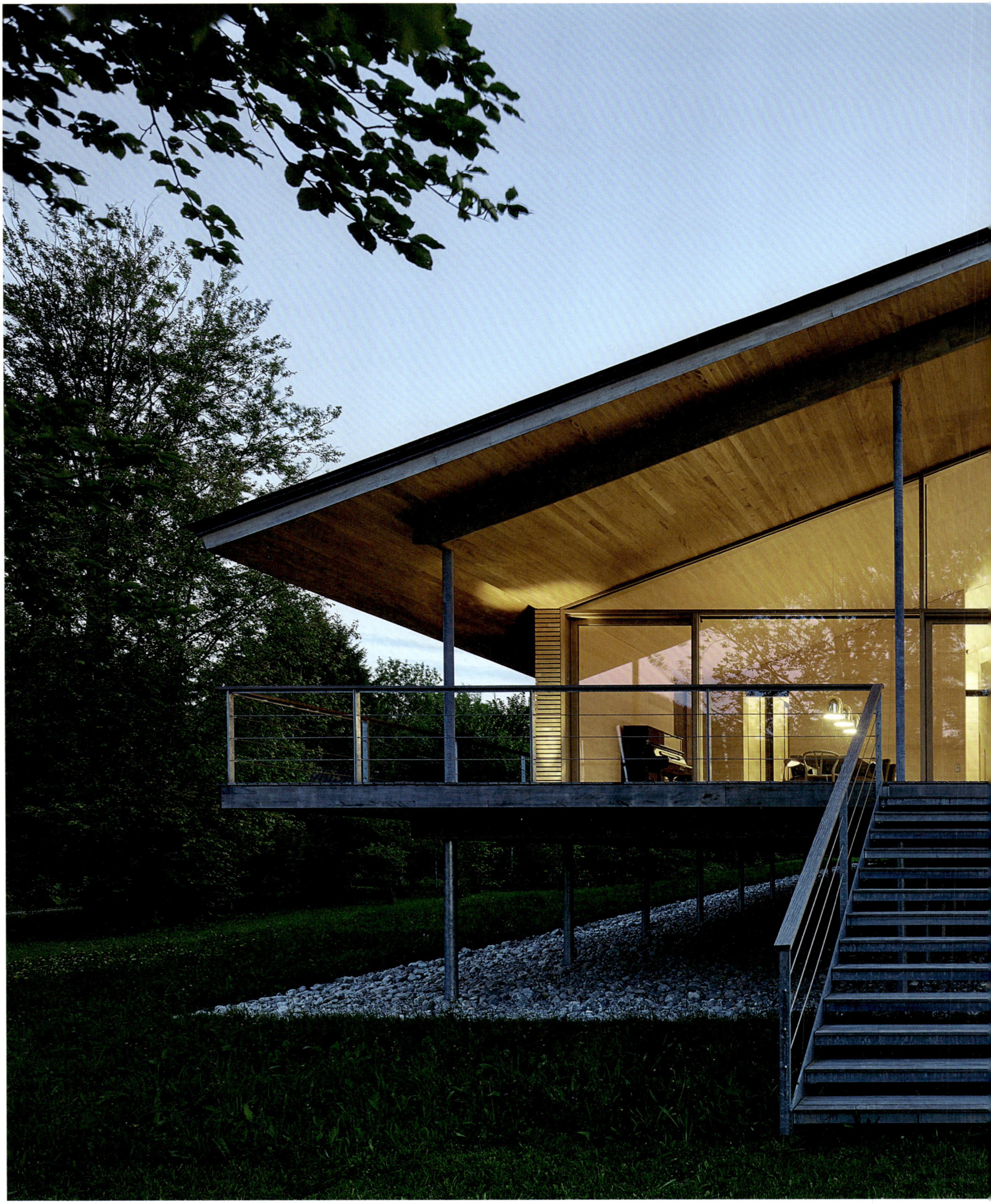

SEEWARTE

VON Dietrich | Untertrifaller
Architekten

in
Bad Wiessee, Tegernsee

1

Ein Haus, das an die Typologie der Boots- und Fischerhäuser anschließt, wie ein Blick in den Innenraum zeigt, aber in seiner Ausformung durch seine Großzügigkeit Lichtjahre vom traditionellen Hüttenwesen entfernt bleibt. Die Wohnfläche von knapp 300 Quadratmetern ist auf einer Ebene angelegt. Alles scheint das Lagernde, Horizontale unter dem weiten, auskragenden Kupferdach zu betonen. Ein umlaufender Steg, der sich seewärts zur Terrasse verbreitert, lässt nicht im Ungewissen: Man befindet sich in einer zauberhaften Landschaft, nur wenige Schritte und man ist am Tegernsee. Ein paar schlanke Stahlstützen behindern nicht den Ausblick, sie könnten schon zu den Masten der voraus ankernden Yachten gehören.

Das Bauwerk ist als Holzkonstruktion ausgeführt, überwiegend wurde heimische Weißtanne verwendet. Die Außenverkleidung ist mit waagrechten Rhombusleisten ausgeführt. Die Aufständerung auf Stahlstützen über dem leicht geneigten Ufergrundstück dient als Schutz vor dem Hochwasser. Lediglich ein unterirdischer Technikraum, den man über einen Abgang neben der Garage erreicht, verlangte einen marginalen Eingriff in den Baugrund. Sonst blieb der natürliche Geländeverlauf erhalten, ein Wiesenpassepartout säumt das Gebäude.

Nach außen an dem umlaufenden Steg zeichnet sich die innere Organisation ab: Es gibt fünf Raumgruppen, die an den drei Meter breiten, bis unter den Dachfirst reichenden Mittelflur anschließen. Er ist allseitig mit Holz ausgeschlagen. Licht kommt zusätzlich über punktuelle Dachflächenverglasungen, die helle Felder auf die Vertäfelung zeichnen. Zur Stirnseite und zwischen den Kompartimenten gibt es jeweils eine Querverbindung zu dem Steg ins Freie. Vor dem zum See orientierten, über die gesamte Hausbreite reichenden Wohn-/Esszimmer weitet sich der Flur zu einer Kücheninsel. Hinter den glatt und bündig in die Holzwände eingesetzten Türen verbergen sich drei Kinderzimmer, der Elternbereich, zwei weitere Nassräume, schließlich ein Büro und der Block mit Garage, Waschküche und Gästezimmer.

1 Selbst in Querrichtung beeindruckt das Haus mit seiner verschwenderischen Fläche.

2 Der umlaufende Steg verbreitert sich vor den Austritten zu windgeschützten Nischen.

2

3 Kein Tegernseer Stallgeruch, dennoch lebt das Haus dank der Weißtanne-Ausstattung von seiner warmen Atmosphäre. Der weite Dachüberstand beschattet die „Wohnplattform".

4 Der Grundriss ist funktional in Nutzungsgruppen gegliedert. Licht kommt über Dachluken in den Flur, sie werfen changierende Flecken auf die Wände.

Querschnitt

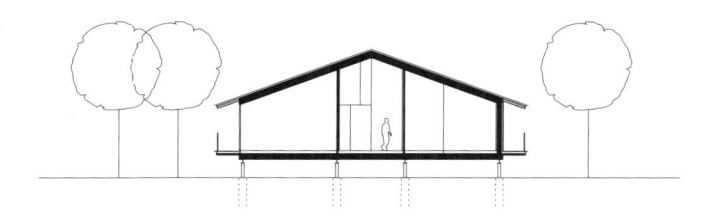

Grundriss Erdgeschoss

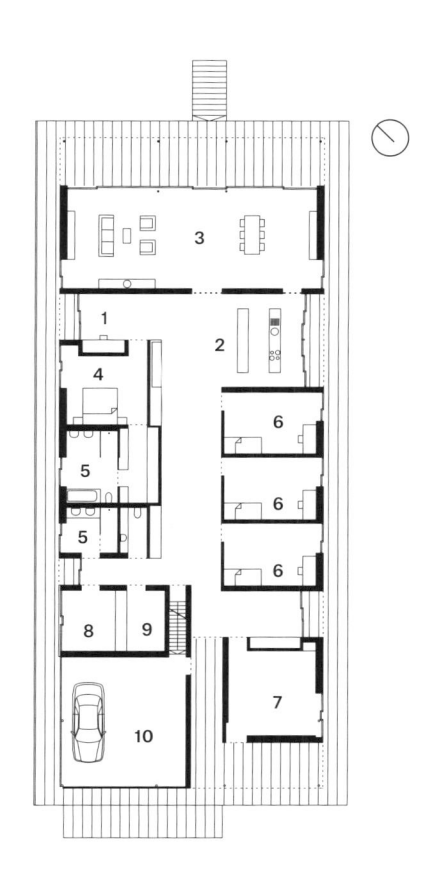

Grundriss Untergeschoss

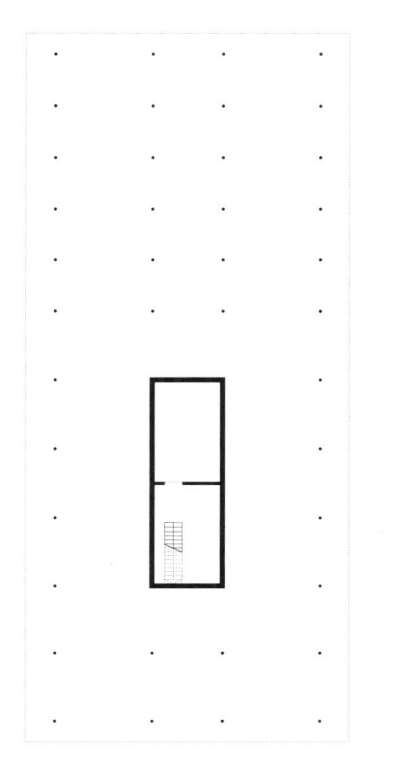

Maßstab
M 1:400

1 Eingang
2 Kochen
3 Essen/Wohnen
4 Eltern
5 Bad
6 Kind
7 Arbeiten
8 Waschen
9 Gast
10 Garage

Standort:
Bad Wiessee, Tegernsee

Anzahl der Bewohner:

5

Wohnfläche (m²):

293

Grundstücksgröße (m²):

3.435

Bauweise:
Holzbauweise
Heizwärmebedarf:
44,6 kWh/m²a
Fertigstellung:
2013

Dietrich | Untertrifaller
Architekten

„Das Ufergrundstück am Tegernsee wird regelmäßig überflutet. Dieser Umstand zwingt förmlich dazu, das Wohnhaus als Pfahlbau zu errichten und sich damit in die jahrtausendalte Tradition der Bauten am Wasser zu stellen. Schwebende Leichtigkeit, geringe Höhenentwicklung und Betonung der Horizontalen bestimmen den Entwurf."

Lageplan

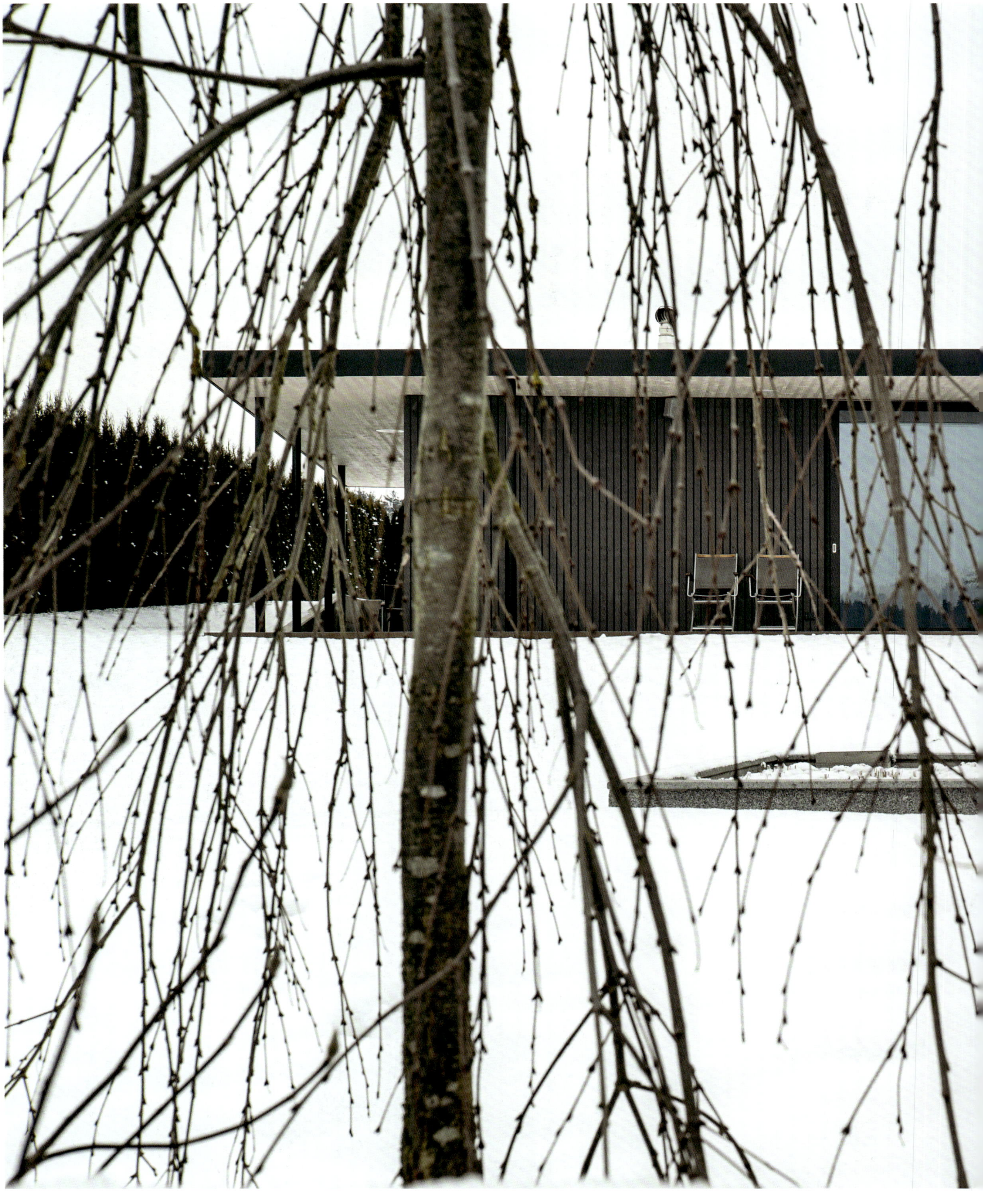

NAGELNEUES
ALTENTEIL

VON Bogenfeld Architektur
in Taufkirchen an der Pram (A)

1 Durch die Verdrehung des Gehäuses unter dem weit auskragenden Flachdach entstehen nach jeder Seite Veranden für unterschiedliche Zwecke.

2 Die aufwändige Außenwandkonstruktion schließt innen mit weiß lasierten Fichtendreischichtplatten ab, über der betonierten Bodenplatte liegen Eichendielen.

Man denkt nicht als Erstes an ein Wohnhaus, wenn man diesen eleganten Pavillon entdeckt. Die großen Glasflächen und das rundum auskragende Dach könnten auch zur Dependance eines Kunstvereins gehören, auf jeden Fall einladend eine öffentliche Funktion signalisieren. Tatsächlich geht es hier um etwas völlig anderes. Ein Einfamilienhaus auf einem großen Grundstück war zu klein geworden, denn die erwachsenen Kinder wollten nicht unbedingt wegziehen. Man hätte aufstocken oder anbauen können. Aber es gibt noch eine andere Lösung, die zur Kultur im ländlichen Raum gehört: Wenn die Eltern sich zur Ruhe setzen und den Bauernhof übergeben, bauen sie sich ein Austragshäusl, Ausgedinghaus, Stöckli, Altenteil. So geschah es hier. Und wenn man den Grundriss mit dem einzigen offenen Großraum betrachtet, glaubt man, die Eltern hätten damit auch ein völlig neues Leben begonnen.

Das Geviert des Hauses ist unter dem ungleich überstehenden Dachdeckel so gedreht, dass außen sowohl Whirlpool als auch Sitzplatz ausreichend verschattet werden. Hinter dem barrierefreien Eingang trifft man auf einen Sanitärblock mit Bad, WC, Küchenzeile, Schränken und Garderobe. Er ist abermals gegen die Hauptrichtungen des Wohnquadrats verschoben, so dass sich an den Engstellen trichterartig Schwellen andeuten. Nur der Schlafwinkel lässt sich durch Schiebetüren abtrennen. Eine Saunakabine und ein Technikraum übernehmen beiläufig raumbildende Aufgaben, für Essen und Wohnen genügt die Zuteilung einer Hausecke: Willkommen im Loft!

Das Haus wurde zur Gänze präzise vorgefertigt. Decken und Wände (sofern es sich nicht um dreifach verglaste raumhohe Fassadenelemente handelt) sind aus Kreuzlagenholz gefertigt. Die Fichtendreischichtplatten sind innen weiß lasiert, außen bilden senkrechte schwarze Latten auf einer doppelten Konterlattung die Fassade. Da bei einer Holzriegelbauweise sich zwar Installation und Dämmung gut lösen lassen, aber die Speicherfähigkeit besondere Vorkehrungen verlangt, wurde hier unter der betonierten Bodenplatte zusätzlich Glasschaumschotter eingebracht, eine weitere Schüttung liegt unter dem Estrich. Außer in den Nasszellen sind darauf Eichendielen verlegt.

Schnitt

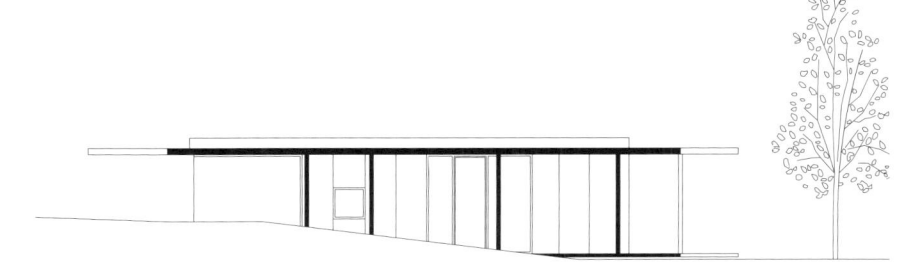

Grundriss
Erdgeschoss

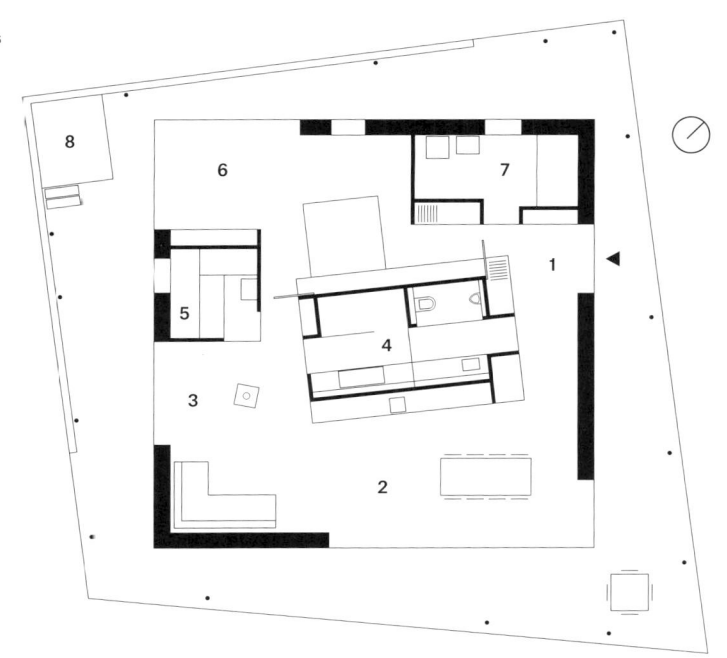

Maßstab
M 1:200

1 Eingang
2 Kochen/Essen
3 Wohnen
4 Bad
5 Sauna
6 Schlafen/Essen
7 Technik
8 Whirlpool

Standort:
Taufkirchen
an der Pram (A)

Anzahl der Bewohner:

1

Wohnfläche (m²):

107

Grundstücksgröße (m²):

2.850

Zusätzliche Nutzfläche:
9 m²
Bauweise:
Massivholzbau
Heizwärmebedarf:
52,9 kWh/m²a
Fertigstellung:
2014

Bogenfeld
Architektur

„Zwei große Platten, eine unten, eine oben, dazwischen Glas und ein Ofen."

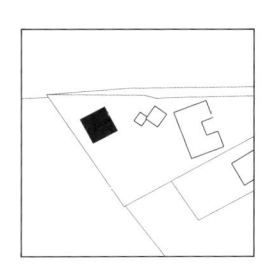

Lageplan

AUS EINEM GUSS

VON   KPT Architekten

in Allershausen

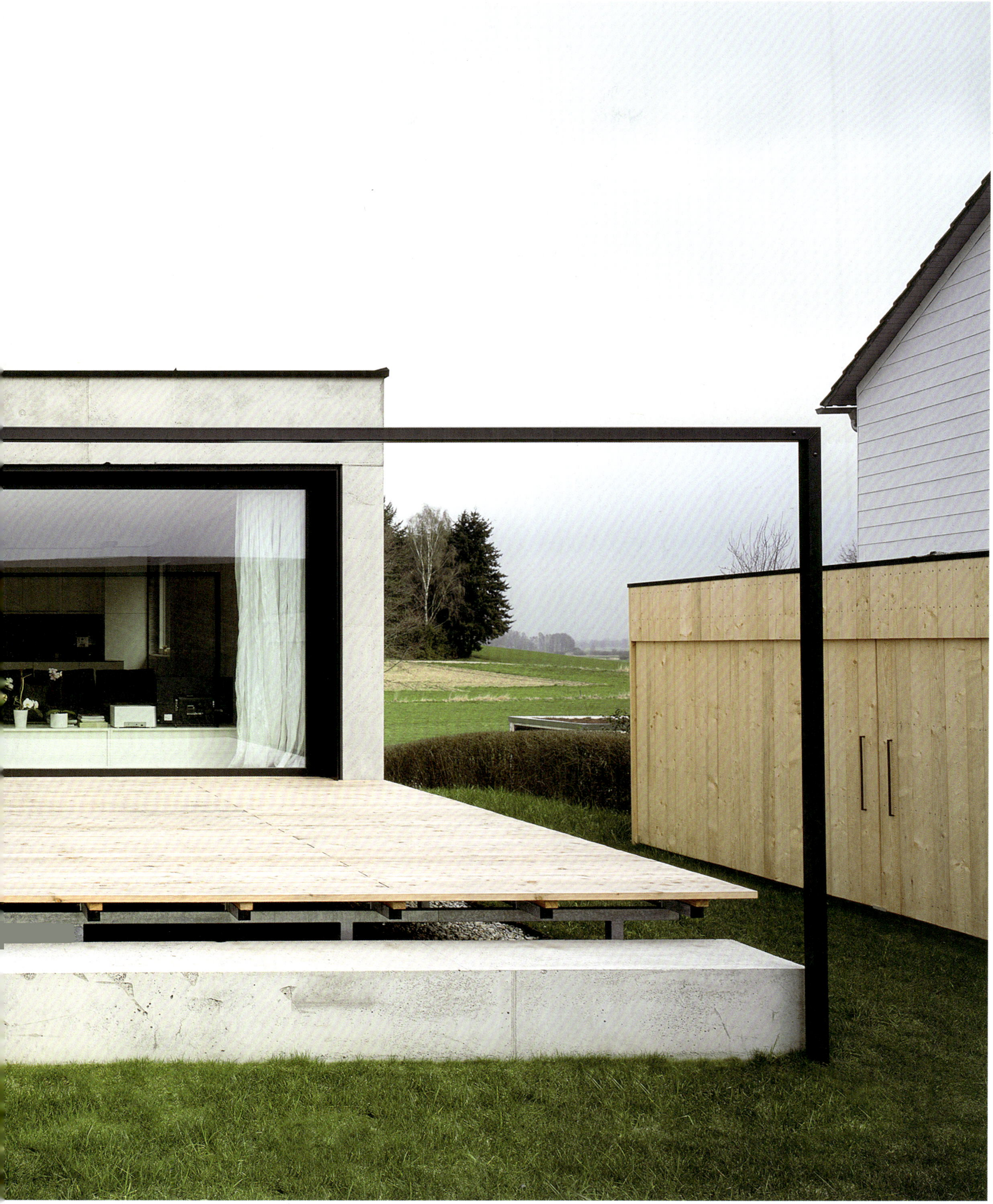

1

2

1 Das Obergeschoss ist aus Infraleichtbeton gebaut, die in den Hang geschobenen Bauteile mit Erdberührung sind aus konventionellem Stahlbeton mit Perimeterdämmung.

2 Das Untergeschoss ist mit schwarzen Holzlatten verkleidet. Die plastischen Einschnitte der Holz-Alu-Fenster zeichnen sich wie Bilderrahmen ab (Seiten 264/265).

3 In den Wohnräumen bleiben die Schütthöhen des Leichtbetons als Ornamente erhalten. Das Material gleicht den Feuchtigkeitsgehalt aus und ist vollständig recyclingfähig.

D ie Kinder bleiben gleich unten. So muss man sie, solange sie klein sind, nicht zum Schuhe abstreifen ermahnen, und wenn sie größer sind, genießen sie den sturmfreien Zugang zu ihren Zimmern. Eine lange Schrankwand begleitet den Flur, dort wo das Bad für die Kinder vorgesehen war, wurde aber erst mal eine Sauna eingebaut. In der Tiefe des in den Hang reichenden Untergeschosses verbergen sich noch Technik und Keller.

Nach oben führt hinter dem Eingang geradewegs eine Holztreppe, sie mündet in einen Allraum; Kochen, Wohnen, Essen sind kompakt zusammengefasst, lassen sich aber bei entsprechendem Wetter auf die Terrasse erweitern, zu der sich das Haus auf ganzer Breite öffnet. Eine Kaminwand setzt sich als Schrankflur fort, er führt vorbei an Bad und Hauswirtschaftsraum zum Elternschlafzimmer, das von einer Ankleide flankiert wird. Auch dieser Raum besitzt eine ungeteilte Fensterfront, mit ihr ragt der Gebäudekubus schützend über den Eingang.

Bei der Planung des „minimalistischen Monoliths", den ein Architekt der Partnerschaft für seine Familie gebaut hat, galt Material und Konstruktion besondere Aufmerksamkeit. Es handelt sich um eine einschalige Bauweise mit 50 Zentimeter dicken Außenwänden aus Infraleichtbeton. Er besitzt eine Trockenrohdichte von 700 kg/m³ und aufgrund seines hohen Porenanteils durch ein Blähglasgemisch und Blähton ausgezeichnete Wärmedämmqualitäten. Es bedurfte aber der „Zulassung im Einzelfall". Nach vielen Laborversuchen und Erprobungsflächen in Originalwandhöhe ließ sich eine robuste Rezeptur für ein druckfestes Tragwerk entwickeln. Dazu gehörte auch, ein geeignetes Trennmittel zu finden, die Betoplantafeln wurden zweimal verwendet. In den Wohnräumen blieben die schichtweise eingebrachten Betonmassen als handwerkliche Strukturen sichtbar. Die geschlossene, tragende Gebäudehülle wurde zum Gestaltungsmittel.

Die Geschossdecke über dem Untergeschoss und die in den Hang reichenden Wände sind in herkömmlichem Stahlbeton mit Perimeterdämmung ausgeführt, das Flachdach ist eine Brettschichtholzkonstruktion.

Längsschnitt

Grundriss
Erdgeschoss

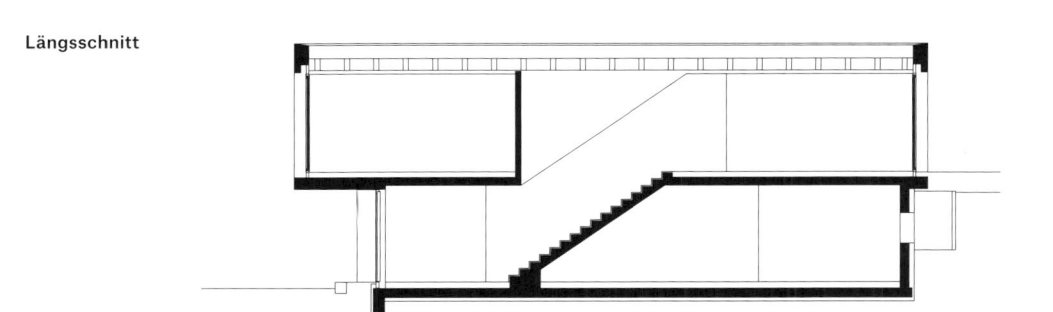

Grundriss
Untergeschoss

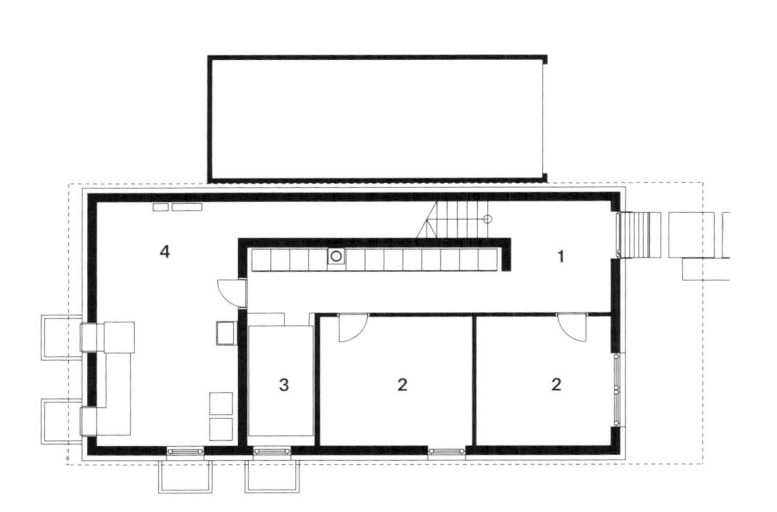

Maßstab
M 1:200

1 Eingang
2 Kind
3 Sauna
4 Keller/Technik/
  Waschen
5 Schlafen
6 Ankleide
7 Bad
8 Hauswirtschaft
9 Kochen/Essen/
  Wohnen

Standort:
Allershausen

Anzahl der Bewohner:

4

Wohnfläche (m²):

155

Grundstücksgröße (m²):

480

Zusätzliche Nutzfläche:
30 m²
Bauweise: massiv,
monolithische Außenwand
aus Infraleichtbeton
Baukosten:
400.000 Euro
Heizwärmebedarf:
48,22 kWh/m²a
Primärenergiebedarf:
62,22 kWh/m²a
Energiestandard:
KfW-Effizienzhaus
Fertigstellung:
2015

KPT Architekten

„Einen makellosen Sichtbeton wollte ich nie haben, das scheinbar unfertige Produkt Beton in Kombination mit hochwertigem Interieur reizt, lebt, polarisiert."

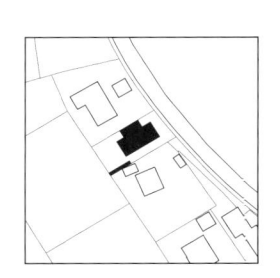

Lageplan

Architekten

AICHER ZT GmbH
Hintere
Achmühlerstraße 1a
A-6850 Dornbirn
www.aicher-zt.at
Fotos und S. 2-3
Gerhard Aicher, Dornbirn

archinauten | dworschak +
mühlbachler architekten
zt gmbh
Schratzstraße 11
A-4040 Linz
www.archinauten.com
Fotos
Kurt Hörbst, Rainbach

architektur.terminal hackl
und klammer
Walgaustraße 41
A-6832 Röthis
www.architektur
terminal.at
Fotos
Bruno Klomfar Fotografie,
Wien

MICHELE ARNABOLDI
ARCHITETTI
Piazetta Franzoni 1
CH-6600 Locarno
www.ma-a.ch
Fotos
Nicola Roman Walbeck
Photography, Düsseldorf

Backraum Architektur
Neustiftgasse 23-2
A-1070 Wien
www.backraum.at
Fotos
Jens Weber, München

bächlemeid, architekten
stadtplaner bda
Zollernstraße 4
78462 Konstanz
www.baechlemeid.de
Fotos
Roland Halbe Architectural Photography, Stuttgart

Bogenfeld Architektur
Blütenstraße 4
A-4040 Linz
www.bogenfeld.at
Fotos
Vio Photography, Violetta Wakolbinger, Asten

bünck ARCHITEKTUR
Mühlenstraße 28
50259 Pulheim
www.buenck-
architektur.de
Fotos
Carsten Bünck, Pulheim

Dietrich | Untertrifaller
Architekten
Arlbergstraße 117
A-6900 Bregenz
www.dietrich.
untertrifaller.com
Fotos (Bregenz)
Dietrich | Untertrifaller
Architekten, Bregenz
Fotos (Tegernsee)
Bruno Klomfar Fotografie,
Wien

E2A Piet Eckert und Wim
Eckert/Architekten ETH
BSA SIA AG
Hardturmstraße 76
CH-8005 Zürich
www.e2a.ch
Fotos
Architekturfotograf Rasmus Norlander, Zürich
Porträt: Oliver Nanzig

Falke Architekten BDA
Fleischmengergasse 5
50676 Köln
www.falke-architekten.de
Fotos und Nachsatz
Lioba Schneider Architekturfotografie, Köln

Falkenberg
Benrodestraße 18
40597 Düsseldorf
www.falkenberg.de.com
Fotos
Reimund Braun Objektdesign, Photographie, Neuss

Feyferlik/Fritzer
Glacisstraße 7
A-8010 Graz
susi@feyferlikfritzer.at
Fotos
FOFI foto & film produktions KG, Paul Ott, Graz

FORMAT ELF
ARCHITEKTEN
Werkstraße 12
84513 Töging am Inn
www.formatelf.de
Fotos
Cordula De Bloeme Fotografie, Utting/Holzhausen

Freiluft
Nydeggstalden 30
CH-3011 Bern
www.freiluft.ch
Fotos
David Aebi, Burgdorf

GRAFT Gesellschaft von
Architekten mbH
Heidestraße 50
10557 Berlin
www.graftlab.com
Fotos
Tobias Hein, Berlin

peter haimerl . architektur
Lothringer Straße 13
81667 München
www.peterhaimerl.com
Fotos
Edward Beierle für Euroboden, München

Hammerschmid, Pachl,
Seebacher – Architekten
Marktstraße 19
A-4201 Gramastetten
www.hpsa.at
Fotos
Dietmar Hammerschmid,
Gramastetten

Hurst Song Architekten
Badenerstraße 156
CH-8004 Zürich
www.hurstsong.ch
Fotos
Hurst Song Architekten,
Jakub Kawalkowski,
Alex Hurst, Zürich

KPT Architekten
Sonnenstraße 29
85356 Freising
www.kpt-architekten.de
Fotos
Matthias Richter,
München

KREN Architektur AG
Mittlere Straße 2
CH-4056 Basel
www.kren.ch
Fotos
KREN Architektur AG,
Basel

lohrmannarchitekt
Gähkopf 5
70192 Stuttgart
www.lohrmann
architekt.de
Fotos
Victor S. Brigola
photography, Stuttgart

LOVE architecture and
urbanism ZT GmbH
Hans-Sachs-Gasse 8/2
A-8010 Graz
www.love-home.com
Fotos
Tamara Frisch
Photography, Graz

LP architektur ZT GmbH
Untere Marktstraße 2
A-5541 Altenmarkt/
Pongau
www.lparchitektur.at
Fotos
Lichtbilder Albrecht
Imanuel Schnabel,
Rankweil

DAVIDE MACULLO
ARCHITECTS
Via Lavizzari 10
CH-6900 Lugano
www.macullo.com
Fotos und Covermotiv
Alexandre Zveiger, Lugano

Madritsch Pfurtscheller
Anton-Rauch-Straße 18/5
A-6020 Innsbruck
www.madritschpfurtscheller.at
Fotos
Wolfgang Retter, Lienz

+studio moeve architekten
bda
Liebfrauenstraße 80
64289 Darmstadt
www.moeve-
architekten.de
Fotos
Anastasia Hermann
Photographie, Berlin

mühlböck küche.raum
Neuhaus 1
A-4114 Neuhaus
www.muehlboeck.at
Fotos
Martin Mühlböck, Zwettl

NIEBERG ARCHITECT
atelieraxelnieberg
Waterloostraße 1
30169 Hannover
www.nieberg-architect.de
Fotos
atelieraxelnieberg,
Hannover

Muck Petzet Architekten
Landwehrstraße 37
80336 München
www.mp-a.de
Fotos
Josefine Unterhauser
Architektur Fotografie,
Bad Reichenhall

Dipl.-Ing. Architektin
Kerstin Philipp
Gänsbrunnenweg 5
73730 Esslingen
kerstinwphilipp@gmx.de
Fotos
Markus Mahle Fotografie,
Stuttgart

Charles de Picciotto
Architekt BDA
Ditmar-Koel-Straße 23a
20459 Hamburg
www.depicciotto.de
Fotos
Klaus Frahm, Börnsen

Michael Aurel Pichler
Dipl.-Ing. Architekt
Schenkenauer Straße 4b
86558 Hohenwart
michael-pichler@gmx.de
Fotos
Michael Aurel Pichler,
Hohenwart

pier7 architekten BDA
Faunastraße 41
40239 Düsseldorf
www.pier7-architekten.de
Fotos
Michael Reisch,
Düsseldorf

Roswag Architekten mit
Guntram Jankowski
(LP 1-5)
Schlesische Straße 26/
Aufgang A
10997 Berlin
www.zrs-berlin.de
Fotos
Malte Fuchs, Berlin

RAINER ROTH
ARCHITEKT
Schmiedestraße 10b
54636 Meckel
www.rainerroth.com
Fotos
Christine Schwickerath,
Meckel

SAM Architekten und
Partner AG
Hardturmstraße 175
CH-8037 Zürich
www.samarch.ch
Fotos
Thies Wachter Architekturfotografie, Zürich

savioz fabrizzi architectes
Rue de l'industrie 23
CH-1950 Sion
www.sf-ar.ch
Fotos und Umschlag hinten
Thomas Jantscher
Architekturfotografie,
Collombey

Markus Schietsch
Architekten
Hardstraße 69
CH-8004 Zürich
www.markusschietsch.
com
Fotos und Vorsatz
Andreas Buschmann,
Zürich

schleicher.ragaller freie
architekten bda
Charlottenplatz 6
70173 Stuttgart
www.schleicher-ragaller.
de
Fotos
Zooey Braun Fotografie,
Stuttgart

Architekturbüro di Simone
Pfälzer-Wald-Straße 19
81539 München
www.di-simone.de
Fotos
Uta di Simone, München

SoHo Architektur
Fuggergasse 1
87700 Memmingen
www.soho-architektur.de
Fotos (Wiggensbach)
Rainer Retzlaff Photographie, Waltenhofen/
Niesenthofen
Fotos (Bayern)
Zooey Braun Fotografie,
Stuttgart

Katrin und Marc Spirig-
Friedrich Architekten
Wallnerstraße 3
CH-4515 Oberdorf
www.hugispirig
architekten.ch
www.katrinspirig.ch
Fotos
Architekturfotografie
Thomas Hämmerli,
Gondiswil

Atelier Ulrike Tinnacher
Ballhausgasse 3
A-8010 Graz
www.ulriketinnacher.at
Fotos
Simon Oberhofer
Fotografie, Graz

TKA Thomas Kröger
Architekt
Schöneberger Ufer 59
10785 Berlin
www.thomaskroeger.net
Fotos
Thomas Heimann, Berlin

Wellmann-Ladinger
Mehrerauer Straße 3
A-6900 Bregenz
www.wellmann-
ladinger.com
Fotos
Marc Lins, New York,
Berlin, Zuzwil

werk A architektur
Lehrter Straße 57/Haus 4
10557 Berlin
www.werk-a-
architektur.de
Fotos
Bernd Müller, Olching,
werk A architektur, Berlin

wirges-klein architekten
Bahnhofstraße 28
53123 Bonn
www.wirges-klein.de
Fotos
Marcel Kohnen, Köln

Impressum

© 2016

Verlag Georg D. W.
Callwey GmbH & Co. KG
Streitfeldstraße 35
81673 München
www.callwey.de
buch@callwey.de

Bibliografische Information der Deutschen Nationalbibliothek: Die Deutsche Nationalbibliothek verzeichnet diese Publikation in der Deutschen Nationalbibliografie; detaillierte bibliografische Daten sind im Internet (http://dnb.d-nb.de) abrufbar.

ISBN 978-3-7667-2249-2

Das Werk einschließlich aller seiner Teile ist urheberrechtlich geschützt. Jede Verwertung außerhalb der engen Grenzen des Urheberrechtsgesetzes ist ohne Zustimmung des Verlags unzulässig und strafbar. Das gilt insbesondere für Vervielfältigungen, Übersetzungen, Mikroverfilmungen und die Einspeicherung und Verarbeitung in elektronischen Systemen.

Autor:
Wolfgang Bachmann,
Deidesheim

Projektleitung:
Verena Jaumann

Lektorat:
Katharina Matzig,
München

Umschlaggestaltung:
HERBURG WEILAND,
München

Layout und Satz:
HERBURG WEILAND,
München

Lagepläne:
Elke Gropper,
Stuttgart

Alle übrigen Zeichnungen und Pläne sowie die angegebenen Gebäudedaten wurden von den jeweiligen Architekturbüros zur Verfügung gestellt.

Druck und Bindung:
optimal media GmbH,
Röbel

Printed in Germany 2016